青海师范大学学术著作出版基金资助

《青海师范大学学报（社会科学版）》
中宣部首批哲学社会科学重点专栏"青藏高原文化"建设阶段成果

青藏高原文化研究

梁霞　主编

青海人民出版社

图书在版编目（CIP）数据

青藏高原文化研究 / 梁霞主编. -- 西宁：青海人民出版社，2024.11. -- ISBN 978-7-225-06778-0

Ⅰ.K280.7

中国国家版本馆 CIP 数据核字第 2024WG6311 号

青藏高原文化研究
梁霞　主编

出 版 人	樊原成
出版发行	青海人民出版社有限责任公司
	西宁市五四西路71号　邮政编码:810023　电话:(0971)6143426（总编室）
发行热线	(0971)6143516/6137730
网　　址	http://www.qhrmcbs.com
印　　刷	青海西宁西盛印务有限责任公司
经　　销	新华书店
开　　本	720mm×1020mm　1/16
印　　张	22.5
字　　数	300千
版　　次	2024年11月第1版　2024年11月第1次印刷
书　　号	ISBN 978-7-225-06778-0
定　　价	88.00元

版权所有　侵权必究

《青藏高原文化研究》编委会

主编：梁霞

编委：陈克龙　安海民　戴燕　夏丽梅　张茜　权丽桃

序

这是一本人文社会学的研究集子，涉及了青藏高原人文社会的多个领域。毋庸避讳，提起青藏高原，给外界最多的印象便是空气稀薄，人烟稀少，其风俗习惯为"奇风异俗"，其服饰"五彩斑斓"，其人所信的历史则是"神话"与"乡野传说"。"边缘"是昔日外界贴给青藏高原最典型的标签。青藏高原广袤浩瀚，约占整个中国领土面积的四分之一。地处青藏高原的东缘区域，它是亚洲多个大江大河的发源地，是我国重要的生态屏障。从地理空间体的角度讲，在中国版图上远远算不上是一个边缘地带，更算不上"边疆"地区，但由于"边疆"的概念往往是依据政治、文化与地理空间综合因素考量而形成的，从政治、文化角度看，它远离祖国腹地，在信息闭塞、交通不畅的年代，这里曾是一个与世隔绝的世界。尤其生活在现代都市的人们，把海拔作为衡量人类文明发展的一个重要的条件。因而，长久以来把青藏高原视为生命的禁区，这里生长的文明之果也同样遭到冷遇。但如果透过历史的帷幕，窥视其人文意义上的青藏高原，却是另一番景象。黄河文明、河湟文化，马家窑文化、卡约文化、齐家文化、诺木洪文化、格萨尔文化、昆仑文化等一个个由多个世居民族共同绘就的文化符号，在人类文化史上留下了浓墨重彩的印记，构成了地处中国西南、西北边陲的青藏高原最靓丽的文化名片。通过对青藏高原所孕育出来的一个个文化事象的反思，我们更加相信这样一个真理：经济和地理的边缘化并不等于文明的边缘化，文化的边缘化。相反，越是边缘处，文化的原创活力越强。古时候是这样，今天也同样如此。自20世纪70年代以来，学界在对青藏高原人文社会的研究方面取得了丰硕的成果。特别是党的十八大以来，随着新时代西部大开发战略的实施和作为国家统一之基、民族团结之本、精神力量之魂的铸牢中华民族共同体意识的重大决策部署的提出，对青藏高原人文社会科学的研究比以往任何时候都显得更加重要和急迫。从人类文明起源到青藏高原生态保护，再到黄河文明、河湟文化，格萨尔文化的研究、传承保护工作等都提高到国家文化战略层面。从理论上讲，对这一系列文化现象的深入研究，有助于进一步认识这些文化的持有者主体和世居于青藏高原的多民族间文化的交流、交往、交融的历史脉络。正如王明珂先生在《华夏边缘：历史记忆与族群认同》一书中通过对中原与边疆的系统研究，认为生活在青藏高原汉藏之间的关系十分密切，因为自古他们有一个共同的、重叠的"边疆""边缘"——青藏高原东缘是汉文化概念中的"氐、羌之域"，也是藏文化概念中的"朵、康之域"。在汉文化的"英雄祖先历史心性"下，以及在藏文化的"弟兄祖先历史心性"下，他们分别为青藏高原东缘部落人群建构其"历史"。这一段文字暗含：这种地域上的交汇使汉藏两个民族在不同的"历史心性下"共同绘就了同一的历史画卷，构筑了汉藏民族的共有精神家园。在青藏高原这片沃土上，不同民族间文化的交往、交流、交融和文明的互鉴是一个继往开来的伟大工程。这一伟大工程尚远未结束。本文集分别以"铸牢中华民族共同体意识""青藏高原历史与民族文化""青藏高原艺术文化研究"三个部分展现了新时代西部大开发实施进程中学人对青藏高原人文社会不同领域的学理性思考，且反映了该领域最新的学术成果。这些研究从文化事象本身出发，对于青藏高原多民族社会、历史、文化和艺术等多个方面进行本质主义的探索，从历史的和社会学的角度出发对它们的形成、特点、审美价值和道德价值等提出真知灼见，为青藏高原人文社会科学的研究提供了新的视野。

尽管如此，与逐年增加的关于青藏高原历史文化研究的成果数量相比，本文集所展现的仍然是其冰山一角，与青藏高原所蕴含的丰富而悠久的历史文化体量相较，这里所呈现的更是沧海一粟。更有甚者，随着当下人文社会科学研究的逐步深入和不同学科前沿性理论和方法的创立和引进，我们越发觉得青藏高原人文社会科学的研究尚大有拓展的空间，大量的领域尚待进一步研究。首先，关于文明起源的古典学的研究。2024年11月6日以"古典文明与现代世界"为主题的首届古典学大会在北京召开。三联学术通讯特推送了"古典与文明"丛书（主编甘阳、吴飞2017年所作总序），序中阐释了"古典"研究及其文化功能的理解与期待。文章认为，古典学的源头在古希腊，近十余年来"古典学热"在中国悄然兴起，其原因在于，对中国文明起源问题的探索方面，从中国古典学的固有传统出发确定其内在核心，重新认识中国文明的古典源头至关重要。古典中国的命运与古典西方的命运截然不同，中国古典学传统源远流长。古典学研究必须以扎实的语文学训练为基础，一方面，古典学的发展和新问题的提出总是与时代的大问题相关，总是指向更大的义理问题，指向对古典文明提出新的解释和开展。另一方面通过对古典思想的重新诠释，对古典文献的研究和阐释，总结出人类文明起源的基本构架和范式。古典学的研究自然离不开对文明起源的探究。就青藏高原文化而言，无论是物质文明的代表性文化马家窑文化、卡若文化、卡约文化、齐家文化、诺木洪文化，还是精神文明的代表性文化格萨尔文化、昆仑文化都无一不与中华民族的文明起源紧密相连。诞生于青藏高原的这一系列远古文化的历史，不仅横跨旧石器时代晚期到新石器时代中期，从采集、狩猎到农牧，呈现了中华文化人类早期的基本面貌，揭示了青藏高原远古人类文化依次从马家窑文化到齐家文化、卡约文化到诺木洪文化的更替和发展演进过程。这些文化的蛛丝马迹均在中国古典文献中有不同的呈现：如《山海经》《穆天子传》《国语·晋语四》《尚书·尧典》《史记·五帝本纪》《后汉书·西羌传》《吴越春秋》《资治通鉴》等。据这些文献，作为青藏高原先民的古羌人的形成与华夏族差不多同时，羌文化应是与华夏文化同样古老的文化。据范晔《后汉书·西羌传》记载，商周秦汉时期羌人在祖国西部的分布很广泛，青海地区正是古羌人聚居的中心地区。青海省境内发现的卡约文化、辛店文化、诺木洪文化，无论从时间上、地理分布上，还是被认定为羌人所创造的文化都是吻合的。将卡约文化、辛店文化、诺木洪文化视为羌人早期文化这一点，已经成为学术界的共识。古羌人不仅与华夏炎黄有渊源关系，而且古羌人从先秦两汉时期先后几经迁徙逐渐融入现今的汉、藏、羌、苗、彝等诸多民族中，其很多远古历史与昆仑文化结合在了一起。如在昆仑神话中，关于西王母的传说，即是母权氏族社会西部羌人先民的生活与斗争、愿望与追求的艺术反映。《穆天子传》载，周穆王西巡，在昆仑之丘举行了祭祀黄帝的大朝、大享两次盛大典礼，并"执白圭玄璧以见西王母，献锦组百缕、金玉百斤，西王母再拜受之"。次日，"天子觞西王母于瑶池之上"，饮宴对歌，甚为亲密。临行又"取玉版三乘，载玉万只"，返回中原。《竹书纪年》亦载："穆王十七年，西征昆仑丘，见西王母。"四十年后，西王母入朝，进行了回访："穆王五十七年，西王母来见，宾于昭宫。"这里讲的西王母，实际上就是前述青海地区羌人氏族部落酋长的代表。尽管这些记载所反映的是古代中原华夏对此方边疆人群的历史记忆，但实际上隐含华夏在我族认同下对此方人群之情感。对于这一命题的研究，于进一步认识青藏高原先民与华夏民族的同质性社会和文化心理结构具有深远意义。

其次，关于"一带一路"的研究。青藏高原自古是丝绸之路上的重要通道。古代藏族及其建立的高原政权——吐蕃王朝，曾在7世纪至9

世纪的两百多年中，活跃于青藏高原及其邻近地区，并通过丝绸之路，与周边的国家和民族进行了广泛的交流。根据《丝绸之路与吐蕃文明》一书，吐蕃势力兴起后，为了建立和发展与西域的经济、文化联系，打通了从青藏高原东北通往陇右、河西的"吐蕃—青海道"，从青藏高原南部通往泥婆罗、印度的"吐蕃—泥婆罗道"，从青藏高原西部阿里向北通向塔里木盆地的"吐蕃—于阗道"，以及往西通往兴都库什山脉的"吐蕃—勃律道"。吐蕃在打通青藏高原通往外部的这些丝绸之路支线时，借助这些丝路通道，将自己的部落建制、政治制度、驿递方式、佛教文化、物质文化等，带到了西域乃至更远的地方；同时也把西域的文字、佛经、建筑技术、玉石，中原的工艺、音乐、美术，突厥的法律制度等，带回了吐蕃。与此同时，在这些交错的丝路上，也上演着吐蕃与各民族和亲的史话。从更深层次讲，这些丝路通道也是青藏高原上各民族与其他民族迁徙和融合的通道。从这一视角切入，对于构建"一带一路"沿线文明互鉴历史的青海篇章具有重要意义。

再次，关于"地方性"文化与"普适性"文明的关系研究。无论是马家窑文化、卡约文化、齐家文化，还是诺木洪文化、格萨尔文化，都是孕育诞生于青藏高原的地方性文化，与青藏高原这块特定区域密切相连，反映了其独特的历史、风俗和生活方式。同时，这些文化所包含的古代人类的生活方式、生产方式和技术水平又反映了当时社会的物质文明程度。正如英雄史诗格萨尔，它不仅是藏族口传时代的地方性知识的载体，同时又是文明的载体。它不仅具有"族群记忆、地方性知识、民间信仰和母语表达"等诸多丰富的文化内涵，呈现了地方性的文化特性，而且还具有不同民族共享的具有普世意义的文明内涵，也与社会主义核心价值观高度契合，譬如，人天同构、人天同律的自然生态思想；智勇兼备、使智使勇的济世之道；多元共构、天下大同的家国情怀；不畏强暴、抑强扶弱的人文精神；艰苦奋斗、顽强不屈的乐观主义精神。倡导正义、自由、平等的历史构想。文化和文明在不同的文化事象中融合成有机统一，分别表现了该文化内容的特殊性和普遍性。二者互为因果，于特殊中见普遍，在普遍中见特殊，在现象中见本质，于本质中显现象，见微知著，见著知微。格萨尔史诗在我国多个民族中流传，也与史诗所包含的文明因素有关。涂尔干认为，如果两种社会与文化系统彼此差异特别大，在二者间不可能发生相互嵌入的现象，产生一种混合系统的可能性是很微弱的。相反，格萨尔史诗之所以在我国多个民族中共享，是因为它有一个前提，其中必定包含着基本的文明形态和共同遵循的价值体系，这一基本文明形态就是以中华民族的传统文化为背景的文明形态。

鉴于此，以上三方面的研究无疑将进一步拓展青藏高原历史文化研究的空间和视野：从对古典学的研究溯源中华文明的起源，到对"一带一路"的研究阐释不同民族间文化的交往、交流和交融，以及不同文明间的对话互鉴的历史规律和现实状况，一直到以文化与文明的研究为视角揭示中华民族共同体意识形成的社会和文化结构，均对书写和建构中国式现代化的青海篇章、构筑多民族共有精神家园、铸牢中华民族共同体意识具有十分重要的意义。是为序。

诺布旺丹
于北京贡院 5 号中国社会科学院
2024 年 11 月 11 日

目录 CONTENTS

上编　铸牢中华民族共同体意识研究　　　　　　　　　　1

论格萨尔史诗的中华传统文化　　　　　　　　　　　徐美恒　3

民族交往交流交融视域下通天河古渡口历史变迁研究　丁柏峰　21

黄河文明视域下的河湟文化价值阐释　　　　　　　　刘晓林　35

过渡·边缘·多元：河湟文化特质辨析　　　　　　　文忠祥　50

甘肃榆中女真遗民的调查与研究　　　　　杨富学　王小红　66

民族团结视域下的青藏公路建设　　　　　　　　　　戴　燕　81

元明清时青藏高原多元民族文化格局的形成与发展　　安海民　95

中编　青藏高原历史与民族文化　　　　　　　　　　　111

八世班禅丹贝旺秋年谱　　　　　　　　　陈庆英　陈立华　113

十世班禅大师矢志不渝的信念　　　　　　　　　降边嘉措　153

粟特军将安思顺与唐代河陇边防　　　　　　　　　冯培红　158

吐蕃治下的吐谷浑王世系与可汗名号研究　　　　　杨　铭　193

丝绸之路青海道经过乐都地区的几条线路考述　　　张得祖　207

分裂与重塑：吐蕃王朝灭亡前后的历史进程　　　　叶拉太　213

魏晋十六国经略河湟探赜　　　　　　　　　　　　杨荣春　230

唐代入竺求法僧与吐蕃泥婆罗道　　　　　　　　　梁　霞　251

下编　青藏高原艺术文化研究　　　　　　　　　　　　　267

六世班禅进京前后的藏传佛教建筑艺术交流及影响　　陈立健　269

青藏高原东缘地区"道歌"艺术溯源及其流变　　李言统　马茹芳　278

《格萨尔》戏剧文化的起源、类型与特征　　索加本　300

古代冠礼在河湟汉族婚礼中的遗存　　蒲生华　323

青海虎符石匮石刻艺术考　　宋卫哲　337

上编 铸牢中华民族共同体意识研究

论格萨尔史诗的中华传统文化[①]

徐美恒[②]

格萨尔史诗原本是岭部落的族群身份文化，大概诞生在南北朝时期。岭部落曾生活在金沙江两岸和三江源一带的广大地区，形成了强大的部落联盟，创造了开放包容的部落联盟共同体文化，这一文化的集大成者就是格萨尔史诗。史诗在传颂部落英雄的同时，也产生了身份认同、整合氏族部落力量的功效。这种功效往往具备确立权威、维护关系等政治作用。所以说，格萨尔史诗在诞生的时候就具备政治神话功能。而政治神话作为族群黏合剂，必然会注入多元、包容、共享的文化品质。后来，格萨尔史诗经过长期口头流传，尤其是跨民族、跨地域传播，在文化互鉴中不断融入更广泛的地方知识，自然而然地转化成蕴藏多民族和广大地方生活经验的共享文化。文化共享尽管会有地方性的选择和过滤，但

[①] 国家社会科学基金一般项目"藏族文学性别伦理和家园情怀的中华民族共同体意识研究"（项目编号：19BZW176）。

[②] 徐美恒，1964年生，男，汉族，内蒙古巴彦淖尔市人，文学博士，西藏民族大学兼职教授，天津开放大学社会教育学部教授。研究方向：藏族文学。

肯定不是完全排他性的，而是互鉴、交汇的，因此，才能产生共同体文化。正是由于格萨尔史诗的原始根基就具备多元共享的共同体文化品质，它在流传中会沿着固有的属性不断生长，最终成长为中华民族共有共享的共同体文化。这个转化过程十分漫长，大致的路径是经过多民族语言形态的转化和传播，完成对多民族文化的吸纳，最终经过汉语的广泛传播，完成中华民族共同体文化的华丽转身。当然，不是说某种少数民族文化只有少数民族语言形态就不是中华民族共同体文化，正如藏族格萨尔史诗，它本身与汉文化血脉相连，其中蕴藏着大量中华传统文化，但是，如果它只是以藏语形态存在，影响力极为有限，甚至可能在封闭中因为没有广阔的文化视野比较，无法确认出自己的文化价值；或者在毫无关联甚至别有用心的文化确认中彻底迷失自我，比如，西方有学者认为格萨尔王是凯撒大帝，国内学者也有否认史诗历史性的言论。中华民族的共同体文化是经过长期的历史积淀形成的我国各民族共有共享的传统文化，是以文化认同为核心的通行于我国各民族、各地方的中国人共有共享的历史经验和传统知识，它是一个开放包容的文化体系，是中华民族共同体共有共享的文化。格萨尔史诗的大量叙事显示了中华传统文化元素，本文限于篇幅，主要讨论以下三个方面内容。

一、政治神话与中华传统文化中的政治智慧

神话是人类流传下来的原初的社会文化形态，基本上是人类早期的历史记忆。由于人类在漫长的历史演进中不仅环境和社会生活发生了较大变化，人的思维也发生了巨大变化，因此，后人观念中的原始思维形态的神话就显得怪诞神异、光怪陆离。但是，人们从不怀疑神话的叙事价值，不仅对其推崇备至，且在接受中潜移默化，学会了运用神话的言

说套路，利用其神圣性，创造新神话。政治神话就是人们刻意创造的新神话。"政治神话的产生往往基于特定的政治目的，并且在产生之后切实发挥着为某一阶层统治者服务的客观作用。……政治神话的性质是为统治阶级的崛起或者统治提供历史的依据，披上合法性的外衣。"[1]可见，政治神话具有明显的政治功利性。其实，许多神话原本就是一种崇拜文化，可能是自然崇拜，也可能是祖先崇拜。从某些人类起源神话存在性别伦理话语来看，神话的性别权利问题本质上也是不同社会形态的政治问题。比如，我国的女娲崇拜是母系社会文化，确立的是母权政治，显示了母子共同体社会母亲的权威地位；而古希腊的普罗米修斯造人神话，则创造了父系权威，显示了母系社会向父系社会的转变，表明不同社会形态下两性社会地位发生了变化。所以说，政治神话很早就存在，它在人类起源的原初神话叙事中就开始孕育；后来的政治神话只不过是原初神话中蕴藏话语这种思维模式的进一步发展，且在权威创造方面更加赤裸裸。从《史记·五帝本纪》的叙述看，我国的政治神话在黄帝及其前后的时代已经十分成熟。司马迁叙述的所谓"五帝"的历史，不仅被他本人"西至空桐，北过涿鹿，东渐于海，南浮江淮"[2]的实地考察验证，广泛流传于民间，也越来越得到考古证明。因此，一般认为，这些传说是信史。可见，早在炎黄时代，人们讲述部族、邦国的历史时，就用神话手段神化英雄。比如，司马迁述黄帝"生而神灵，弱而能言，幼而徇齐，长而敦敏，成而聪明"[3]，这些内容显然是因为符合他的"择其言尤雅者"[4]的记史标准而被讲述，另有关于黄帝的"母曰附宝，之祁野，见大电绕北斗枢星，感而怀孕，二十四月而生黄帝于寿丘"[5]这类传说，也一定很早就存在，司马迁也未必不知，只是因为不合其"雅"的标准，而未进入《史记》。不论是司马迁对黄帝的叙述，还是唐朝人对其叙述的索隐，都有政治神话色彩。按照政治神话的功能，与所谓"五帝"相关的这类神话叙事，自然在"五帝"时代就开始流传。中华大地上早在口传神话时代就孕育出来的政治神话叙事文明，经过商周分封和礼制社会的拓展，这种叙事思维或称言说套路，得以广泛传播，转化为基本政治经验，成为中华传统文化的重要内容。大量考古证据和人类学研究表明，岭部落源自华夏文化集团；也就是说，岭部落核心的穆布董氏和后来扩展形成的更大范围的部落联盟，作为一个文化共同体，原本就具备中华传统文化智慧，在根基上就具有中华传统文化基因。这是格萨尔史诗具有中华传统文化元素的基础。而格萨尔史诗表现出的政治神话叙事恰恰为这一结论提供了证据。

政治神话虽然在世界各地许多民族的历史叙述中存在，但也并不是普遍现象。至少从文化的源头——神话来看，有些族群最初的自然崇拜神话不是政治神话。比如，澳大利亚北领地沿岸树林区的阿纳姆地，有一个彩虹蛇传说。相传，彩虹蛇叫恩嘎里欧德，它某一天很饿时吞食了三只鸟。这三只鸟儿被吞进蛇腹后想逃出来，于是，它们把恩嘎里欧德的肚子啄开一个洞，从蛇腹里逃了出来，变成了第一批人。[6]这则澳洲神话假如说有一点政治话语的话，那就是赞美了人战胜自然的力量，但这种赞美并没有集中到某个偶像身上并加以崇拜，神话中的人们并没有诞生蛇崇拜，而是杀死了蛇。所以，这则神话不符合政治神话的权威创造功能，因此它还不是政治神话。这种情况并非孤例。比如，非洲刚果（金）的布申哥族神话，认为神通过呕吐创造了世界；太阳、月亮、星辰和动物以及人，都是神呕吐出来的[7]。这个神话中的创世神是一个隐秘的存在，基本上就是人们能够感觉到其存在又无法认识清楚的大自然。该神话表明人们对世界所知甚少，产生了大自然崇拜，但是，尚没有将其具象化，进而创造出一个膜拜偶像。但是，像盘古开天辟地并化育万物这个神话，把大自然具象化为祖先，不仅确立了人与自然的关系，也在确立共同的祖先信仰中构建社会关系，建设共同体。因此，盘古神话就带有了政治神话色彩。很难说呕吐世界的神与开天辟地后化育世界的盘古是什么关系，从神话流露的原始思维情况看，大概非洲刚果（金）的布申哥族神话更古老些。当盘古被具象化为部族祖先，显然已经成为具有政治凝聚力量的偶像，被赋予受膜拜的权威地位，能够发挥强化氏族部落身份意识的政治神话功能。但是，非洲刚果（金）的布申哥族神话中那个模糊的创世神，明显不具备权威化偶像、确认氏族身份的功能，它仅仅表明人们认识到了强大而神秘的自然世界。另外，像北欧的冰雪世界化育人的神话，也不是政治神话。可见，政治神话是人类社会发展到一定阶段开始出现的文化现象。

中华民族因为创造了辉煌的古代文明而被称为早熟的民族，其早熟的一个标志就是很早就产生了身份意识，懂得用政治神话进行自我包装，进而创造出强大的凝聚力量，保障氏族部落共同体的延续发展。从女娲神话的流传来看，至少在母系氏族社会时代，中华大地上的人们已经开始创造政治神话。正是在这样的文化体系中，中华史诗文化特别发达，具有氏族、部落身份文化意义的史诗在我国绵延不绝；且不说南方众民族的史诗，就目前流传的影响较大的三大史诗《格萨尔》《玛纳斯》《江格尔》来看，其政治神话功能显而易见，显示了中华民族传统文化的强大生命力。

格萨尔史诗是岭部落的政治神话，它通过神化格萨尔王，颂扬格萨尔王和岭部落众英雄的丰功伟绩，叙述部落的生存历史，发挥标记氏族部落身份和凝聚部落力量的功能。可见，这部史诗汲取了中华古代神话的叙事智慧，具有中华传统文化特点。在创造政治神话的具体手段方面，格萨尔史诗也表现出中华传统文化元素。比如，对格萨尔王的神化，就用到天人合一的天子观念。佛教色彩较浓的版本把格萨尔王讲述成天界诸佛合力打造的英雄，然后被派到凡间救度众生，而也有版本称格萨尔王是玉皇大帝的次子[①]。史诗的这种地方化叙事或者是多种文化形态的适

---

① 著者按：玉皇大帝是道教的天神，而道教是我国比较古老的宗教，格萨尔史诗有的版本云："玉皇大帝决定派遣次子下凡，他就是未来的格斯尔"（参见《格斯尔传》，北京：人民文学出版社，1960年，第5页）。这种叙事表明，神化格萨（斯）尔用到了儒、释、道以及中华神话精神等多种中华传统文化经验。

应性叙述,虽然有些情况可能是汉译问题,但它恰恰显示了格萨尔史诗如何不断汇聚中华民族的传统经验,转化成多民族共享的中华民族共同体文化的情况。再比如,史诗的多个版本都叙述了一个细节,就是天神格萨尔王降生岭部落时,总管王做了一个日月同辉的梦,岭地发生了许多祥瑞之兆。日月同辉在中国传统文化中是一个政治隐喻,基本上是对明君政治的赞美;祥瑞吉兆在天人合一、天人感应的中国传统文化中,也是一种常见的政治神话手段。另外,从格萨尔史诗基本的主题来看,救世济民是其核心思想,也是其政治神话的坚实基础。而这种主题思想显然异于荷马史诗和印度史诗等国外的传统文化,却与我国的女娲补天、盘古开天辟地化育世界、羿射九日、黄帝振兴邦国、大禹治水等神话的精神内涵一脉相承。所以,格萨尔史诗从精神品质到表现形态,与中华传统文化浑然一体,契合得天衣无缝。这表明,格萨尔史诗具有中华民族共同体意识,是中华民族的优秀传统文化代表。

二、"人地结合"身份表达模式与中华传统文化

所谓"人地结合"身份表达模式,就是依据生存地来进一步明确人的身份。这种人的身份叙述方式虽然在地球上的许多人群中都能找到例证,但也并非所有人类族群都如此。中华大地上的人们很早就使用这种方式标记身份。比如,姓氏的出现,其中的"氏",最初就是依据生存地的山水来确认。像黄帝姓公孙,又称轩辕氏,轩辕即山丘名。后来出现"用国为姓"现象,不少姓氏源自国名。所谓国,原初只是氏族的封地,也就是生活的家园。格萨尔王又称岭·格萨尔,岭就是地方名称。可见,中华民族很早就形成一种人地结合的身份意识,对栖息的家园十分看重。格萨尔史诗作为岭部落的身份文化,叙事中有大量山水家园情怀,

蕴藏"人地结合"中华传统文化智慧。更特别的是，史诗叙事中存在一种程式化的人地结合模式，就是人物在唱词中必然会说的一句话："……如若不知这地方，……如若不知我是谁……"一般在比较原生态的艺人说唱本中，说的散文部分并不是主体，唱的部分才是主体，大量的叙事都是通过唱来完成。而唱的部分基本是程式化的，或称套路式的。佛教色彩浓郁的本子，唱词首先是六字真言"唵嘛呢呗咪吽"；接着交代用什么曲调唱，比如，"鲁阿拉塔拉是塔拉，塔拉是歌的曲调"，或"唱首阿拉塔拉歌，塔拉是歌曲唱法"，等等；然后开始祈祷神明，由于每个氏族部落或个人信奉的神不一样，祈祷的对象也不尽相同，一般既有天神，也有地神、水神、战神、山神或佛界大师等。祈祷唱词中已经开始融入地方或家园因素，出现人地结合情况。接下来就是"……如若不知这地方，……如若不知我是谁……"这种套词，开始讲述唱者的人地背景，明确告知"我"是谁，"我"来自哪里。然后才讲正题，一般是建议、主张或讲道理、陈情况；或战前骂阵，从心理上瓦解对方。最后是结束语，一般是"若懂放在心间上，不懂歌无其他解"，或"如能领悟请三思，不懂便成心中钉""若懂歌儿放心间，不懂不再赘述之"，等等。

　　史诗的唱词虽然不全部是这种模式，也会有一些例外，但大多数唱词是这种套路。在此仅举一例，以见其状。

唵嘛呢呗咪吽！
唱首阿拉阿拉歌，
阿拉花花岭人歌。

一敬二敬与三敬，
三敬护持三尊宝。
头顶日月庄严座，
根本上师请明鉴，

来世勿使堕恶趣。
祈请右肩宝座上，
阳神战胜护法神，
一切心想事成功。
祈请左肩宝座上，
莲花生上师保佑，
走到哪里呈吉祥，
紧要大事遂心意。

若是不知此地名，
巍峨山口盘旋处，
岩山峻峭右侧地，
纳塘白玛大滩也。
我是何人若不知，
轮回转世得人身，
五脏六腑都俱全，
一个不缺此身齐。
父辈奔巴天神子，
好比高空之青龙，
威震雷声遍大地，
孔雀岂能不欢舞。
穆江四部大氏族，
幼狮仁青达鲁生，
父辈雄狮抖绿鬃，
我穆赛之意气奋，
并非自吹自擂语。
…………

江河波涛之汹涌，
不经峡谷不清楚，
我是拒流之磐石。
怒吼狂风之威力，
不经旷野不清楚，
我是驰骋旷野马。
…………
我穆赛手中套索，
今日直抛强敌首，
是否坚牢你来看，
倘若逃脱就可笑。
古司宝剑向你砍，
是否锋利到时知，
不断骨肉就羞愧。
然后森姆东玛女，
言辞尖刻狂风卷，
是何缘由说此话？
…………
今日短暂时辰里，
我从空中抛神索，
套你犹如捉小鸡，
话已出口看行动。

歌若听进做甘露，
听不进去不重复，
你森姆心中切记。[8]

这段唱词节选自桑珠说唱本《丹玛青稞宗》，是下岭小英雄穆赛南喀坚赞在生擒丹部女将森姆雅夏东玛前的"骂阵"。虽然是节选，也基本可以窥见史诗唱词叙事的"人地结合"模式和程式化叙事方式。这种"人地结合"模式类似于俗话说的"坐不改姓，行不改名"，有点验明正身之意。在《三国演义》《水浒传》等古代小说中也有类似的描写，两军对垒时，双方战将交战前都要"报上姓名来"。这种报姓名的方式形成了一种言说习惯，就是要与家园一同陈述，形成了人地结合身份表达模式。这种习惯的形成肯定不是偶然选择后的结果，而是由生产、生活方式和社会习俗、历史传统等决定人的身份认知的一种有效方法。

众所周知，人类早期有过一个普遍的图腾信仰时代。所谓图腾，作为族群的身份象征符号，也是人们信仰的神灵之载体，这个载体最初往往是与人们生存密切相关的动植物；可能是耕作食物或狩猎对象，也可能是避难依靠对象。比如，云南彝族有一支相传祖先靠竹子从水中得救，于是，竹子成了他们的图腾。中华大地上的先民很早就有图腾信仰，比如，商之玄鸟。这种古老的鸟崇拜文化不仅在《诗经·商颂》中有记载，在《山海经》中也有"金乌负日"神话，在成都金沙遗址出土的金饰品太阳神鸟，更是为这种鸟图腾文化提供了实物证据。图腾既然是身份标志，不同的族群必然会选择不同的事物作标志。有的族群选择了鸟作图腾，也有的族群选择了蛇。比如，女娲是蛇身，夸父"珥两黄蛇，把两黄蛇"；女娲和夸父与蛇的关系说明，他们可能是出自有共同的蛇图腾信仰的氏族人群。藏族和哈尼族都有宰牛创世神话，说明牛曾经是这两个民族某些氏族的图腾。而壮族的蛙崇拜和藏族有些地方的猴崇拜，表明蛙和猴曾经是有些氏族的图腾。以植物为图腾的情况也十分普遍。比如，《史记·夏本纪》"正义"云："父鲧妻修己，见流星贯昴，梦接意感，又吞神珠薏苡，胸坼而生禹"[9]。这段记载中把食物"薏苡"说成是"神珠"，表明鲧的家族把薏苡奉为神灵，薏苡很可能也是鲧氏族的图腾。而薏苡据《本草纲目》记载，具有很神奇的药用价值。这种实用性十分符合图腾崇拜原理，即人们常把有益的对象奉为图腾。相传满族以柳为神灵，彝族有些氏族以香草或榕树、芭蕉等为图腾，《楚辞》中也有香草美人意象。中华文化称颂松竹梅兰并赋予其君子品质由来已久，这种审美趣味基本也是植物图腾文化的一种衍生现象。其中，竹与姓氏关联，就带有植物崇拜特点。据《后汉书》记载："夜郎者，初有女子浣于遁水，有三节大竹流入足间，闻其中有号声，剖竹视之，得一男儿，归而养之。及长，有才武，自立为夜郎侯，以竹为姓。"[10] 可见，夜郎侯因为只知其母不知其父，又因知从竹中所救出，按照祖先崇拜心理，奉竹为祖，以竹为姓。对于夜郎侯这一支竹姓人来说，最初的逃生凭借物——竹子转化为了身份标记。而夜郎侯的竹姓后代与云南那支相传祖先从水中救出的彝族人，显然有文化关联性，也许以竹为图腾的彝族人就是夜郎侯的竹姓后代。这里其实也隐藏了中华民族共同体意识，即图腾意识的传承在氏族流动与融合中逐渐转化为民族身份文化，最终转化为中华民族文化共同体的共享文化，成为中华民族共同体意识。

假如说图腾信仰时代人们通过动植物标志身份，虽然构建了一些家园意象，但由于还没有跟特定的地理空间结合起来，因此，尚没有创造出完整的家园意象和家园情怀。那么，当中华大地上的先民，特别是农耕先民很早就创造出一种"封地"社会治理模式之后，便出现了"姓""氏"一体的身份，姓是血缘关系，氏是地缘关系，两者结合形成姓氏，流传至今。当拥有特定图腾的氏族与具体的地方结合起来，完整的家园意象便构筑成功了，家园情怀也便有了更稳固的根基。所以，今天的中国人，只要有延续不更改的姓氏，其祖先的生存地大概可以找寻到。正是这种生存模式和深远的历史传统，缔造了中国人的乡土观念。据《史记·夏本纪》"索隐"记载："鲧封于崇，故《国语》谓之崇伯鲧。"[11] 所谓"崇伯鲧"，已经是一种人地结合模式。后来分封又出现"用国为姓"[12]，把人的姓氏身份与家园更紧密地固化下来。这种人地结合的身份标志模式一旦创造出来，并经过长时间固化，便生成一种比图腾更实用的新的身份叙事原型，代代相袭。可见，至少从夏朝开始，人地结合的姓氏身份模式已经产生，家园情怀已经融入了血缘、地方和国等诸多因素。

中原农耕社会创造的这种姓氏身份表达模式，是与人们的农业生产方式的土地依赖稳定性和社会治理的家国一体模式（用国为姓）高度适应的，所以，今天汉族的姓氏，不仅标志血统，一般也可以追溯到早年祖先生活的地方。这是一种十分具有独创性的农耕文明社会伦理，一些游牧民族就没有发展出这种人伦脉络。比如，维吾尔族，一般在每个人的名字前加上父亲的名字，这样，一代一代的人虽然也能追溯出血缘关系，但生活的地理空间被忽视了，也就是缺少了一种家园内涵，或者说，一些游牧民族的家园情怀除了人伦关系，没有乡土色彩。这是由过去相当长的历史时期游牧生活逐水草而居、居无定所这种生存方式决定的。一些游牧民族的这种忽略地方性的家园情怀，或者称为人的身份表达模式，在《荷马史诗》的叙事中也得到证明。从《荷马史诗》之《伊利亚特》的叙事细节来看，很容易找到"达阿特柔斯之子阿伽门农""涅琉斯之子涅斯托尔""驯马的阿特柔斯的儿子""长头发的阿开奥斯人""驯马的特洛亚人"等这样的关于人的身份表述，这种表述的特点显而易见，与中国传统的人地合一模式不同。古希腊人的身份叙述要么追溯父系血缘，要么表现生存技能（驯马），要么关注外表特征（长头发），至多能关注到部落联盟身份（阿开奥斯是古希腊部落联盟的称谓），但极少见"崇伯鲧"、岭·格萨尔、江州司马（地方加官职）这种人地结合身份表达方式。可见，人的身份叙述方式的差别背后，隐藏着深远的文化传统差别。

格萨尔史诗讲述的岭部落虽然主要过游牧生活，却继承了中华农耕传统文化创造的人地结合身份表达模式，并依据生存环境和游牧生活对身份言说方式进行了创造性改造，把高原的山水元素和草地作为家园的重要标志，创造出众多的神山、圣湖，赋予它们地方神灵意义加以崇拜，或者赋予草地独特的神性色彩，比如花虎滩、龙王属地等，总之，就是把山川大地和人的情怀加以整合，从而创造出独特的山水家园世界，形成人地合一（天人合一）的家园情怀。可见，岭部落人们的身份认知方式具备典型的中华农耕文明特点，这也显示了格萨尔史诗具有中华民族共同体意识。岭地人们的人地结合身份表达思维，至少可以作两种推论，一是岭部落的人们是从中原农耕地区迁徙到青藏高原的，所以保存了久远的农耕传统。这个推论可以被考古资料和其他研究结论证明；比如，有学者指出："氐羌在起源时代，是原始的农业各部落，到青铜时代才发展为游牧部落的，他们成为游牧民族是在中原已建立夏、商王朝的时期，考古学资料证明，我国所有的新石器时代文化，除北部草原发现的以外，都是以农业为主的文化，只是在青铜文化有所发展、生产力水平进一步提高后，当地各部落才突破自然的限制，来到广大草原上发展畜牧业，成为游牧民族。"[13] 二是岭地在与中原的长期交往中，受中原文化影响，接受了中原农耕文明的家园情怀。总之，格萨尔史诗的"人地结合"身份表达模式显示了中华传统文化元素。

三、叙事细节的原型与中华传统文化经验

史诗经过长期流传，不再是原初单纯的族群政治神话和身份文化，也被赋予审美、娱乐、巫术、宗教信仰等功能。特别是格萨尔这种活形态史诗，虽然政治神话和身份文化作为历史内核被保留着，但是，流传的动力越来越依赖审美娱乐等其他功能。因此，其叙事内容越来越庞杂、丰富，部落曾经的历史被不断稀释放大，加入大量想象元素，出现了不同程度的文学创作倾向。而文学意义的想象力元素作为叙事内容，有些往往可以溯源出原型。当我们分析格萨尔史诗的一些叙事细节的原型时，轻而易举就能找到它们与中华传统文化的关联性，确认出格萨尔史诗对中华传统文化的继承发展。这表明，格萨尔史诗是中华传统文化的集大

成者，汇集了中华民族的古老传统经验。

叙事首先存在主题，其次才是如何表达的问题。格萨尔史诗的救世济民主题源自我国传统文化的源头——神话，其基本价值追求是对我国神话中蕴藏的政治神话原型的传承，这在上文已经提到。可见，在叙事主题原型方面，格萨尔史诗传承了中华传统文化的古老政治智慧。在表达方面，上文提到的"人地结合"身份表达模式，既是一种传统文化，也是一种叙事方式。格萨尔史诗的表达涉及问题较多，比如说唱形式，是一种基本结构；而这种诗文互渗叙事模式早在《楚辞》中就出现了，《楚辞》中有较多提示诗行性质的"乱曰"；至于古代小说中的诗文互渗现象更为普遍。本文在此不展开讨论这些叙事原型问题，主要讨论文学意义层面的一些想象力原型问题，即叙事细节的原型问题，以揭示史诗叙事的中国传统文化元素。由于这方面事例很多，在此仅择几个典型事例加以讨论。

第一，河水分隔有情人想象的牛郎织女故事原型

降伏四魔是格萨尔史诗的核心故事，大多数版本都叙述了这些内容。其中，格萨尔王降伏北魔的故事中，有一个细节说格萨尔王去魔地救梅萨时，珠牡一开始死活要跟随着，后来在天母的劝说和干预下，格萨尔王才狠心丢下珠牡，两个缠绵在爱情中的人终于被分开。分开格萨尔王和珠牡的是一条由天神贡曼杰姆变出的"没有渡口的大河"[14]。很显然，史诗中天神变出大河的叙述未必是说唱艺人的神来之笔，而是中华传统文化经验的原型传承。这段凄美的爱情叙事令人想到民间流传已久的牛郎织女故事。牛郎织女作为文学意象，在《诗经·小雅·大东》中即出现："维天有汉／监亦有光／跂彼织女／终日七襄／虽则七襄／不成报章／皖彼牵牛／不以服箱"[15]；及至汉代的《古诗十九首》出现《迢迢牵牛星》章，表明牛郎织女爱情故事已经成熟，流传甚广。格萨尔史诗叙事中河水分隔有情人的叙述，其原型显然来自牛郎织女故事。有人可能会说，大河阻隔只是一种地理现象。这当然也符合青藏高原上的实际情况,但是,当我们从文学层面阅读格萨尔史诗的这个细节时,假如缺乏牛郎织女故事原型创造的共情效应,格萨尔王和珠牡爱情故事的感染力就会大打折扣。这当然不完全是阅读接受的想象力问题,因为爱情阻隔叙事在许多故事中都存在,而所有的叙述都由实及虚,升华出丰富的内涵。比如,在《奥德赛》和《罗摩衍那》中是大海,在依据印度古代故事创作的藏族古代小说《勋努达美》中,勋努达美王子和意翁玛公主则是先后隐入林海。不论是苍茫的海水,还是幽深晦暗的森林,它们都既是真实的物象,也是象征意义的意象。假如把上述作品中的大海、林海理解为人生的劫难,那么,格萨尔王和珠牡之间出现的那条河,它传承了牛郎织女故事中天与地、神与人的界限内涵,也延续了其性别伦理想象中的性别角色分野,只是对性别地位进行了巧妙置换,由神化女性和膜拜女性,转换为神化男性和膜拜男性。

第二,女性神与女性神力叙事的女娲崇拜原型

格萨尔史诗所述的岭部落无疑生活在父系社会,男性已经确立了在社会生活中的主体地位,史诗中存在大量男性话语霸权,同时,史诗却也存在隐蔽的女性崇拜叙事,显示了难以遮掩的女性崇拜文化力量。这种叙事悖论表明,格萨尔史诗存在女性崇拜深层心理刻痕;作为中华传统文化的集大成者,这种心理只能是源自女娲崇拜原型,显示了中华传统文化经验的影响。格萨尔史诗是英雄史诗,格萨尔王是核心人物,大量英雄和魔也以男性为主,总的来说,史诗是一个以男人为主体的世界,女性处于受支配地位;但也存在许多女性人物,具有不可替代的价值,甚至在一些事件中发挥主导作用,居于主体地位。比如,在格萨尔王一生的降妖除魔活动中,有一位天界女神贡曼杰姆,有的版本也叫朗曼噶姆,她从始至终以一种高高在上的、隐蔽的方式伴随着格萨尔王,经常以梦示、神示的方式现身,为格萨尔王出谋划策,甚至在关键时候直接

出手以神力相助。这位天界女神神通广大、神力非凡，实际上支配着格萨尔王的行动。史诗的这种女性膜拜，假如没有女娲崇拜文化做基础，既不可能在创作上出现，也不可能在传承接受上延续。所以说，格萨尔史诗在创作层面和接受层面都存在女性膜拜心理基础。这恰恰表现了女娲崇拜这一中华传统文化经验。中华文化以其古老的先觉性传承了母系社会的遥远记忆，女娲形象在先秦典籍《山海经》中即存在，表明女性崇拜文化在中华大地源远流长；南方苗族、瑶族等民族的盘瓠神话中也有一位老妇人，从她耳中生出了五色犬，后来成为始祖盘瓠王；藏族始祖神话中也有魔女形象。这些神话叙事表明，女性崇拜文化影响深广，是中华大地上人们普遍的传统经验。格萨尔史诗自然也不可能摆脱这种文化根基。再比如，格萨尔王赛马称王所依赖的神驹的捕获，是依靠了他的母亲和未婚妻的力量，包括装饰宝马的马鞍、辔头、马镫等，都依靠珠牡的娘家资助；包括由珠牡去通知觉如（格萨尔王乳名）参加赛马会，也基本上是一种协助格萨尔称王的巫术活动。因为珠牡已经确定为王妃，在王需要经过赛马确认的情况下，让珠牡和觉如在相互接触中私订终身，这自然也就等于事先暗中确定了觉如在赛马中将胜出并称王。加上如何实施赛马称王的谋略来自天母贡曼杰姆，从野马中识别出宝马要依靠珠牡，捕获宝马也要依靠珠牡和格萨尔王的母亲。可见，女人在成就男人方面作出了巨大贡献，格萨尔王几乎是由女人们造就的。这显示了史诗叙事中隐藏女性崇拜话语，它无疑是女娲崇拜原型的传承。

　　格萨尔史诗中表现女性崇拜的事例很多，比如，《汉地茶宗》讲述格萨尔王去嘉域降妖，所需法器，有些只能依靠岭国七姐妹的神力去获得，也是典型的女性崇拜事例。另外，格萨尔史诗的民俗信仰内容极为丰富，比如，岭部落的尚白习俗、动物喜好情感、巫术活动方式等，其中也能找到与中原传统文化的关联性，表明岭部落人们具备中华传统文化智慧，显示了史诗的中华民族共同体意识。这方面本人有论文[16]专门讨论过，不再赘述。

结　语

总之，格萨尔史诗原本是歌颂格萨尔王的政治神话，也是岭部落的族群身份文化，主要功能是叙述族群历史。史诗经过长期口头流传，尤其是跨民族、跨地域传播，在文化互鉴中不断融入更广泛的地方知识，自然而然地转化为蕴藏多民族和广大地方生活经验的共享文化。与此同时，滋生出娱乐和审美等其他功能。不论是格萨尔史诗的叙述历史功能，还是文学层面的审美教化与娱乐等功能，都具有中华传统文化元素，体现了中华民族共同体意识。

参考文献：

[1] 胡祥琴.神在夷夏之间：3-6世纪北方民族的政治神话研究[M].北京：中国社会科学出版社.2020:10.

[2][3][4][5][9][11][12] 司马迁.史记（点校本二十四史修订本）[M].北京：中华书局,2014:54;2;55;2;64;64;109.

[6][7][英]威尔金森.神话与传说：图解古文明的秘密[M].郭乃嘉，陈怡华，崔宏立.译.北京：生活·读书·新知三联书店.2015:328;257.

[8] 桑珠.说唱.丹玛青稞宗[M].亚东·达瓦次仁.译.拉萨：西藏藏文古籍出版社.2017:142-148.

[10][宋]范晔.[唐]李贤等.注.后汉书（下）[M].北京：中华书局.2005:1921.

[13] 王钟翰.中国民族史[M].北京：中国社会科学出版社.1994:122-123.

[14]《格萨尔文库》编纂委员会.格萨尔文库（第五册）[M].上海：上海古籍出版社.2018:557.

[15] 王秀梅.译注.诗经[M].北京:中华书局.2015:480-481.

[16] 徐美恒.格萨尔史诗的家国情怀:中华民族共同体意识[M]//.诺布旺丹.主编.格萨尔史诗通识读本:朝向地方知识的现代性阐释.北京:中国社会科学出版社.2020:87-123.

原文载于《青海师范大学学报(社会科学版)》

2024年第2期

民族交往交流交融视域下通天河古渡口历史变迁研究

丁柏峰[①]

被誉为"世界屋脊"的青藏高原是地球表面一个非常独特的地理单元，高耸的地貌，纵横的江河，星罗棋布的湖泊为生活在这里的各民族提供了独特的生存空间，也带来了难以克服的环境束缚。然而，严酷的自然条件和相对封闭的地理格局并未能阻隔高原上各个民族与外界联系的步伐。已有的考古资料显示，青藏高原并不是闭塞不通与外界隔绝的地理单元，"由内地通往西藏的道路，早在远古时代就已开通了，内地、西藏等地的原始居民从那时起就已经在这条通道上——即便当时还是一条并不明确的线路上——不断摸索，开拓前进，相互交往了"[1]。青藏高原是著名的"亚洲水塔"，是长江、黄河、澜沧江等亚洲主要河流的发源地，在交通路线开辟的过程中，如何克服这些大江大河所带来的自然阻隔是必须解决的一个重要问题，也是保障道路畅通的关键。限于地形和技术手段，除了个别地方有桥梁的建造以外，藏族人民在长期的生

---

① 丁柏峰，1972年生，男，汉族，天津蓟县人，青海师范大学教授，博士研究生导师。研究方向：西北区域史及历史地理学。

活实践中、就地取材、因地制宜，选择在江河的河床平宽、水流平缓河段以牛皮船摆渡成为渡河过江的主要方式，也由此形成了规模不等的渡口。历史上，通天河流域相继形成了位于今曲麻莱县的七渡口以及位于今称多县、玉树市等地的尕多渡口、直门达渡口、仲达渡口等多个规模不等的古渡口。[2] 这些渡口在历史时期发挥了沟通了内地与西藏的交通的重要作用，见证了内地与青藏地区各民族交往交流交融的历史，具有特殊的历史文化内涵。

一、唐蕃古道上的尕多渡口与仲达渡口

通天河是"沱沱河与当曲汇合处至玉树县巴塘河汇入口的长江干流段。位于（青海）省境西南部的玉树藏族自治州境内，流经曲玛莱、治多、称多和玉树四县。因地处'世界屋脊'青藏高原，地势高峻，曾传为通天之河，故称通天河"[3]。藏语河名音译为"直曲"或"州曲""治曲"，意为"牦牛河""犁牛河"。周希武在《玉树调查记》中记载："金沙江上流蒙名乌鲁木河，番名州曲，普通名通天河。"[4] 通天河干流全长813公里，流域面积近14万平方公里，有莫曲、牙哥曲、科欠曲、宁恰曲、登艾龙曲、益曲、巴塘河、然池曲、冬布里曲、北麓河、色吾曲、德曲、细曲、歇武系曲等众多支流。[5]

通天河流域所在的玉树古为西羌之地，相关学者对今称多县尕多乡的赛康岩画研究表明，该岩画的年代距今约2700—2500年，即春秋中晚期至战国早期，其创作的族属应为活动在这一区域或者曾经经过这一区域的古羌人。[6] 魏晋南北朝时期"发祥于河源一带的苏毗部落在整个玉树地区和藏北地区建立起了统一的苏毗王朝"[7]。这一时期"多弥部落位于苏毗东部金沙江上游和通天河下游等地区。因境内盛产牦牛，被

吐蕃称之为'牦牛''"[8]。《新唐书》中记载："多弥,亦西羌族,役属吐蕃,号难磨。滨犁牛河,土多黄金。贞观六年,遣使者朝贡,赐遣之"[9](卷221下)。以上记载说明,从先秦到隋唐时期,始终有不同的游牧部落在通天河流域繁衍生息。但限于史料的阙失,难以对这一时段先民是否已经掌握了摆渡技术进行稽考,更无法确定当时通天河流域是否有渡口存在。

对通天河流域渡口的明确记载始于唐代。贞观十四年（640 年）,唐太宗应允了吐蕃的和亲请求,"以文成公主妻之,令礼部尚书江夏郡王道宗主婚,持节送公主于吐蕃"[10](卷196上)。文成公主一行从长安出发,途经玉树前往逻些（拉萨）与松赞干布完婚,结成了一桩传诵千古的雪域情缘。随着唐蕃双方的和亲通好,广泛的经济文化交流和频繁的使臣往来,文成公主入藏和亲的路线最终定型,并被后人称为"唐蕃古道"。"唐蕃古道"西宁以西的线路在《新唐书·地理志》中有翔实记载,现引述如下：鄯城县"有河源军,西六十里有临蕃城（今湟中县多巴镇,一说镇海堡）,又西六十里有白水军、绥戎城（今湟源县东之北古城）,又西南六十里有定戎城（今湟源县日月乡）,又南隔涧七里有天威军,军故石堡城（大小方台）,……又西二十里至赤岭（日月山）,其西吐蕃,有开元中分界碑。自振武（即石堡城）经尉迟川（今称倒淌河）、苦拔海（今称尕海）、王孝杰米栅（今共和县恰卜恰镇北东巴古城）九十里至莫离驿（今共和县东坝附近,一说在共和县达连海一带）,又经公主佛堂、大非川（今兴海县大河坝）二百八十里至那录驿（水塔拉河中游地区）,吐谷浑界也。又经暖泉（今温泉）、列漠海（今苦海）四百四十里渡黄河,又西四百七十里至众龙驿（今称多县清水河乡）；又渡西月河（今扎曲）,二百一十里至多弥国西界。又经牦牛河,度藤桥（今通天河尕多渡口）,百里至列驿（今玉树县结隆乡）。又经食堂、吐蕃村（今玉树县年吉措）、截支桥（今子曲）,南北两石相当。又经截支川,四百四十里至婆驿（子曲河上游）,乃度大月河罗桥,经潭池、鱼池,五百三十里至悉诺罗驿（今当曲以北加力曲一带）……至赞普牙帐"[11](卷40)。

以上路线中的牦牛河为通天河的古称是学术界长期以来一致肯定的结论。通天河上可与这一路线对应起来的渡口有三个："（1）称多县至玉树县的尕多渡口；（2）称多县至玉树县的仲达渡口；（3）称多县至玉树县的直门达渡口。"[12]据陈小平先生稽考，"这三个渡口中，直门达渡口与驿道亦当无关。调查资料表明，直门达渡口是在清末今天玉树州结古镇成为玉树地区政治、宗教、经济文化中心以后（此前政治中心在囊谦县，宗教中心在治多和杂多县）才开通的一个渡口，此前去囊谦、结古、治多、杂多及西藏者，皆行尕多、仲达两渡口……由此可见，牦牛河渡口的答案只能于尕多、仲达两渡口间求得。"[13]文献中记载"又经牦牛河，度藤桥"，综合考察尕多、仲达两个渡口的自然条件，仲达渡口地势平坦，河面开阔，不具备建造"藤桥"的条件。尕多渡口是由今称多县尕朵乡的着木其或吾云达渡至玉树市安冲乡的叶吉，通天河这一河段相对狭窄，峡谷与平滩相间，适合建造吊桥。因此，学术界普遍认同尕多渡口就是唐蕃古道上的牦牛河渡口。

仲达渡口是唐蕃古道上另一个重要渡口，是由今称多县拉布乡渡至玉树市仲达乡，由于拉布乡渡口附近屹立着一座以石垒建的白塔，这一渡口也被称作尕白塔渡口。仲达渡口也是通天河流域最古老的渡口之一，"唐代或已存在，或也为来往唐蕃间的人们所行经，但从该地诸因素看，这个渡口的作用主要在本地区内往来时用"[14]。当地民间传说，公元8世纪中叶，莲花生大师来到通天河畔，修建了这座尕白塔。之后，该区域的佛教文化和民俗、歌舞、医药、建筑以及石刻文化等逐渐兴盛，进而形成了独具特色的尕白塔文化。①历史时期，仲达渡口对印度、内地及青藏高原地区，尤其玉树境内各民族的文化交流、商贸流通、结盟友好等发挥了至关重要的作用。

相关研究成果表明，唐蕃古道是一个由主干道、次干道和若干支线

---

① 见玉树州称多县拉布乡尕白塔介绍碑文。

共同构成的交通路网。[15] 这种路网结构是伴随着唐蕃间的密切往来逐渐形成并完善的，深刻反映了唐与吐蕃之间的政治、经济、军事、文化交流。唐以后，唐蕃古道始终是中原地区与西藏沟通的重要交通线路，并随着政治经济形势的变化而发生变动。在这一过程中，通天河流域的渡口不断增加。据周希武记载："通天河，歇武寺直布庄南有渡口，宽约二十二三丈。扎武蓝达庄西有渡口，宽约二十四五丈，深丈许，水清石底。固察种毛籍庄有渡口，宽约十八九丈，均用皮筏，冬有冰桥。又通天河上流玉树境内有巴哈苦苦赛渡口，系青藏大道。"[16] 此外，通天河各支流上也形成了规模不等的渡口。直到民国时期，这些渡口的作用仍无可替代，马鹤天记载这里的交通状况曾云："玉树二十五族境内，到处河流纵横，但均无桥，骡马每浮而过，人或乘牛马，或用皮筏、木船，有船处亦甚少。"[17]

二、民国时期的直门达渡口

直门达渡口位于玉树州称多县歇武镇西南约 15 公里处，坐北朝南，面朝通天河，是现今通天河流域保存最好的渡口之一。直门达是通天河与金沙江分界点，直门达以下的长江干流被称为金沙江。直门达渡口是青藏川三省区重要交通枢纽，一直由历代直本仓进行经营。"直本"藏语意为船长，负责指挥调度渡口运输事宜。在历史发展过程，"直本"逐渐由负责渡口的职务名演变为负责这一事务的家族名，直本仓就是船王家族的意思。根据直本仓家族谱系，该家族第一代传承人直本·阿嘎波出生于约 1050 年左右，据传是格萨尔王时期岭国派到此地驻守交通要道的地方官，后来定居此地，成为第一代"直本"，至今已经到第三十六代传人。2022 年 7 月，笔者在玉树州结古镇对直本仓第三十五代传人直本·尼玛才仁进行访谈，以下是直本·尼玛才仁介绍的主要内容：

我叫直本·尼玛才仁，今年88岁。我们家族是时代沿袭的直本仓，负责直门达渡口的摆渡，传到我这一辈，已经有上千年了。以前这里有30个牛皮筏子，是通天河上最大的一个渡口。一个牛皮筏子，水大时可以载五六个人或四五百斤货物，水小时能载七八个人或七八百斤货物。听我爷爷说，当时百分之八十的客商要经过我们这个渡口。商队到达渡口时，村民们都会专门载歌载舞前去迎接。当时，我们这个渡口对于活佛、僧侣、达官贵人以及朝拜者、乞丐等是不收费的，只收商人的费用。其他人随来随走，商队需要排队等候，所以我们村里修有规模很大的驿站。当时整个夏天生意都特别多，没有闲的时候。牛皮筏的损耗也非常大，每年都要重新更换一遍。村里男的划牛皮筏，女的当小工，收入很好，我们村是很富裕的一个村子。

抗日战争时期，通过我们这个渡口从印度、尼泊尔等地向内地运输了大量枪支弹药和药品。听我爷爷和父亲说，当时没有收取任何费用，而且想尽办法确保货物安全，完好无损地通过渡口安全送到了内地。[①]

在直本·尼玛才仁的介绍中，直门达渡口已经有上千年的历史，在其家族谱系中也把其家族第一代传承人直本·阿嘎波的出生时间推断为约公元1050年左右。而学术界比较一致的看法是，该渡口应该是清末伴随结古镇的兴盛而形成的，与直本仓口耳相传的家族历史并不一致。结古镇"是一个依托寺院商业活动而兴起的牧区城镇。结古镇境内有结古寺，这是一座创建于元代的古刹。由于该寺地处青海进入西藏的通衢要道，清末民国初，就常有一些川边的民族商人和个别川陕甘的汉回商

[①] 访谈时间：2022年7月4日；访谈对象：直本仓第三十五代传人直本·尼玛才仁；记录人：丁柏峰、陈玮。

人到此经商"。[18] 结合以上观点，直门达渡口的历史当可推至宋代，但直到清代仍然只是一个规模不大的小渡口，主要解决区域内民众渡河的需求。清末民国时期，随着结古镇商贸的兴盛，直门达渡口凭借得天独厚的地理位置逐渐发展起来，成为通天河上规模最大的渡口之一。

曹瑞荣在《民国青海旅行记·玉树志略》中曾描写玉树一带的商业情况说："番地交通不便，生活程度亦低，多以实物交易。结古为玉树二十五族走集之所，亦就内地之商埠。然商贾多川边伙尔也族番人，而川陕甘汉回土人，经商者无几。其交易亦无常设市场，约有一定日期地点，如内地之集市。即结古之商贾，亦无门市，俱往于番民家内。"[19] 朱绣也曾记载："结古处札武三族之中，为二十五族商业荟萃之地，自前清以来，川甘委员会盟办事均在此处……结古镇商贾辐辏，畜骡马者甚繁，耕稼甚少，草价尤昂。"[20] 以上记载间接印证了直本·尼玛才仁所述民国时期直门达渡口商队往来频繁的情况。朱绣、马鹤天等人对当时摆渡的艰辛与艰险也有详细的描述。民国八年（1919年）夏，甘肃省督派朱绣、李仲莲以及古浪仓、拉卜仓等组成代表团前往拉萨沟通西藏当局，代表团在玉树渡通天河时，"于河畔乘牛皮船，船最小可容三人，番妇摇桨破浪而过河，宽二十余丈，深约丈余，碧浪奔流，能睹石底，骡马浮水而过，只见两耳及口，危乎险哉，疲乏者至此，难免随波而下矣"。[21] 民国二十六年（1937年），马鹤天作为护送班禅回藏专使行署的参赞陪同九世班禅曲吉尼玛到达玉树，他记载到达渡口后："早备有木船，余与专使下马即渡，舟子十余人操之，未至岸而水已涨，舟子惊恐。余等抵岸，其他同人不能渡。"到次日，"昨晚大雨，水又涨，骡马本拟浮水而过，不意赶入河中后，仅露两耳，口中作声，又返回此岸。不得已仍用木船，但木船仅一只，且每次渡后，须拉至上游，再放下，又水大每次须二三小时，仅渡骡马十头，骡马数百头，何日始可渡完（水小时每日可渡二三十次）。又有一木船，据云在称多拉卜寺，调来亦须时日。皮筏备有九只（系外用四张牛皮缝成，内系柳条，蛋圆形），舟身甚轻，一人可用桨负之而行，渡时亦仅水手一人，数分钟可渡一次，每次可容四五人，但水大甚险"[22]。可见，此时通天河渡口已经有了木船，但数量非常少，渡河仍然主要是使用牛皮筏。

　　爬梳相关史料，直本·尼玛才仁介绍的其他情况也可以得到不同程度的印证。抗日战争全面爆发以后，中国沿海几乎所有港口都先后落入日寇之手。国民政府出于加强西南边疆国防建设和保障抗战物资运输的需要，积极推进康藏间的交通建设，大批海外物资经过西藏转运到了内地。1940年，邦达昌家族在康定设立了"邦达昌"商号，自备骡马2000多匹，从印度经拉萨为内地运输军需物资。据统计，在整个抗日战争期间"邦达昌"商号向内地运送支援抗战物资价值就达1.5亿美元。[23]1942年缅甸全境陷落后，经美国政府与国民政府磋商，开通了著名的驼峰航线。但由于这一航线沿途气象条件异常恶劣，飞行过程充满艰难险阻，物资运输量远远满足不了抗战的需要。"1942年3月18日，英印政府令驻拉萨的官员热依巴图尔赴噶厦密商，称奉印度总督及锡金王电，因中国坚持长期抗战，要靠英国人的军火援助，现滇缅路为日本人断绝，英国政府将取道噶伦堡、帕里、江孜、拉萨，然后经康区运军火、物资援华，并将公开付给运费。"[24]当年7月，国民政府行政院审议了英方提出的方案，决定"交通部与康藏贸易公司组成康藏驮运股份有限公司，在康定设董事会，组建总公司，由格桑悦希任总经理。在拉萨组建分公司，由邓珠朗杰任经理。在噶伦堡也组建了分公司，由庄学本任经理。公司按规定，以承运国家物资为主，并重新选择运输路线，从印度噶伦堡经江孜、拉萨、黑河、类乌齐、玉树至康定、雅安入成都"[25]。在这一背景下，直门达渡口成为该运输线上的重要中转站，大批军需物资在直门达摆渡通过通天河，源源不断运往抗日前线，为中华民族的全面抗战提供了有力保障。

三、玉树解放后的直门达渡口

玉树解放时,直本·尼玛才仁已经 16 岁了,他的爷爷和父亲于 1954 年和 1955 年相继去世。此后,直本·尼玛才仁成为直门达渡口的负责人,是许多重要历史事件的亲历者。他介绍:

1949 年的时候,囊谦二十五百户筹集了一千多匹马从渡口过河送往了西宁。这批马原来是准备送给马步芳的,到达西宁市的时候发现西宁已经解放了,就将这批马献给了解放军。献马的人回来时告诉我爷爷他们,做好迎接解放军的准备。解放军到达玉树市,我爷爷和我父亲领着我给解放军献的哈达,并用牛皮筏把他们送过河到了结古镇。

1951 年玉树要修军用机场,大批军人和民工以及修建机场的物资都是我们源源不断地运过通天河的,有一个连的军人就一直驻扎在我们这个直本仓的老宅子里。1956 年机场建成,通航仪式时专门邀请我和一些船工参加,州委书记为我颁发了奖状,献了哈达。并且让我们坐着一架飞机在结古镇上空飞了一圈。

1958 年西藏发生叛乱,有上千名干部、军人从直门达渡口渡过通天河,我们都没有收费。当时州上领导安排了一部分军人住到了我们家,和我们同吃同住了一年。1963 年 7 月 1 日,通天河大桥通车了,我们这个渡口就不再用了。现在家里只留了一个牛皮筏子做纪念,我们老宅子也被列为文物保护单位和民族团结进步示范基地。[①]

[①] 访谈时间:2022 年 7 月 4 日;访谈对象:直本仓第三十五代传人直本·尼玛才仁;记录人:丁柏峰、陈玮。

1949年7月，马步芳被任命为西北军政长官，国民党玉树区行政督察专员马峻召集玉树地区各部落头人准备向马步芳献马以示祝贺，最终按照部落大小，摊派筹集了1000匹马。"1949年8月初，所献马匹已经集中，即由千户扎喜才旺多杰率领，和布庆百户蔡作祯、扎武百户久美、拉布百户昂旺，总通事（翻译）百里等人负责赶往西宁。"[26] 他们到达海南的时候，得到了西宁已经解放的消息。众人商议后，决定继续前往西宁，将这些马匹献给解放军，欢迎共产党解放玉树。"9月16日，人民解放军一军政委廖汉生、军长贺炳炎等负责同志设宴招待，表达欢迎、慰问和鼓励之情。扎喜才旺多杰代表玉树各千百户头人献上了1000匹骏马，珍贵兽皮一百张、鹿茸10架和麝香10杖等礼品，恳切地表达了各族人民对共产党的渴望、欢迎和敬慕之意，并要求速派部队拯救玉树人民于水深火热之中。"[27] 结合直本·尼玛才仁的回忆以及其他亲历者的记载，当时这些马匹是从直门达渡口过河被送往西宁的，解放军到达玉树以后，也是在直门达渡口摆渡过河。

　　直本·尼玛才仁回忆参与玉树机场修建的过程也有相关研究可以佐证。抗日战争爆发以后，时任国民政府交通部公路总局管理处处长的赵祖康在考察康青地区后，向蒙藏委员会提交了考察报告。他在报告中指出："巴塘滩为深长广阔之草原地，横亘于玉树南部约四十里，为天然之屏障，玉树之门户也。滩东西长约百余里，南北亦十余里，面积甚广。地面平坦，可辟为大规模之机场，停多量飞机。"[28] 蒙藏委员会采纳了赵祖康的建议，开始积极推进玉树机场的修建。然而由于当时规划中的"康青公路"即康定—玉树—西宁公路尚在修建过程中，修建机场所需的设备和物资运输困难，直到抗日战争结束才断断续续建成了一座简易机场。玉树解放时，这座机场已经破败不堪，"是用鹅卵石草皮填筑起来的……原跑道宽50米，长2500米，因年久失修，大部分已损坏"[29]。1950年7月，以中国人民解放军一野骑兵团第二营和特务连为基础组建的"青海骑兵支队"接管了玉树地区政权。为配合十八军解放昌都，支队接到野司电令"积极做好战前准备,修复巴塘机场,以利大型飞机运送货物"[30]。由于解放军进展迅速,巴塘机场修复工作刚刚开始,西藏便已获得解放。

1951年7月7日,玉树成立了机场修建委员会[31],其后便开始了对巴塘机场的勘察测量等项工作。做了大量前期准备工作后,1953年4月,正式开始了巴塘机场的施工。"中共西北局、西北军区为修建玉树机场共组织了1.2万多军民,10万头(匹)牛马、100多辆汽车及一千多亿人民币(旧币),经过各族军民200多天的艰苦劳动,终于建成了巴塘机场。"[32]1953年11月29日,巴塘机场竣工,但直到1956年4月2日,"从西宁起飞的两架伊-22军用飞机安全飞抵玉树巴塘机场,首航获得成功"[33]。

前述直本·尼玛才仁的回忆与巴塘机场的修建过程基本上是吻合的。直本仓家族为机场的修建作出了突出贡献,也得到了政府的认可,所以在通航仪式上才有了受邀乘机这一殊荣。可见,玉树解放以后,直门达渡口在地方政权建设、军事建设以及经济建设中均发挥着不可替代的作用。一直到1963年,通天河上建成了第一座大桥,古老的牛皮筏摆渡被现代交通所取代,直门达渡口才结束了自己的历史使命。1963年7月29日,《青海日报》对通天河大桥建成通车进行了报道:

长江上游第一桥——玉树通天河大桥,最近已经建成通车。这座桥是西宁通往玉树藏族自治州的咽喉,也是目前我省最大的一座现代化桥梁。

在通天河上架起一座大桥,是当地藏族人民梦寐以求的千年愿望。解放前,两岸人民隔河相望,物资不能对流,行人过河全靠牛皮筏子摆渡,曾经有不少筏工和过渡者被汹涌的河水吞噬。马步芳匪帮统治年代,以倡议筑路架桥为名,向藏族人民强征暴敛,而通往这个地区的青康公路,只不过是地图上的一根虚线。解放后,玉树地区的交通得到了改善,通天河上也设置了码头和渡船，但运输效率很低，也不安全，重车通过必须卸下货物分次过渡，码头上经常车辆拥挤，物资积压很多，延缓了物资流通，加大了损耗。每逢冰冻季节和洪水期间，还常常中断交通。因此，这里曾流传着："走遍天下路，难过天河渡"的歌谣。

通天河大桥的建成，对发展玉树地区的政治、经济、文化建设事业，增强民族团结，便利物资交流，都具有重大意义。因此，这里的藏族人民称它为"幸福桥"。

通天河大桥的建成，意味着传承千年的古渡口正式退出了历史舞台。但作为连接玉树与内地及西藏的枢纽，这些古老的渡口经历了不同时期各民族团结合作的重大事件，是各民族交往交流交融的历史见证，其深远的历史文化内涵值得进一步深入挖掘。

参考文献：

[1][12][13] 陈小平. 唐蕃古道 [M]. 西安：三秦出版社,1989:2;89;89.

[2] 称多县地方志编纂委员会. 称多县志 [Z]. 西宁：青海人民出版社,2017:187.

[3][5] 青海省水利志编委会办公室. 青海河流 [M]. 西宁：青海人民出版社,1995:86;87.

[4] 李文海主编. 夏明方，黄兴涛副主编. 民国时期社会调查丛编（二编）少数民族卷（上）[M]. 福州：福建教育出版社,2014:286.

[6] 王永军，黄亚琪. 玉树通天河流域赛康岩画调查与研究 [J]. 青海民族大学学报,2017（3）.

[7][8] 王昱. 青海省志·建置沿革志 [Z]. 西宁：青海人民出版社,2001:214;216.

[9][11][宋] 欧阳修，宋祁，撰. 新唐书 [M]. 北京：中华书局,1975：

6257;1041-1042.

[10][后晋]刘昫,等,撰.旧唐书[M].北京:中华书局,1975:5221.

[14]陈小平."唐蕃古道"的走向和路线[J].青海社会科学,1987(3).

[15]余小洪,席琳.唐蕃古道路网结构及沿线文物遗存考古调查与研究[M].广州:中山大学出版社,2018:161.

[16]周希武.玉树调查记[M].西宁:青海人民出版社,1986:40.

[17][22]马鹤天.甘青藏边区考察记[M].北京:中国国际广播出版社,2016:321;243.

[18]白文固,杜常顺,丁柏峰,等.明清民国时期甘青藏传佛教寺院与地方社会[M].西宁:青海人民出版社,2009:118.

[19]曹瑞荣.民国青海旅行记·玉树志略[Z]//中国西北文献丛书(第七卷).兰州:甘肃古籍出版社,1990:117.

[20][21]朱绣.西藏六十年大事记[M].西宁:青海人民出版社,1996:96-97;93.

[23]美朗宗贞."邦达昌"在康定设立商号后的第二次复兴[J].西藏研究,2007(4).

[24][25]西藏自治区交通厅,西藏社会科学院,编.西藏古近代交通史[M].北京:人民交通出版社,2001:211-212;212-213.

[26][27]张文宪,王人文,马存仁.玉树和平解放经过[C]//青海文史资料选辑(第11辑).青海省政协文史资料委员会,1989:162;176.

[28]中国藏学研究中心,第二历史档案馆.民国时期西藏及藏区经济开发建设档案选编[M].北京:中国藏学出版社,2005:73.

[29][30]降边嘉措,等.为西藏和平解放而战——昌都战役回忆录[M].成都:四川民族出版社,2000:165;164.

[31]玉树藏族自治州地方志编纂委员会.玉树州志(上)[Z].西安:三秦出版社,2005:24.

[32]玉树州政协编.玉树文史资料[C].内部刊印:59.

[33] 桑丁才仁.民国"康藏航空"中转站玉树巴塘(三江源)机场述略[J].中国藏学,2008(2).

原文载于《青海师范大学学报(社会科学版)》
2022年第6期

黄河文明视域下的河湟文化价值阐释

刘晓林[①]

一、河流与文明

水是生命的泉源，人类追逐水草而居，依河流建立生存的家园，历史上重要的人类文明形态大多缘河流而生成。尼罗河一年一度有规律的潮涨潮落，冲击了大片适于耕种的土壤，由此形成古埃及的农业文明；幼发拉底河和底格里斯河两河激荡而成的美索不达米亚平原，土地肥沃，河渠纵横，在她的怀抱中，孕育了盛极一时的苏美尔文明和古巴比伦文明；流经南亚次大陆的恒河，是印度人心目中的"圣河"，宽阔舒展，滋养了璀璨的古印度文明。这些地域的先民们，接受河流的馈赠，在两岸的土地上春播秋收，繁衍生息，逐渐发现了四季的轮转和农时的规律，发明了承载文明记忆的文字和数字，而且，他们有关世界和人的起源的创世神话莫不闪烁着河水的波光，因此，河流决定了人类早期想象世界

[①] 刘晓林，1965年生，男，汉族，陕西西安人，青海师范大学教授。研究方向：中国现代思想史、青海地域文化。

的方向、生命的态度和生活的方式，显然是一个尊重事实的判断。

从河流与文明的关系角度审视，中华文明的发生发展同样不能与水、与大江大河分割。流贯中国北方大地的黄河自古就被中国人视为母亲河，黄河的干流和支流区域是中华文明主要的发祥地，在漫长历史进程中，很长一段时期是中华文明的中心区域。

"黄河之水天上来，奔流到海不复回。"李白笔下千年传诵的诗句，勾描了黄河雄浑不羁、奔腾不息的形象。作为一条自然河流，黄河的长度和流域面积，在遍布地球陆地的众多河流中都可以称得上是一条名副其实的"大河"。黄河发源于青藏高原巴颜喀拉山北麓各姿各雅山下的卡日曲河谷和约古宗列盆地，那里平均海拔4500米以上，卡日曲河谷汩汩涌出的泉水汇成的河流，与约古宗列盆地那些晶莹剔透的小水洼形成的溪流，在星宿海汇合之后，形成黄河的正源——玛曲，由此开始了波澜壮阔的旅程，穿越中国西北的高山峡谷，经过河套平原和黄土高原的九曲回转，华北平原的恣肆奔流，最后流入渤海，完成了5464公里的行程。

黄河从中国西部高地一流东下，跨越中国地理的三大阶梯，奔向大海。在黄河流经的广袤地区，由其干流及支流构成的庞大水系，荡击涵养的河谷地带和大片平原，成为中华先民的栖居之所，文明的火种缘此萌生。史前时期，中国旧新石器时代的文化遗存大多发掘于黄河流域，如距今8000年前的大地湾文化与裴李岗文化，距今7000年前的仰韶文化，距今4000年前的龙山文化，而同样在黄河流域，出现在公元前21世纪至公元前17世纪的二里头文化，其在被发掘的过程中发现的陶制和青铜礼器，以及逐渐呈现的都邑形制，表明了此时的中国已真正迈进了文明的门槛。从夏商周起直到北宋南渡，3000余年的时光，黄河流域一直是中国政治、经济、文化的核心地带，在以长安—洛阳—开封等都城连接的东西轴线及其辐射地区，诞生了决定中国人认知方式和行为方式的基本思想理念，形成了帝国时代的政治制度和行政体系，出现了造福后世影响深远的重要的古代科技发明，发生了胸襟包容开放的民族融合，更为切要的是，与生存环境统一协调的，有着民族气质和精神底色的黄土——黄河——黄种人，成为了中华文明的表意符号，黄河文化构成了中国人文化认同的基础。

　　作为中华文明的摇篮，黄河无疑是一条文化的河流，其流经的地区，产生了斑斓璀璨的文化形态。黄河横贯中国北方，穿越多种不同的地理地貌，由于自然环境和气候的相异，造成了人们生活生产方式的差异，由此形成了具有不同个性特征的地域文化。从上游到中下游，黄河流域依次出现了河湟文化、河套文化、关中文化、河洛文化、齐鲁文化等地域文化圈。在历史上，上述属于黄河流域的地域文化，或居于中心，或处于边缘，所发挥的影响与作用不尽相同，但都以各自的方式充实丰盈着黄河文化的内涵，促成了黄河文化的多样性与丰富性。

　　出现在黄河上游的河湟文化是黄河文化的重要构成，是在西部高原蜿蜒流淌的黄河，与特定的物候和历史际遇相互作用形成的风格独特的文化形态，既是地域性的，又是黄河上游文化的典型代表。如果将黄河的流程比作一个人的生命历程，流过河湟地区的黄河恰似处于少年时代，英姿飒爽，清朗舒俊，她仿佛是将青春的创造热情注入了河湟大地，使得这块土地上生长的文化呈现出朴野、勃郁的生命气息。

二、"河湟"与河湟文化

　　河为黄河，湟为湟水。历史上，将两条河流并称，始于西汉武帝时期。《后汉书·西羌传》记载，武帝开拓河西之地，"西逐羌夷，乃渡河湟，筑令居塞"，《汉书》收录的赵充国给西汉朝廷所上奏折《留田便宜十二事》，时间在汉宣帝时期，亦有"至春，省甲士卒，循河湟漕谷至临羌"

的说法。两汉史籍记载的"河湟",并非一个指称具体区域的地理概念,而是确指黄河、湟水两条水道。直至唐代,"河湟"一词才脱离河流专名性质成为一个地理名词,如《新唐书·吐蕃传》中称"湟水出蒙古,抵龙泉与河合,……故世举谓西戎地曰河湟",还有唐代出现的大量涉及河湟的诗篇,指称的都是地理疆域,但此时所谓"河湟"的地理位置并不确定,经常将唐与吐蕃征战中丢失的唐西部故地,笼统称之为河湟。宋代典籍中河湟指称的地域逐渐缩小。至明代,河湟已经基本固定为专指湟水流域的地理名词[1]。

今天,河湟地域的划定,既有历史地理传承的依据,同时又考虑了黄河上游水系的自然状况,确定黄河、黄河上游的最大支流湟水及湟水的支流大通河三河流域及其之间的广阔区域,其中河湟谷地包括日月山以东,祁连山以南,青海海南、黄南黄河流经的地区,西宁、海东及甘肃临夏回族自治州。这里是黄河流域最早出现人类活动的地区之一,水草丰美,宜耕宜牧,先民在河谷地带耕耘播种,在沿河的台地放牧狩猎,创造性地进行着谋求生存的生产劳动,在历史的行进中,一种与自己的生活方式相适应的文化形态逐渐形成,在黄河文明的整体框架中扮演着不容忽视的角色。

河湟流域的史前人类文明极为丰富。1980年夏考古工作者在黄河流域的贵南县发现的拉乙亥遗址,是一处旧石器时代向新石器时代过渡阶段的文化遗存,经碳14的科学测定,这处文化遗迹存在的时间距今约7000年前。进入新石器时代,马家窑文化在河湟地区闪烁出迷人的光泽,柳湾遗址出土的彩陶器具造型精致、图案优美,所勾勒的先民居住、劳动、娱乐的情景,体现了那个时期物质生产的水平和精神生活的充实,且该遗址彩陶出土数量之巨,世所罕见。而在大通上孙家寨和同德宗日两处遗址出土的舞蹈纹彩陶盆,则显示了河湟先民卓异的审美旨趣和艺术水准。距今3500年前,大约在中原的商朝期间,青铜器时代的齐家文化类型中的喇家聚落文化,标志着河湟地区曾出现过有高度文明的社会群落，这一群落在一次洪水灾难中毁灭，有学者不无遗憾地将其称作"东方的庞贝"。公元前1600年左右，河湟地区出现了被后世命名为"卡约"的本土文化类型，其农业生产和冶铜技术已有较高的水准，并且以海贝、石贝为交换物的早期商业活动也非常活跃。这散落在广阔河湟谷地上的繁若星辰的文化遗存，默默地诉说着在史前人类的活动和早期中华民族的发展中河湟地区曾经拥有的荣光。

河湟先民的生产劳作产出了物质文化的成果。据史料记载，秦汉以前，青海为"戎羌之地"，河湟地区的居住者为羌人。《说文》对羌人的解释为"西戎牧羊人也"，可见远古时期，河湟先民有很大一部分生产活动属于畜牧，这也符合河湟地区是农耕文明与草原文明结合部的自然生态条件。羌人对河湟最重要的贡献，还在于农耕。无弋爱剑是河湟历史上第一位有真实姓名记载的人物，他原为甘肃东部义渠国的羌人首领之一，秦厉公时为秦人所拘执，迫为奴隶，后逃至河湟，成为河湟当地羌人的领袖，传授被拘秦地时所学到的农业生产经验，极大地提升了河湟地区的农事水准，广受尊崇与敬仰[2]。而耐寒性强、生长周期短、高产早熟的谷类作物青稞，也于此时在河湟地区栽培种植，这应当是河湟先民献给人类的珍贵礼物[3]。

历史上，河湟属于边地，属于中央政权控制范围的边缘地带，长期处在战争状态之中，或为中央政府与游牧民族之间攻城掠地之所，或是马背上民族之间的征战角逐之地，政权更迭频繁，社会板荡不安，因此，河湟历史进程曲折而艰辛，荣光与悲怆并存。秦统一中国后，推行郡县制，"并天下为三十六郡"，河湟归属陇西郡管辖。西汉武帝时"征伐四夷"，河湟地区成为面北抗击匈奴的军事要地。西汉宣帝年间，名将赵充国上奏"屯田十二便疏"，开始了中原将士在青海河湟地区屯田驻兵的历史，西汉王莽新政继汉宣帝神爵元年（前61年）扩充金城郡管辖河湟地区之后，设西海郡将青海纳入中央政权的管辖范围。西晋时期，逐水草而居、以狩猎为生的辽东半岛鲜卑人，经长途跋涉迁至青海河湟谷地，在经历了为生存而进行的经年累月的征战中建立了吐谷浑王国，于此上演了金戈铁马、纵横驰骋的历史。鲜卑族秃发部建立了南凉政权，如今依然矗立的虎台遗址，无时不在诱发人们对这个在西宁建立的地方政权某种神秘的怀想。至唐时期，吐蕃与唐王朝长期对峙河湟，战争与和平的故事交替发生，河湟地区的农业生产因此遭受了极大破坏。北宋时期，河湟吐蕃建立了唃厮啰政权，以接受和亲与称臣受封的方式保持着与中央政府的关系，在多种势力彼此抗衡的复杂境遇中苦心经营这片土地。元以后，青海地区虽屡受战乱波及，但基本上未脱离中央政府的管辖行政版图范围。元明清三朝，实施的土司制度在一定程度上也发挥了稳定河湟地区社会秩序的作用。

　　河湟历史从来不是孤绝的存在，而始终与外界，尤其是作为政治中心的中原历史保持着密切联系，河湟文化恰是在与黄河中下游文化，包括少数民族文化的碰撞交流过程中逐渐形成的。《山海经·海内经》载，羌与四岳有血缘关系，四岳等部落后来虽演变为华夏族，但与羌人种族的同源性却无法抹煞。这也从一个方面说明了河湟地区虽处边地但与同属黄河流域的中原文明一水相承，血脉相连，从来不曾割裂的历史事实。秦汉以来，河湟羌人曾多次向中原和川藏地区迁徙，相向发生的则是中原先民向河湟流域的迁移。从汉代起，中央政府出于开地广境、安定西陲的考虑，采用屯田、移民等方式经略河湟，强化了河湟地区与内地的沟通。由于河湟地域的特殊性，多民族之间因为对土地的争夺而致战乱频仍，但在彼此的对抗、冲突中也获得了多元文化融汇的机缘。安史之乱后，吐蕃乘虚而进，占领陇右河西，长期实行同化政策，以致河湟出现"汉儿学得胡儿语，却向城头骂汉人"的情景。元朝时期，伴随征战，大量蒙古人进入河湟，由于当政者对佛教的推崇，使藏传佛教在河湟得以盛行，同时期，伊斯兰教传入河湟，随着"回回"人的大批东来，"撒拉尔"自中亚撒马尔罕经迢遥长途而最终定居于黄河岸边的循化，以及明代初期大批内地汉族迁徙进入河湟地区，多民族兼容并包的生活样貌已显端倪。同时，明宣德三年，中央政府在西宁设儒学、建文庙，实施开科取士政策，由于河湟地区具有悠久的中原农耕文明渗透和大量内地移民的存在，使得儒学教育逐步普及，河湟地区开始较为深入地接受以儒家为主体的中原文化的濡染，逐渐形成了儒、道、释、藏传佛教文化、伊斯兰文化等多种文化共生共存的独特景观。

多民族共生的生活样态，决定了河湟地区宗教、民间信仰的多样性。在明代初期内地汉族大量迁居河湟，河湟地区的宗教文化类型基本固定，不同宗教文化类型又形成了各自的信仰仪轨。河湟地区主要的文化类型有三个，即以儒家文化作为思想行为规范标准的汉族文化体系，以藏传佛教为核心的藏蒙土文化体系，以伊斯兰教为核心的穆斯林民族文化体系[4]，各自都有人数甚夥的信众，都有表达自己信仰的活动场所，因此河湟地区的文庙、道观、佛教寺院、清真寺星罗棋布，形成了肃穆庄严、程式严格的寺院文化。虽有文化体系的差异，但共处同一地域空间，现实处境的相同，不同宗教之间能够相互尊重、理解、包容甚至彼此互动，不同民族不同信仰的群众也能和睦相处，这无疑是中华民族多元一体格局的缩影。

绚烂多彩的民俗风情和民间文艺，是河湟文化的重要构成。风俗是在历史推移的过程中，特定地域特定族群的民众在生活实践中约定俗成的行为模式和行为规范，在衣食住行、婚丧嫁娶、节庆礼仪中有一整套完整的规则发挥着教化和维系族群的作用，构成文化认同的基础。河湟地区各民族具有属于自己民族的风俗习惯，有各自遵循的文化心理准则，但也有相互渗透移植的现象。河湟地区的民俗活动很多是一种"在场性"的展演，比如正月闹社火、土族六月会、跳於菟、纳顿节等，是融娱神游艺为一体，表演者与观赏者共同参与的民间表演活动。河湟民间文艺极为丰富，诸如戏曲、曲艺、歌谣、传说等，历代河湟民众口耳相传，不断扩充完善，是集体智慧和创造力的结晶，《西宁府续志》言本地"土瘠而民贫，往时盖戎马之场，罕识文教"，虽然教育的薄弱使得本地的文人写作起步较晚,但生长在黄土地上传达河湟民众顽强生存意志和粗犷豪迈精神品格的民间文艺则显示了无穷的创造力。黄南藏戏是河湟戏曲中的一枝奇葩,每年藏历七月丰收时节演出,剧情大多以善恶冲突为基本模式,表演以歌唱和舞蹈为主,角色面部或戴面具或画脸谱,以大鼓和铙钹伴奏,曲调高亢,舞步刚健,演出场地多在打青稞的田地,是真正意义上的"广场剧",一出戏少则一天,多则六七天,极受当地藏族群众的欢迎[5]。山歌"花儿"是飞翔在河湟上空的自由奔放的艺术精灵,"河湟花儿"曲令非常丰富,演唱者根据自己的生活处境与人生体验选择适合表达自己情感的曲令,在即兴的漫唱中既可"一曲多词"也可"一词多曲",或以高亢的曲调传达炽热真挚的情感,或以低沉的悄声吟唱表达忧伤凄楚的情绪,不论是传达对爱情的执著追求或对异地恋人的思念,还是表达对现实的愤懑或对历史的追忆,都是漫唱"花儿"者在贫瘠的土地上求生挣扎的生命意志和摆脱现实羁绊的自由精神的体现。一年之内在不同的地点举行的"花儿会"是人们以"花儿"会友、交流情感的重要场所。河湟民间艺术卓然不群的风采,在彰显河湟文化的鲜明个性方面起到了积极作用。

大河孕育、历代民众用辛勤与智慧创造的河湟文化并未止步古代,而是与时俱进,在现代社会延续着这一古老文化的光荣。1929 年青海正式建省,开始了迈向现代化的历程,河湟地区由此与整个国家命运尤其是 20 世纪中国革命的进程保持了更为紧密的共振关系。位于黄南尖扎黄河岸边的昂拉千户府,既是旧政权的基层组织如何在人民政府的感召下,由疑虑到接受,最终认同的完整过程的见证,又记录了一段人民政府领导与少数民族首领密切接触,肝胆相照的佳话。20 世纪 50 年代末,在靠近湟水源头的地方,也是在王洛宾写作《在那遥远的地方》的金银滩草原,出现了一个代号"221"的神秘工厂,这里便是成功研制了中国第一颗原子弹和氢弹的基地,曾经在这里生活工作的人,无一例外体现了为国家、民族强盛而奋斗奉献的精神,使得王洛宾歌曲中的那个诗意草原与中国人民的自强梦想联系在了一起。红色文化成为与时代俱进的河湟文化不可或缺的组成部分,为传统河湟文化增添了各民族和谐共荣、坚定的革命信仰、舍己为国的奉献精神等时代因素,为河湟文化注入了新的生命活力。

据学界研究,河湟文化归属青藏文化圈。青藏文化圈内的诸如昆仑神话、河源文化与河湟文化有着密切的关联,只是囿于想象与现实的区别、河湟地域范围的划定,并未将这些文化事象纳入河湟文化的范畴进行叙述,但亦可相互参照互证。在有关昆仑神话的文献记载中,青海高原似乎成为了原始先民心目中"中华"的发祥之地。《周官·大宗伯》载"古代祭地祇,有昆仑之神和神州之神"。现今研究者普遍认为这里所说的昆仑和《穆天子传》及《山海经》中记载的"昆仑之丘"指的便是青海西部的昆仑山以及青海和新疆交界的阿尔金山一带。在昆仑神话系统中,昆仑山还是中华民族始祖之一的黄帝的"宫殿"所在,《山海经·海内西经》云"海内昆仑之墟,在西北帝之下都。昆仑之墟,方八百里,高万仞",而在有关昆仑神话历史典籍中,有"河出昆仑""河出昆仑墟""昆仑之丘,河水出焉"记载,将黄河的源头指向昆仑山[6]。黄河东流,则中国串联为一个整体。属于昆仑神话系统的传说中的大禹自西而东,依循黄河的走势开始了导川治水的壮举,《史记·夏本纪》载"浮于积石,至于龙门、西河,会于渭汭",这可以视作"兴于西羌"的禹因治水的机缘与中原的密切接触。由此,我们现在所说的河湟地区,显然成为连接昆仑河源与中原地区的纽带,有着承上启下的重要作用。

目前学界将黄河上游果洛州玛多县多石峡以上称河源区,是游牧人依季节畜牧之地,但河源文化并非单纯的游牧文化,还应当涵括历代中国人对河源的想象、寻找所寄托的文化情思。既然"河出昆仑",而在中国另一大神话体系蓬莱神话中,蓬莱仙岛被认为是黄河流入大海的地方,黄河流域是古代中国文明的中心地带,所以,确定昆仑的位置和黄河之源,实际上就是在确认中华文明的源头。历史上,探寻河源的尝试不绝于缕。汉武帝时，张骞出使西域，同时肩负探寻河源昆仑的使命；唐长庆二年，刘元鼎出使吐蕃，顺道探寻河源；元忽必烈派都实专程勘探黄河源头，后由翰林潘宵昂根据都实的调查材料写成《河源记》一文，明代诗僧宗泐由印度归来途中，来到河源地区，诗情高涨，作《望河源》一诗，描摹河源地区的壮美景色；清代诗人杨揆从军出征西藏，路经河源，写下了《昆仑山》《星宿海歌》等慷慨激越的诗篇；中华人民共和国成立之后，曾组织多次寻找黄河源头的科学考察，最终确定卡日曲为正源。这一次次的探源，与其说是地理的探寻，倒不如说是去触摸中国文明根脉与魂魄的不懈努力。如果说，历代探寻河源形成的地理学、文学的成果是河源文化一种显在的呈现，那么，河源文化的精神内核则是中国人探究"身从何来"的文化寻根情结。从这个意义上说，黄河作为一条连接中国人精神血脉的文化河流，河湟地区最靠近这条大河的精神原点，最能够感受这条大河来自远古的生命气息，所以，河湟文化承担着传递黄河精神的使命，在整个黄河文明体系中扮演了不可替代的角色。

至此，可以为"河湟文化"给出这样一个定义，即河湟文化是生活在河湟地区的历代先民在不同的历史时期不断发展和创造形成的物质文明和精神文明成果，是以中华传统儒家思想文化和社会伦理为核心，容纳多元文化元素，以西部边地历史和高原农牧业文明融合为内容，以多民族生活样态和人文传承为形式的黄河地域文化。

三、河湟文化的精神向度

河湟文化是民众在特定的自然环境和人文环境中从事物质生产和精神活动的产物，在曲折的发展过程中，逐渐形成了独特的文化特点。

地域性。任何一种文化，都产生于特定的地理空间，即便后来发展演变为一种传播广泛、影响深远的文化形态，但究其原点，都会指向一个特定的区域。河湟文化既是黄河文化的一个组成部分，又是黄河上游具有相对独立性的一种地域文化形态，其地域性特征取决于所赖以产生的自然环境与人文历史。河湟地区是青藏高原与黄土高原的连接地带，是农耕文明和游牧文明交汇之地，也是中国西部边地与中原内陆的过渡地区，山川地貌具有地质形态的多样性，既有水源充足，适于耕种的河谷地带，又有适宜畜牧的高山草甸，生产方式较为多样，这在一定程度上影响到了河湟人的性格气质，既有务农人的朴实憨厚，又有草原牧人的开朗粗犷，当然与中原地区相比，河湟地区毕竟属于苦寒之地，生存环境相对恶劣，这也造就了河湟人坚忍、隐忍、内敛的秉性，河湟人特定的文化性格与其生活地域有着密切的联系。费孝通先生曾指出，在青藏高原与黄土高原的接壤区存在着一条"甘青民族走廊"，并形象地将这一区域人口较少却保持着本民族语言、习俗的族群聚居地称作"民族小岛"[7]，这正是河湟流域多民族杂居共处的独特样态，这在中国其他地区是颇为少见的，呈现出一种边际文化的倾向，河湟地区世居少数民族，在"小聚居"的生存格局下，既保持相对独立性又具有和异质文化共生的能力，既保护自身的个性又具有对其他文化的包容性，使得和谐共生成为河湟文化地域性特征的显在表现。

　　融合性。从文化融合理论来看，在一个特定地理空间内，处在相同的历史际遇之下，不同民族、不同信仰的族群会在不断的磨合、调适、交融、吸收的过程中逐渐形成趋近的文化性格，这种在潜移默化之中积淀而成的文化根性，将深刻影响并塑造这一地域人们的思维方式、情感态度和生活观念。具体到河湟，自然的造化与历史的特定进程，多民族共存的生活方式、多元思想意识融汇渗透的文化形态，决定了河湟人的信仰、思维、语言、风俗以及言志抒情的文学与艺术的独特性。在河湟地区的信仰仪轨中，存在着各民族的文化元素互动、渗透的现象，如汉族寺院和藏传佛教寺院经常出现佛道诸神共居一堂的情形，汉族办丧事请喇嘛念经为亡人超度，而黄南地区的藏族群众又崇拜汉地神灵文昌君、二郎神，位于循化县的公伯峡拱北，建成之后即为当地撒拉、回、藏、汉等多民族群众所共同信仰，这种多元信仰浑融的文化现象在河湟地区普遍存在[8]。河湟地区各民族日常交际语言所属语系颇为复杂，汉语和藏语属于汉藏语系，撒拉语和蒙古语分属阿尔泰语系的突厥语族和蒙古语族，但在民族杂居地带，为便利交际，不同语系语言的音译词汇彼此借用，成为一种颇为特异的语言现象，比如河湟汉语方言使用频次极高的"卡码""胡都"二词就分别来自藏语和土语。在河湟地区的民俗事象中，各民族自觉地守护着自己民族的传统习惯，以展现自我民族的情志和个性，但生存环境和生产方式相同，却使各民族群众在饮食习惯、居住方式等日常习俗方面有着一致性。在河湟民间艺术中，作为山歌的"花儿"无疑有着特殊的价值与意义，"花儿"在西北地区各民族间广泛流行，最初多用各自民族的语言演唱，明代时期内地汉族大规模迁移西部，"花儿"的名称得以确立，并且以汉语演唱成为基本形式，而唱词中夹杂着的少数民族语汇将这种民歌形式的多元文化融合的特点表露无遗。作为藏民族历史文化"活化石"的史诗《格萨尔》，流传至河湟一带，与其他民族相遇，在保持其人物故事基本样貌之外，也将其他民族的历史文化记忆纳入其中，形成了"同源异流"的支脉，如土族史诗《格赛尔》，也从一个侧面反映了河湟地区文化融合的特点。

开放性。很长时间里，在外界人的眼中，边地河湟是一方闭塞、保守地域，事实上，河湟地方的人们从来不缺少像黄河一般汇纳百川的胸怀和走向远方的勇气。河湟先民羌人曾多次向外部迁移，而接纳外来者，从先秦到现代从来就没有停止过。历史上，河湟地区曾是"丝绸之路"和"唐蕃古道"的重要通道。汉武帝时，张骞出使西域，在河西走廊建立了长安至中亚乃至欧洲的交通路线，这便是著名的"丝绸之路"。在青海境内也有一条"丝绸之路"，从今西宁至青海湖，沿柴达木西行，再向北经过尕斯库勒湖，越阿尔金山到西域，是河西走廊主干线的重要辅助线。在河西走廊通畅之时，曾经比较寂寥，而到公元 4 世纪，即吐谷浑兴盛时期，由于河西走廊一带战乱蜂起，交通阻梗，青海境内的"丝绸之路"即"河南道"开始活跃，河湟地区是这一通道的重要路段，可以想象那时河湟谷地驼铃不绝、商贾旅人络绎于途的情景。唐玄宗开元二十二年在赤岭即今日月山立"唐蕃分界碑"，这既是控制疆域的分界，也是农耕文化和游牧文化的分界线，但碑文中"不以兵强而害义，不以为利而背信"的和平盟誓使分界线没有成为隔离线，相反它保证了连接中原与高原雪域的"唐蕃古道"的通畅。历史上存在的这两条通道不仅连接了中原文明，而且显现了"河湟"曾经具有的开放性格和包容精神。当然，一种文化形态的开放性，并不仅仅表现为其所属地域的开放性，还在于具有勇于吸纳外来文化资源建构自我肌理、丰富自身的气度。明代儒学在河湟地区的传播，固然有政府权力意志的渗透，但能够成为占据主流的思想意识，无疑显示了河湟文化性格中虚怀如谷有容乃大的胸襟。20 世纪 50 年代，大批内地的建设者进入河湟，青海各民族敞开怀抱欢迎这些来自天南地北、文化背景和生活经验迥然相异的"下边人"，在相互认知、学习、交融的过程中，逐步形成了融汇多种文化元素的"新青海"的生活方式和社会理念，这种文化的迁移与重塑证明了河湟文化绝无排异性质，而是具有时时更新的强大功能。

　　时代性。一种历史悠久的文化，既有历时性的积淀，又有共时性特征。前者表现为精神内核的坚守，后者则体现为能够适应迅疾变化的时代，能够与现实保持密切的对话关系，可以说，一切有生命力的文化形态，都具有与时俱进、积极反映现实并参与现实变革的功能，具有体现时代精神并将时代元素涵化为自身质素的能力。河湟文化的发展演进历程就呈现了这一特点。有学者曾就以藏传佛教在河湟地区的起伏变迁为例，说明河湟文化与时代互动共振的关系。公元 9 世纪中叶吐蕃达磨赞普在西藏禁佛，西藏僧人避祸逃至河湟，藏传佛教后弘期由此发端，后唃厮啰政权崇佛，以致其首府青唐城"城中之屋,佛舍居半"。公元 11 世纪后，藏传佛教各教派相继形成，宁玛、萨迦、噶举等派传入河湟，广修佛寺。元代，藏传佛教在河湟更是兴盛一时，明清两朝以"多封众建，尚用僧徒"经略河湟，藏传佛教在河湟达到鼎盛。清末以后，河湟地区寺院规模缩小，学经制度弱化，出现这一状况的根本原因，是因为现代文明的冲击。这是河湟文化受时代风习影响发生变化的典型案例[9]。上文所说河湟本土的文人写作，在明代以前几近空白，明清两朝却出现了一批在历史上留下印记的河湟文人，究其原因，还是要追索到明朝政府在河湟兴学推广儒学教化，中原文化的深度渗透这一时代变化因素。20世纪50年代，一批批开拓者进入河湟，创造了一个个拓荒建设奇迹，在与河湟地区各族群众共同劳动创造、追逐民族国家富强的梦想过程中，为河湟文化注入了崇尚理想与"大我"、乐于奉献的时代光泽，古老文化的内在基因与时代精神的遇合产生了新质。

一条大河从古至今流贯华夏大地的北部，九曲回转，奔向大海，以父亲般的执着坚毅和母亲般的慈爱温润，给予一个古老的东方民族永不枯竭的生命源流，并且涵育了这个民族赖以寄植思想和情感的文化居所。而靠近这条大河源头的河湟文化，是历代在这里繁衍生息的民众，接受河流的馈赠和启示，用丰沛的想象力和无尽的创造力，建构而成的葳蕤丰美、内涵深邃的文化样式，它承接自然运动形成的高山冰川提供的汩汩源泉，携带汇聚黄河上游支支溪流，走向气象万千的黄河中下游，承上而启下，是一个文明链条中不可或缺的一环，是一种生命力顽强，既古老又年轻，有着内在确固的精神内核又能够跟随时代前行脚步继续成长的文化形态。梳理挖掘河湟文化，既是对生长于斯民众"身从何来"问题的深度探究，也是对一种伟大文明的深切致意。

参考文献：

[1] 金勇强. "河湟"地理概念变迁考 [J]. 北方民族大学学报（哲学

社会科学版），2014（6）：45 — 50.

[2] 赵宗福. 青海历史人物传 [M]. 西宁：青海人民出版社,2002: 1.

[3][4][5][8] 金长华主编. 河湟历史文化通览 [M]. 西宁：青海民族出版社,2018:3;700;1077;708.

[6] 赵宗福. 昆仑神话 [M]. 西宁：青海人民出版社,2005:111.

[7] 费孝通. 甘南行（上）[J]. 瞭望周刊,1986（2）:19.

[9] 蒲文成. 河湟地区藏传佛教的历史变迁 [J]. 青海社会科学,2000（6）:100.

原文载于《青海师范大学学报（社会科学版）》

2020 年第 6 期

过渡·边缘·多元：河湟文化特质辨析[①]

文忠祥[②]

一、"河湟"界定

提及"河湟"，身处河湟的各色人等，尤其是文化人，亦多浑然不觉，或者漠然不顾。而在学术界，就其范围等直到目前依然存在不同意见。比如，河湟地区因其地处过渡地带，到底属于青藏高原还是黄土高原的归属问题历有争论。李炳元《青藏高原的范围》中认为，青藏高原的东北界大致在文县—武都—岷县—康乐—民和一线以西，即今青海省境内的河湟地区，是青藏高原的一部分；史念海《黄土高原历史地理研究》则认为，河湟地区属于黄土高原。

一般意义上，大多数在使用河湟时，指今青海省与甘肃省交界、黄

[①] 国家社科基金项目"多重文化背景下土族纳顿的演变与乡村振兴研究"（19XMZ051）。
[②] 文忠祥，1970年生，男，土族，青海民和人，民族学博士，青海师范大学教授。研究方向：西北民俗文化及文化地理。

河和湟水交汇的这块区域。时至今日，对于"河湟"的认知，仅仅停留在这种水平上，不能不说是对于河湟这样一个文化区域的偏颇和肤浅。一则显得过于模糊，对于刨根问底的人来说，对于居住在河湟边缘地带的人来说，他们始终在问河湟到底包括哪些地方，我居住的地方是否属于河湟？一则显得静态，远失其历史的沧桑、厚重和变迁。

所以，讨论河湟文化，对于河湟这一关键词，必须要予以梳理和界定。只有这样，才能在一个确定的时空之下，讨论河湟文化。而要厘清河湟，需要在较大尺度的时空下进行观照，即既要在纵向的中国历史维度上考量河湟的生成、发展，也要在横向的中国大地，至少在西北区域中考察河湟的各种自然与人文要素的综合影响，才能较为准确和深入地把握河湟这一特别文化区域概念的内涵和外延。

（一）地理意义上的河湟

河湟，首先是一个地理意义上的地理空间。她，有她的地理范围和山山水水的特征。"一方山水养一方人。"人类的存在以各种自然条件为基础，而人类历史也就从这些自然基础及人对它的适应开始。自然地理环境是一定的文化赖以产生、存在和发展的基础和前提，一定的人类群体在创造文化时必然在一定的自然地理区域中进行。地理影响直接决定人们的生产方式和生活方式，并在此基础上影响人们的实践和认识，同时也直接形成特定的民族传统文化的原初形态。河湟先民的生产生活受到这里自然条件强烈的限制，畜牧业为主，外加部分农业成为可选择的最佳生活适应方式。此外，自然地理环境与劳动生产率，影响区域经济发展水平，进而影响文化的发展程度。地理环境中的地理位置与地形地貌决定交通状况，进而和文化交流密切相关，对河湟文化的形成产生了极大影响。地理环境在更深层次上影响长期身处此地的人们的思维方式、心理素质、性格气质。所以，我们可以说，自然地理环境是一定文化形成的重要条件，但不是决定条件，决定条件是该文化所属的社会的生产方式，只是在考察文化时不能忽视自然地理环境这一重要条件。

"河湟"，因黄河与湟水而得名。"河"在古代是黄河的专称，与湟水的"湟"组合而成地域名称"河湟"。但是，有了人类活动的叠加，纯粹的地理空间上开始逐渐地加入各种各样的文化要素，这一自然地理空间逐渐变成了"人化的自然"。这样，在不同的人们眼中，不同的历史时期，河湟便成了不一样的河湟。河湟，地理空间具有了伸缩性，文化具有了传承性和变异性，日益发展和丰富。

（二）历史意义上的河湟

"河湟"作为区域名称，自从命名以来，其范围和意义随着朝代更替和行政区划的不同，以及当时人们认识的差异而不断变化。西汉之前，河湟地区是羌人的活动区域。直到汉武帝"征伐四夷，开地广境，北却匈奴，西逐诸羌，乃度河、湟，筑令居塞"，首度将河湟纳入中原王朝版图。"河湟"首次作为地域名称出现在汉文文献，也是在《汉书》中。赵充国上《留田便宜十二事》疏，其中第五事："至春，省甲士卒，循河湟漕谷到临羌（今青海湟源），以视羌虏，扬威武，传世折冲之具，五也。"而正是在汉宣帝对"河湟"用兵的征服过程中，"河湟"的地理概念逐渐地被构建并充实起来。然而，汉代的"河湟"概念，与其说是一个纯粹的地理名词，更不如说是水道名称、地域名词和羌人活动区域的综合体，其对"河湟"的地域内涵尚不清晰[1]。基本上可以认为，此时的"河湟"是黄河之"河"、湟水之"湟"合起来，指称这片羌人活动的区域。

历经魏晋时期的纷乱，到了唐代，尤其是安史之乱起，吐蕃的不断向东扩展，使得"河湟"使用的频率大大提高。也正因此，"河湟"在成为陇右道泛称基础上，进一步被定义为唐代陷于吐蕃的西部故土的泛称，再加之战争所带来的疆域盈缩不定，"河湟"这一地理概念变得愈加地泛化，范围更是模糊不定，从剑南到关内再到陇右，这一广大范围的地域都成了"河湟"所代指的对象，"河湟"的概念逐渐由较为实化变得更具象征意义。这主要与河、湟流域本身的战略地位以及唐代西北国防形势的变化有着密切的关系[2]。在与吐蕃长期时战时和的历史进程中，更多的表现为"河湟"地域因不确定而模糊化、扩大化、象征化。但是，到了唐代后期，与吐蕃再次修好，刘元鼎出使吐蕃，记载文献总结说，"唐时的'河湟'区域范围是：西起青海湖，南至阿尼玛卿山，东至兰州西，北到祁连山。"[3]

五代以后，政治中心东移，且吐蕃灭亡后青藏高原一带再未崛起强有力的势力，西北一带战略地位逐渐下降，中原王朝对"河湟"的关注也日益减弱，"河湟"亦被忽略而鲜见于文献记载。直到北宋中后期，随着王安石变法、熙宁开边，对"河湟"的表述才一度活跃起来。宋代的"河湟"区域的南界在今甘肃省南部舟曲、武都所在的白龙江流域；东界具体位置大致在今甘肃省天水市甘谷县磐安镇[4]。看似范围很大，除了因为地理知识限制、模糊而导致表述的不精确外，更多的宋代时期的"河湟"表述逐渐脱离了唐代"扩张化"表达，开始复向"河湟"本身所定位的河水与湟水交汇区域回归，成为述及今青海东南部和甘肃交界地带的一种主要代称。

元代，河湟地区处于中央政府统治之下，取而代之以行政区划，河湟很少再被提起。及至明清，河、湟、洮、岷有了较为明确的分野，河湟地区较唐宋有了更为明确的地理概念。"河湟"地理概念继承了宋代所形成的认知模式和基本内涵，其范围大致稳定在青海与甘肃交界的湟水与黄河交汇区域。因此，从某种意义上说，"河湟"之概念虽然构建自汉代，但今日"河湟"概念的内涵却是以北宋时期对"河湟"的认知表述为基本依据，并延续至今天的[5]。在这样的历史背景下，其实，反映的是河湟地区的文化的发展、变迁，以及最终形成当下的河湟文化的样态。"河湟"，是一个"移动"的空间，其空间界限在随不同的历史时空在漂移。

（三）文化意义上的河湟

正是借着这些自然、人文、历史的特色、特质，对于河湟地区的认知，由"河"而至自然区域，再至文化区域，至今也有了一些缤纷的味道，形成了不同的认知。

河湟文化的成型，既是河湟地区原生文化不断积累、发展的结果，同时，也是同其他地域文化和民族文化在历史的接触中相互碰撞、采借、吸收、融合的产物。纵观河湟地区历史发展，具有五次具有重大影响力的文化交融时期。第一次当属汉代。汉武帝开疆拓土，汉族移民河湟。此为河湟文化与中原文化交流之始。第二次在魏晋南北朝时期。这一时期，是中国历史上的社会大动荡、人口大迁徙、文化大交融、思想大发展时期。河湟文化也强烈地受到影响，呈现出多元融汇特征。其中，鲜卑族的进入是最具影响的重要事件。第三次在隋唐时期。这时吐谷浑、吐蕃的兴起，河湟处在唐蕃之间，发生了第三次文化交融。第四次发生在元朝，蒙古文化和伊斯兰文化传入。第五次是在明清时期，这一时期也是河湟文化的定型时期。重大事件有土族、撒拉族、保安族的形成，汉族移民的再次大规模迁入并发生重大影响。

今天，人们对于"河湟"的认知，具有"大河湟""小河湟"两种普遍的区别。"大河湟"有类似以下表述："黄河自河曲始，顺势融洮河、大夏河，至甘肃达家川与源出青海海晏、汇大通河的湟水相合，继而奔流东下。古人乃把黄河、湟水两水系自发源地流经至达家川的广阔地段称为'河湟'。"[6]河湟地区"以黄河为中轴，从西往东，依次是湟水、大通河、隆务河、大夏河、洮河、庄浪河等为主要支流形成的流域，正好压合在我国游牧经济与农耕经济的交错地带"。"河湟地区主要指甘青两省交接的黄河流域，即青海省青海湖以东地区和甘肃省以兰州市为界的西南部地区（含兰州市），其边缘是四个以游牧经济为主的藏族自治州，即北边的海北藏族自治州，西边是海南藏族自治州，西南边是黄南藏族自治州，南边是甘南藏族自治州，以及东边的兰州市（以东是以农耕经济为主的汉族文化区），形成以西宁、兰州、临夏为中心的、包括约 26 个县（九个民族自治县）的区域。从青海省来看：北边以海北藏族自治州为界，过渡区是门源回族自治县和海晏县；西边以海南藏族自治州为界，过渡区是贵德县；西南边以黄南藏族自治州为界，过渡区是尖扎县和同仁县；南边以甘肃甘南藏族自治州为界。由北向南依次是门源回族自治县、大通土族回族自治县、海晏县、湟源县、互助土族自治县、湟中县、平安区、乐都区、西宁市、民和回族土族自治县、贵德县、尖扎县、化隆回族自治县、循化撒拉族自治县、同仁县。从甘肃省来看：有一个地级的临夏回族自治州，由南向北依次是：积石山保安族东乡族撒拉族自治县、临夏县、和政县、康乐县、广河县、临夏市、东乡族自治县、临洮县、永靖县、兰州市（含皋兰县、永登县）、天祝藏族自治县。"[7] 自河曲至兰州黄河、湟水流域涵盖在内，与一般认知的范围似乎过大。目前，基本认可"河湟""逐渐演变为一个地域概念，次指黄河上游、湟水流域及大通河流域构成的'三河间'地区。其地理范围包括今日月山以东，祁连山以南，西宁四区三县、海东以及海南、黄南等地的沿河区域和甘肃省的临夏回族自治州。"[8] 此为"大河湟"。

而"小河湟"指今日月山以东，祁连山以南，西宁四区三县、海东以及海南、黄南等地的沿河区域，但不包括甘肃省临夏回族自治州，或者不包括大河湟中甘肃省的部分。这样，"小河湟"的范围基本明确为青海省东部地区的农业区。

这样两种不同认知的重要原因之一，盖源自于 1929 年青海从甘肃的析置。原本属于一个省级行政区的文化区域，因为分省划归两个省，这样，分别立足青海或甘肃的叙述，都只是照顾到各自的立场，青海的只是述及青海地域，而甘肃的也只是述及甘肃部分，在以后的行文中自然形成了两个不同的"河湟"。大、小河湟的区分，在一定意义上是否可以认为是地方文化本位在作怪？

二、过渡地带：河湟文化的地理环境属性

河湟地区，从多个视角考量，均处于过渡地带。从自然地带看，这里地处青藏高原和黄土高原的过渡地带，是中国青藏高寒区、东部季风区和西北干旱内陆区三大地理区的交会地带。从生计方式看，这里属于农耕与游牧的过渡地带。从文化圈角度看，这里是藏传佛教文化圈、伊斯兰教文化圈、儒释道文化圈的交错交融分布地带。从文化区角度再看，这里还是多个文化区的过渡地带。

地理环境是人类社会生存和发展的必要条件之一，在一定程度上影响着民族的政治、经济和文化的发展。这是河湟地区地理环境的自然属性，但是，正是这个自然地理属性，为文化的精彩展演提供了绝佳的舞台。因为这样的自然地理属性，极大地影响着这里的民众的生计方式——既有游牧业属性，又有农耕属性——又成为了北方游牧文化与农耕文化的交融地带，并因此在文化样式上增强了其多样性的底色。研究表明，河湟地区的地理环境经历了从适宜农业生产、畜牧生产到农牧兼营的变迁过程，先后经历了史前时期的狩猎、采集时期，新石器时代的农业时期，西汉以前的畜牧时期以及汉代以后的农牧兼营时期。河湟地区的适宜农牧兼营的地理环境决定了河湟地区的民族成分既有农业民族的存在，也有牧民族的存在。"河湟的地理区位对青海游牧社会尤其是游牧社会与中央政权的关系极为深远。这一地区成为历代中央政权控制游牧社会的必争之地。"河湟地区农牧兼营的地理环境充分显示了河湟地区战略地位的重要性。而且，河湟地区以黄河为中轴，正好压合在我国游牧经济与农耕经济的交错地带。

同样，这里也是藏传佛教文化圈、伊斯兰教文化圈、儒释道文化圈的交错交融分布地带。塔尔寺、佑宁寺、广惠寺、隆务寺、白马寺、丹

斗寺等为代表的藏传佛教文化在这里生根弥久,影响愈深,在藏族、土族、蒙古族和部分汉族的民俗文化生活中具有重要影响;而自秦汉以来进入河湟的儒家文化,虽有起伏,但是自明清以来影响日隆,深刻改变着这里各民族的文化形态,而汉传佛教的传播也具有一定的信众,西宁北山土楼观、大通老爷山等道教名山及其承载传承的道教文化,也在发挥着不同的作用。

从历史上看,作为南来北往之必经之地的河湟民族走廊,其北接河西民族走廊和长城民族走廊,南连藏彝民族走廊,是唐蕃古道南进西藏,青唐路西下新疆,联通中亚广大地区的交会之地。正处于黄河文明与中亚文明的过渡地带,成为不同文化接触、碰撞、交融的地带。这个特征,为河湟文化其他特征奠定了自然基础和文化基础。从我国的文化区来看,在宏观层面上它地处四大文化区——汉语文化区、蒙古语文化区、新疆突厥语文化区和藏语文化区——的中心地。[9]这里的中心地,其实更可以理解为是各种文化区的交互、过渡地带。河湟地区,还是中原中心地带与边缘少数民族地带的过渡地带。

正是因为这些过渡属性,突出地表现在文化上,就具有了鲜明的"过渡性"。

三、边缘地带:河湟文化的文化相对属性

河湟地区作为中原中心地带与边缘少数民族地带的过渡地带,如果换个角度,即从中华文化中心的角度来看,河湟地区又是相对于中原而言,就是边缘地带。从藏文化圈来看,也是处于边缘地带。边缘,猛一听似乎没有什么好处或者优势,但是,从文化发展、传承等角度考量,并非一无是处,而且还独具特殊的文化价值。

首先，边缘，对于中原传统文化的保留，起到了"活化石"一样的文化功用。"礼失求诸野"，对于古代在中原地带已经遗失的文化因子，还在河湟地区得以保留。譬如，婚俗文化中某些已在中原地区消失的古代习俗，还在这里流布。"姑舅""是河湟地区颇为流行的一种称谓，其义项主要包括姑表、姨表兄弟姐妹之间的互称和年龄相仿者之间的互称两种。河湟'姑舅'称谓是古代'舅姑''姑舅''姑''舅'等称谓的现代遗留，后来在拟亲属称谓制度的现实实践中，'姑舅'称谓的指称范围不断延展、扩大。"[10] 河湟汉族婚俗新娘出嫁时刻一般都在黄昏时分、夜幕当中，这是古婚俗的一种沿革，是袭承中原文化的明显标示。而"冠戴"仪式从其仪规形式和寓意象征判断，是古冠礼内化于婚礼中隐形保存的一种礼仪形态，是古冠礼的沉淀和遗存。冠礼在河湟汉族中依附于婚礼的理由源于古人的"冠而婚"思想，正是在"冠而婚"意识的支配下，冠礼融合并内化于婚礼[11]。

其次，边缘，产生"弱弱相和"效应，成为了新的民族形成"孵化器"的历史作用。"这些地区不论在历史上还是在今天，大致上又是汉文化、蒙古文化、伊斯兰文化和藏文化的边缘地带。"[12] 土族、撒拉族、保安族等在河湟地区的形成，均是历史见证。"弱弱相和"效应，即实力较弱的若干个文化相互交融，和谐趋同，相互依存，取长补短，最终形成一种新的复合型的文化共同体，进而发展成为一种新的民族文化。如东乡族、保安族、土族和撒拉族及其文化的形成，都不同程度地与边缘文化有关系。[13]

再次，主流文化的层层弱化，反衬出河湟地区文化的个性化发展。这里的各个民族，都传承着独具特色的民族文化。在生计方式上，汉族、土族主要从事农业，藏族、蒙古族从事游牧业，回族、撒拉族在务农外多从事商业。恰恰是生计方式上的差异，造成了河湟地区不同民族之间物质需求上的互补性。这种物质上的互补性，为河湟地区各民族之间相互交流、相互补充、相互依存的共生关系奠定了基础。精神信仰方面，藏传佛教、伊斯兰教、汉传佛教、道教等播布，作为其物质体现的寺院林立。塔尔寺、瞿昙寺、佑宁寺、夏琼寺、白马寺、广惠寺等藏传佛教寺院，东关清真大寺、街子清真寺、洪水泉清真寺等伊斯兰文化中心，南山寺等汉传佛教寺院及北山寺等道教宫观也多有分布，并成为河湟"各美其美"的多元文化的历史见证。语言方面，汉族、回族操汉语外，其他均有自己的民族语言。在岁时节庆与社会文化方面，各民族文化个性十分突出。藏族藏历新年、赛马会及独具特色的人生仪礼，土族婚礼、"纳顿"节、"梆梆会"，蒙古族"那达慕"，撒拉族的"骆驼舞"，回族"宴席曲"，无不展现着各民族的文化创造和文化智慧。

第四，边缘，各种文化力量的势均力敌，促生河湟地区开放包容、和美共生的文化特质。河湟文化作为地域文化的一种，其特定的地域文化特征，被共生共荣于河湟地区的各民族的文化共同传承、展示。在共同的发展场景下，各民族文化呈现一定的共有的发展脉络，并展示一定的共同的文化传统。河湟文化，充分展现河湟地区的文化特征，具体表现在生产、饮食、民居、婚丧、节庆、民间信仰、方言等方方面面，如水渗沙，渗透于各民族民众民俗生活的点点滴。在农区、牧业两种大格局下，衣食住行在使用原料上具有共享性，并以不同民族自我文化特色维系多元和谐共生状态。河湟地区农业、牧业与商业三种不同的生产文化类型和谐共处，互通有无，呈现强烈的共享性。在生产工具方面，传统农具如犁、耙、耱、木锨、木杈扬、连枷、榔头、碌碡等为农区各民族所共享。生产方面，小麦、青稞、油菜等的种植具有明显的共享性。生活方面，衣食住行均有较多的共享。服饰方面，基于特定的地理环境，如羊皮袄、皮大衣等不分民族，只在款式上稍有区别而已，坎肩、皮帽等亦为共享产品。食物方面，由于区域限制，各民族均以面食为主，喜食牛羊肉，尤以羊肉手抓为最，而小麦、青稞、洋芋等为各民族共享。居住方面，农区各民族共享土木结构的四合院格局的"庄廓"。而作为"民间诗与歌的狂欢节"的"花儿"会，为各民族共同传承、共同享用的区域代表性文化产品。此外，社火中的演唱内容，在汉族、土族之间存在很大的共享性，而宴席曲中，汉族、土族、回族存在很大的共性。

在"各美其美"基础上保持了河湟地区文化样态的多样性，保持河湟地区文化内涵的丰富性，保持开放自信、互相尊重、理解包容的文化心态，就能够实现河湟地区各民族弘扬历史文化精神，在新时代携手并进的美好图景。文化的交流和传播,向自身灌输新鲜血液,焕发文化活力,实现自我超越的过程。

四、多元交融：河湟文化的历史与现实属性

回顾历史，河湟各民族一路走来，"美美与共"，共同创造、丰富了河湟文化，形成了"和而不同"的文化底蕴浓厚的地方文化类型。观照当下，河湟地区各民族大杂居、小聚居，依然"美美与共"，汉族、藏族、回族分布地域最为广阔，形成网络大轮廓，蒙古族、土族、撒拉族等民族散处其间。

河湟文化的形成和发展过程，是河湟地区各民族在文化上互相交流、彼此交融、求同存异，在经济上互相依存、取长补短、互利互惠的历史过程，其结果是形成了"和而不同""美美与共"的和谐传统和特质。河湟文化蕴含着许多充满积极意义的思想观念，对和谐社会构建无疑具有积极且重要的推动作用。

核心思想理念、传统美德和人文精神，无疑能体现河湟文化的当代文化价值。它们既是对传统文化的基本观念的提炼，同时，也与当前社会主义核心价值观紧密契合。整体观照河湟文化，善、慈悲和爱的思想理念在这里弥漫，它们是河湟地区传承发展的藏传佛教、伊斯兰教和儒释道等与民众精神生活密切相关的信仰形式的最主要的精神内核。藏传

佛教以慈悲心，对有情众生充满博大爱心和无限怜悯的同情心，戒恶扬善。汉族儒释道思想中，要求止恶从善，善于分辨善恶、是非、真假，从而保持身心清净；要有平等、真诚、慈悲、宁静的心态和温和、善良、恭慎、节俭、礼让的五德气质，涤荡淫欲、憎恚、焦虑、不安、疑惑等心智方面的骚乱不净。伊斯兰文化中，要求信众以和平善意待人，要诚信、宽容，提倡与人为善、以邻为伴、以诚相待、公平相处等，也具有明显的和谐理念。直到今天，这些思想理念不仅能净化人的心灵，有益于人们的身心健康，还是青海构建和谐社会的重要文化资源基础。更为难能可贵的是，河湟地区各种宗教之间的和谐共处的美好图景，热贡地区隆务街上，隆务寺周围不足一公里范围内，藏传佛教、汉传佛教、伊斯兰教、民间信仰和谐共处，而且这样和谐共处是历史上隆务寺支持修建汉传佛教寺院、清真寺等携手前进的历史过程的结果。

传统美德中，崇德向善、见贤思齐的社会风尚，孝悌忠信、礼义廉耻的荣辱观念，体现着评判是非曲直的价值标准，潜移默化地影响着人们的行为方式。河湟地区儒学为代表的汉文化在深深扎根，少数民族文化吸收汉文化趋势颇为明显。河湟各民族从游牧文明向农耕文明的转换过程中，从汉文化那里汲取先进耕作技术的同时，广泛地接收了很多汉文化的文化礼仪等观念。"仁义礼智信"在各民族文化中以不同形式得到表现，汉文化作为一条不可缺少的文化纽带，把河湟地区各民族紧紧维系在一起。

人文精神，求同存异、和而不同的处世方法，俭约自守、消费有度的生活理念等，是河湟民众思想观念、风俗习惯、生活方式、情感样式的集中表达，滋养了独特丰富的文学艺术、科学技术、人文学术，至今仍然具有深刻影响。

站在历史的新时代路口，继往开来，建设文化共同体，迎接壮美新时代，是我们弘扬河湟文化精神，实现超越发展的历史重任和时代挑战。

在"各美其美""美人之美"的历史进路中,河湟各民族"美美相生""美美与共",共同铸就了河湟文化精神。站在时代潮头,我们依托河湟文化精神,久久为功,共致和谐。

新时代,新机遇。区域经济发展的文化性,愈来愈明显。区域文化与区域经济的一体化发展趋势,优秀的传统文化要素正被作为文化资源,多层面地融入到经济发展的洪流之中。传统优秀文化要素,是激活区域经济的重要滋养。在建设"文化大省"的进程中,文化与经济齐翼并飞,实现双赢是我们指日可待的景象。具体而言,河湟文化中传统文化要素作为文化资源,运用在各类企业(文化企业是重点,但并不局限在文化企业)在文化建设和产品设计中,是"双赢"的重要路径,既能增益企业文化内涵和品质,又能发挥传统文化的现代价值,实现经济与文化的共生共荣,相得益彰。

提高人民生活水平、满足人民物质富有离不开大力发展经济,提升人民的思想境界、实现人民的精神富有,则离不开发展文化。其中,历史上,乃至于今天各民族亲如兄弟的共生共荣的格局,是我们进行社会建设的重要文化资源。这种资源,可以有效引导我们调适社会建设中人与人、人与社会、民族与民族之间的关系。

五、结语:河湟文化特质的现代价值

河湟地区多种文化的交相辉映,使得这里文化异彩纷呈,并因历史上的共生共荣,更使得这里文化聚合共生。历史上古已有之的文化聚合力,为河湟文化的多元共生、异彩纷呈提供了主要的文化动力。面对历史新时代,这种文化聚合力无疑具有重要的文化价值,是文化设施建设、文化遗产保护、文化品牌推进、文化平台提升的深厚的文化基础。

　　基于人的社会身份的多重性，文化认同对应地表现出多重性。河湟地区的各民族民众也具有国家属性、民族属性、地域属性、宗教属性等多重社会属性。这里，多重认同并不冲突。所有河湟各民族民众在明确国家认同的前提下，才具体体现民族属性、宗教属性、地域属性。多重认同中，我们要高举铸牢中华民族共同体意识，在对国家、中华民族的高度认同基础上，进行河湟地域的认同，对本民族和其他民族的认同。地域认同、民族认同，在交往时会自觉不自觉地遵守本民族的禁忌，尊重其他民族的风俗习惯，并对各自的民族文化也有强烈的热爱感和自豪感。各民族在共同的信仰基础上建立起了文化认同，如藏、土、蒙古及部分汉族对藏传佛教文化的认同和尊崇，汉、土族对道教和民间信仰的认同与尊崇，这种宗教认同加强了各民族间的联系和文化认同。

　　当我们走进新时代，面对百年未有之大变局，如何加强文化建设是重要内容。河湟文化，要在融会贯通中推陈出新，铸造出符合时代发展要求的新文化。当前，社会处于多元文化激荡时期。面对这种文化激荡，在文化建设进程中做好引导，实现以社会主义核心价值观为主体，吸收融合各种有益的文化形式，为我所用，从而建设社会主义核心价值观统领下的具有中国特色、中国风格、中国气派的社会主义新文化。河湟文化，要因时而动，主动谋划，在尊重文化发展规律基础上，充分挖掘河湟文化的时代价值，推动文化创新创造，推动创造性转化和创新性发展，尤其是在文化价值建构与精神引领方面要有建树。通过文化传承、文化传播、文化创新，来弘扬文化传统、引领文化发展、促进文化繁荣，实现文化富民、文化强省。这既是呼应时代赋予我们的历史使命，也是担当社会主义建设中义不容辞的社会责任。

　　回味"河湟"概念形成历程，当有以下几点，颇具当下的学术关注价值。

　　第一，"河湟"的命名，以黄河、湟水为取材对象，是当时人们立足自然、关注自然、取法自然的一种文化态度的显现。立足当下，其蕴涵的关注人与自然关系，协调人与自然关系的生态文明的历史文化基因，是弘扬生态文明、高扬生态文明旗帜的基础，也是推动黄河流域生态保护和高质量发展的文化基础。

第二，"河湟"概念的形成，当时就具有了流域观念，从流域的视角进行考量的思考。时至今日，就是"流域人类学"的视角。流域是以河流为中心的人—地—水相互作用的自然—社会综合体，是群集单元。从文化的发生角度看，流域就是一条条的文化赖以起源、演化、传播、交融与发展的时空通道；从整体观的视角看，流域还是一个体系架构，由大大小小的流域线条网络形成一个个的区域扇面；就社会内涵而言，流域是一个问题域，集结了诸如生态、人口、资源、民族、族群关系等各方面的问题；从方法论角度讲，流域是一种认知范式[14]。人类学的流域研究，研究视角上，流域研究体现人类学的整体观；研究方法上，流域研究体现系统论；研究范式上，流域研究由历史的、封闭的、静态的社区研究向现实的、开放的、运动的区域研究转换。[15]流域人类学以人类学的理论与方法，研究依流域自成体系的文化系统及其流域治理问题，以全新视角观照流域治理、发展等问题。全流域视角考量，具有整体性或者宏观优势，而在宏观的整个流域大背景下，进行区域的局部的文化考察，就能够宏观与微观结合，深入系统地认知区域文化。

第三，历史上的"河湟"不是一个静态的空间概念，而是随着不同历史时态在"移动"的空间。历史上如此，新时代亦应作如是观。在新时代社会文化背景下，对其地理范围完全可以进行符合时代的再界定，对其历史价值可以再挖掘，对其文化意义可以再整合，提出适应时代的新的"河湟"。

参考文献：

[1][2][5] 金勇强. "河湟"地理概念变迁考 [J]. 北方民族大学学报（哲学社会科学版）,2014（6）:45-50.

[3][4] 张虽旺. "河湟"区域的历史变迁 [J]. 赤峰学院学报（汉文哲学社会科学版）,2018（4）:34-36.

[6] 马建春,褚宁. 重构与整合：河湟族群交融的历史考察 [J]. 北方民族大学学报（哲学社会科学版）,2016（2）:59-63.

[7][9] 杨文炯,樊莹. 多元宗教文化的涵化与和合共生——以河湟地区的道教文化为视点 [J]. 兰州大学学报（社会科学版）,2013（6）:44-52.

[8] 丁柏峰. 河湟文化圈的形成历史与特征 [J]. 青海师范大学学报（哲学社会科学版）,2007（6）:68-71.

[10] 蒲生华. 河湟"姑舅"称谓考释 [J]. 青海师范大学学报（哲学社会科学版）,2013（6）:59-63.

[11] 蒲生华. 古代冠礼在河湟汉族婚礼中的遗存 [J]. 青海师范大学学报（哲学社会科学版）,2011（5）:75-79.

[12][13] 贺卫光. 论边缘文化与复合型文化——以裕固族及其文化的形成为例 [J]. 西北民族研究,1999（2）:206-212.

[14] 曾江. 作为方法的流域：中国人类学新视角 [EB/OL].http://www.cssn.cn/gd/gdrwxn/xslt/201501/t201501081471179.shtml,2015.1.8.

[15] 田阡. 村落·民族走廊·流域——中国人类学区域研究范式转换的脉络与反思 [J]. 社会科学战线,2017（2）:25-30.

原文载于《青海师范大学学报（社会科学版）》
2020年第6期

甘肃榆中女真遗民的调查与研究[1]

杨富学[2] 王小红[3]

天兴三年（1234年）金朝亡于蒙古，曾经广泛活动于松漠之间的女真民族逐渐湮没于历史尘埃之中。后来兴起的满族虽与女真一样同出肃慎，满八旗系出建州女真，而建州女真则为明朝皇帝封部分女真人为建州卫戍边的。随着大量的汉人、朝鲜人、锡伯人加入女真人的社会中，他们杂居共处，在长期的历史演进过程中，族群认同也逐渐接近，及至皇太极时期完成了族群整合，定族名为满族。[4][1] 金朝女真与后来的满族虽有继承关系，但二者之间的差别还是比较大的。本文所论专指金亡后同化于其他民族之金国女真遗民，不包括明末及清代以后的满族。

金亡后，部众分崩离析，纷纷外逃，以女真为甚，以至于元代以后

---

[1] 敦煌研究院院级课题重点项目"敦煌晚期石窟的分期与断代"（2020—SK—ZD—01）。
[2] 杨富学，1965年生，男，汉族，河南邓州人，敦煌学博士，西北民族大学教授、硕导；敦煌研究院研究员，兰州大学兼职教授、博导。研究方向：北方民族史，敦煌学。
[3] 王小红，1992年生，男，汉族，甘肃岷县人，西北民族大学历史文化学院硕士研究生。研究方向：北方民族史，敦煌学。
[4] 栾凡：《女真民族的历史际遇——从金到后金》，《文化学刊》2007年第5期，第121—132页；孙虹：《满族形成之我见》，《文化学刊》2015年第9期，第215—218页。

的辽东几乎没有女真人存在。这些外逃的女真人后来大多融于汉族之中，现可觅其踪迹者有山东郓城夹谷氏支系仝氏，安徽肥东完颜氏支系完氏，云南保山完氏、黄氏、蒋氏，河南鹿邑完颜氏，陕西岐山王氏，甘肃泾川完颜氏等。虽然关于其族源尚有诸多争议，但究明其姓氏演变之规律，有助于一定程度上还原女真民族同化于其他民族之部分真相。

甘肃除泾川外，榆中也有女真遗民分布，一支称汉氏，一支称蒲氏，前者为金朝皇族完颜氏支系，后者为金朝高门蒲察氏支系。

一、甘肃榆中女真遗民汉氏

榆中，位于甘肃省中部，古称金州、金县。关于其境内之女真遗民汉氏，媒体记者等曾有调查与报道。① 为探明这一支金代完颜氏遗民后裔的来龙去脉，笔者于2020年7月15日前往榆中县城关镇就榆中汉氏进行专门调查。经多方打听，先于下汉村找到汉氏宗祠——"汉氏文化堂"。土木结构之建筑后墙大半坍塌，室内土坯堆砌，诸物杂陈，颇有摇摇欲坠之势，与周围高大、整洁之民居格格不入。

其后，与榆中汉氏家族成员汉尚喜先生取得联系。汉尚喜先生现居榆中县城，得知笔者来意后非常热情，将近年编纂之《汉氏家谱》《汉氏家族志》等资料赐示。榆中汉氏，主要分布于榆中县城关镇南关村与下汉村之上汉、下汉等自然村。2000年，汉氏族人在老辈指点下先后发掘出因各种原因深埋地下之古碑五通，即《大明故四川资县典史汉公

---

① 黄建强：《榆中汉氏——遗落的金朝皇室贵胄》，《兰州晨报》2009年7月7日；完颜华：《走进榆中"汉"氏家族》，汉尚喜主编《汉氏家族志》，甘肃省榆中县汉氏家族志编纂委员会编印，2010年，第173—178页；完颜玺：《汉氏的足迹》，汉尚喜主编《汉氏家族志》，甘肃省榆中县汉氏家族志编纂委员会编印，2010年，第181—185页。

之墓》《皇清例赠显考耆寿汉公讳良辅（之墓？）》《显妣汉母赵孺人淑德旌表节孝》《皇清旌表节妇显妣卢孺人之墓》《汉氏明堂》。其中，《大明故四川资县典史致仕汉祥公墓志铭》于诸碑中年代最久，对确认榆中汉氏之女真遗民身份尤为重要。

根据汉尚喜先生解释，《大明故四川资县典史汉公之墓》碑复出后，因在拓印之时即有字迹脱落现象，汉氏族人决定摹刻原碑。惜由于考虑欠周，所请石匠文化程度及技艺有限，竟将除大字外之原有碑文小字悉数采用简化字镌刻，致使古碑虽真似伪（图1）。兹摘录《汉氏家族志》所收《大明故四川资县典史致仕汉祥公墓志铭》文字如下：

图1　甘肃榆中城关镇《大明故四川资县典史汉公之墓》碑

"士之抱才略、具志气者，如龙泉、泰阿……西不……则……光彩上……者置为绮霞为……目。夫嵩山沦落人后裔，齿而已哉！凡无所树立于世者，其必有以树立于家乡而展抱负于……今致仕县幕汉君则其人焉。君讳祥,字廷瑞,其先山后人,元末世乱流入中原,因以汉为姓。居金,祖讳转轮,父讳寻,母傅氏。君生而有异质,器宇魁梧,襟怀开豁。"[2]

铭文为曾任金县典史之云南昆明人周信所撰,据尾题"孝男汉孺……于万历",知墓主汉祥为明万历年间(1573—1620年)人,唯原碑字迹脱落,具体生卒年月不详。铭文关于汉祥身世之信息有三处记载:其一为"嵩山沦落人后裔";其二,祖先为"山后人","元末世乱流入中原,因以汉为姓";其三,祖父为汉转轮,父亲汉寻,母亲傅氏。

根据榆中汉氏家族传说,明弘治年间(1488—1505年)迁居金县之榆中汉氏始祖汉转轮,因为寻根问祖之思,将其独子取名为"寻",汉寻即墓主汉祥之父。显而易见,汉转轮迁居金县之明代弘治年间,相距汉祥去世之明代万历年间,时间长达133年,而其中万历年号之使用时间即有48年之久。按照每世20年推算,作为祖父之汉转轮迁居金县应在弘治末年,作为孙子之汉祥去世应在万历初年,看来,《大明故四川资县典史致仕汉祥公墓志铭》之记载基本可信。至于榆中汉氏是否女真遗民之问题,不妨从"嵩山沦落人后裔"及"其先山后人,元末世乱流入中原,因以汉为姓"两处记载入手展开讨论。

嵩山位于河南省登封市,由太室山、少室山组成,因在左岱(泰山)右华(华山)之间,故称"中岳"。关于颇具文学色彩之"嵩山沦落人",史籍记载鲜少,但依"沦落"二字或可得出嵩山并非汉氏世居之地,而是避难之所的结论。据康熙《登封县志》,金代隐寓嵩山之士有张行信、冯璧、杜时升、雷渊、元好问、高仲振等多人。然而,与其说隐寓嵩山为时之潮流,毋宁说其为生逢乱世无奈之举,如杜时升者流是也。《登封县志》记载:

杜时升,字进之,霸州人,博学知天文。泰和间,时升谓所亲曰:"吾观天象,当大乱,消息盈虚,孰能违之?"乃南渡河,隐于嵩少山中,从学者甚众。倡伊洛之学教人,自时升始。[3]

揆诸引文，非杜时升有预知未来之能，实乃国之将乱，征兆已明，而为其所觉察耳！金末乱世之兆，于章宗泰和年间（1201—1208年）即现端倪。卫绍王完颜永济在位期间，蒙古军队先后攻破金之西京大同府、东京辽阳府等地。同时，纥石烈执中弑杀完颜永济，完颜珣继位于中都，是为宣宗。在遣使请和赢得喘息之机后，贞祐二年（1214年）七月，金宣宗不顾众臣反对而迁都南京开封府，史称"贞祐南迁"。外有蒙古军队步步紧逼，内有各地势力纷纷乘乱起兵，加上"贞祐南迁"使河北、辽东一带人心大失，金朝统治已是风雨飘摇。南迁之后，"宣宗改河南府为金昌府，号中京，又拟少室山顶为御营，命移剌粘合筑之，至是撒合辇为留守"。[4]乾隆《登封县志》亦云："金宣宗置兵少室山。旧志。今少室山尚有地名御砦。"[5]

金廷之政治中心原在幽燕地区，贞祐后中心南移至中原，如影随形的自然是人口的大量南迁。榆中汉氏祖先抑或即在此时进入中原地区，"沦落"嵩山。金朝之兵诸色人等并用，不能凭此确认"嵩山沦落人"之族属。推而论之，跟随宣宗南迁之军民当中，作为支持金廷统治主要力量之女真民族当占有很大比例则是毋庸置疑的。金灭亡后，女真人丧失了统治民族之优势，而作为蒙古"四等人制"中第三等"汉人"，与契丹、北方汉人一样受到歧视、压迫，言"嵩山沦落"乃真实心境之写照。"其先山后人，元末世乱流入中原，因以汉为姓"一语，显然可以支持这一推论。

铭文既云榆中汉氏祖先于金末"沦落"嵩山，又于"元末世乱流入中原"，嵩山所在岂非中原？初看二者之时间先后有抵牾之嫌，然考诸"山后"地望及元明鼎革之际形势，矛盾自消。"山后"之称早在唐末五代时期即已出现，"山"即燕山，"山后"即燕山以北地区。[6]明代初年之"山后人"即燕山以北之元朝遗民、遗军，其中既有蒙古人，也有其他民族。既无法确认原籍，又出于军政方面考量，遂以"山后人"笼统称之。[7]是以，"山后人"所包括之民族，不唯蒙古人，还应包括契丹人、女真人、色目人，甚至汉人等。

洪武元年（1368年）二月，明太祖朱元璋"诏复衣冠如唐制，禁胡服、胡语、胡姓名"。[8]八月，徐达破大都，明太祖再颁诏大赦天下："蒙古、色目人既居我土，即吾赤子，有才能者，一体擢用。"[9]按照唐代标准恢复服饰制度，禁止胡服、胡语、胡姓名，即从风俗习惯角度入手，以明廷之国家强制力量为保障，有意识地阻止元朝以来之"胡化"现象。同时，对于部分元朝遗民而言，是否继续使用本民族原有之服饰、语言乃至姓名，已经没有抉择余地，是为威也。不论民族出身，明廷一律量才录用，是为恩也。恩威并用，既能迅速安定境内诸民族之人心，又能迅速树立中央政府于诸民族间之权威，从而使新的统治秩序快速建立起来。或云："明为怀柔远人，固我边疆，于是授之官职以结其心，赐之田园以固其志，而来归者遽乐不思蜀，改名易姓，占籍华土，久而乃为中原之新氏族矣。"[10]诚不谬也。

归于明朝之元朝遗民，或迫于新政权之压力，或出于生活、生存之需求，更名换姓便是情理中事。因此，榆中汉氏祖先于"元末世乱流入中原，因以汉为姓"自非妄言。所谓"元末世乱流入中原"与其于金代末年进入嵩山所在之中原地区并不矛盾。金亡元兴，蒙古统治者奉行以"四等人制"为实质之民族歧视、压迫政策，元一代，女真遗民作为第三等级"汉人"的典型代表，其民族特征被突出彰显，加上元朝国祚不长，又为其保留民族特征提供了客观条件。汉氏祖先之"流入中原"，并非初次进入中原地区，实是民族特征淡化，与中原汉族混同为一之语。

如果《大明故四川资县典史致仕汉祥公墓志铭》所云榆中汉氏之女真遗民身份尚有可疑，那么榆中汉氏世代相传之口述史资料及部分实物则堪充女真遗民身份之一力证。清代同治元年（1862年），素有尚武传统之汉氏族人参与地方民团，敌方势力在报复无门的情况下出于愤怒而将汉氏宗祠连同《汉氏祖谱》及分谱付之一炬。据民国时期曾任榆中县政府办公室掌案汉连海回忆，被毁之明代《汉氏祖谱》有云：

汉氏先祖山后人是大金国皇室之苗裔，祖孙三代为驻守中都军事门户治国安邦的将帅。元灭金时，鼻祖之孙为避元军追杀，死里逃生，隐姓埋名，因以汉为姓，沦落嵩山入佛教。在嵩山少林习武强身，生息繁衍。于元末世乱，流入中原，揭竿抗元，跟朱元璋参加农民起义，转战到了山东。[11]

汉连海长孙汉育民1962年亦于家藏旧书——《书经》卷二末尾留白处题写了如下话头（图2）：

[汉]氏原谱记载，汉氏家族，原系大金之苗裔，元灭金，山后人遭杀戮，以汉为姓，四方逃难，元末世乱流落中原，至明弘历（治）定居金县尕汉家庄。只记得这些。记于一九六二年初春正月十五日。长孙汉育民。[12]

汉育民的说法在榆中汉氏族人中普遍存在，大同小异。汉连海、汉育民祖孙二人所云榆中汉氏绪出金代皇族完颜氏基本可信。"元灭金，山后人遭杀戮"一语，在除跟随金宣宗南迁嵩山之军民以外，又增加了金亡后女真遗民因躲避元廷追杀而进入嵩山之另外一种可能。同时，此语更能说明汉氏族人作为金代皇族完颜氏后裔之身份，王国维云：

蒙古制，凡敌人拒命，矢石一发则杀无赦。汴京垂陷，首将

图2　榆中城关镇汉育民于1962年题写的文字

速不台遣人来报且言："此城相抗日久，多杀伤士卒，意欲尽屠之。"公驰入奏曰："将士暴露凡数十年，所争者，地土人民耳。得地无民，将焉用之？"上疑而未决，复奏曰："凡弓矢甲仗金玉等匠及官民富贵之家皆聚此城中，杀之则一无所得，是徒劳也。"上始然之，诏除完颜氏一族外，余皆原免。[13]

蒙古人曾经倍受金廷奴役，其在灭金后归罪于皇族完颜氏，故行斩尽杀绝之策。或云诸多完颜氏族人即在此时改为别姓，亦与形势颇合。虽然有元一代汉氏家族并无只纸片石传世，但其于元明易代之洪武初年改姓汉氏，当无可疑。通过仔细比对不难发现，诸多说法之中皆有"元末世乱""流入中原"等语，其源出《大明故四川资县典史致仕汉祥公墓志铭》之迹不难觉察。至于汉氏祖先三代镇守中都，甚至始祖为金太祖完颜阿骨打末子邺王完颜斡忽之说，目前无法找到确凿证据，尚难分辨究竟。

综上所述，立足《大明故四川资县典史致仕汉祥公墓志铭》之"嵩山沦落人""其先山后人，元末世乱流入中原，因以汉为姓"等语，参照金宣宗"贞祐南迁"后于嵩山练兵之实及"山后"地望，以元、明二代之民族政策为背景，兼采榆中汉氏之家族传说，基本可以确定榆中汉氏之女真遗民身份。榆中汉氏祖先原活动于燕山以北，金元之际进入中原，明代洪武初年改姓汉氏，并于弘治末年迁居榆中。毋庸讳言，上述结论主要依凭《大明故四川资县典史致仕汉祥公墓志铭》等碑刻和民间传说，就证据链的确凿性而言，似乎尚有欠缺，有待新史料的进一步发现。

二、甘肃榆中女真遗民蒲氏

2020 年 7 月 16 日，在结束榆中县城关镇汉氏家族考察之翌日，笔者前往该县三角城乡丁官营村蒲家庄，就蒲氏进行专门调查。途中，除了平畴沃野的田园风光之外，最为引人注意的当属丁官营、孙家营、化家营等颇具军事色彩之榆中地名。一番打听之后，笔者找到了蒲家庄的两位村民——时年 82 岁的蒲元仓老人和时年 77 岁的蒲元恒老人。此前，在旅居榆中县城的两日之内，笔者不时耳闻关于兴隆山蒲家坟和蒲阴阳的传说，讲述人有出租车司机、退休干部、农民等，大体梗概如下：

明代洪武年间，蒲察氏因为家道中落而改姓蒲氏。为了使蒲氏后人能出帝王，蒲阴阳在兴隆山给自己选好了坟墓，叮嘱儿子在他死后不要穿一丝一缕，如果看到蛇打鼓、马摇铃、驴骑人，就立马下葬。下葬以后，要在坟地守孝满一百天，并且在第一百天的早晨朝着东方连射三箭。但是，他的儿媳实在不忍公爹赤身裸体下葬，就给他穿了一条裤头。等到下葬的那一天，人们果然看到了蛇打鼓、马摇铃、驴骑人的景象，于是就将蒲阴阳埋在了那里。好不容易守孝到了第九十九天，前来送饭的妻子抱怨说："有个九十九，没个一百一。"催促丈夫射完三箭赶紧回家。蒲阴阳的儿子听了妻子的话，朝着东方连射三箭，正好射在南京城金銮殿的柱子上。这个时候，起床的大明皇帝朱元璋刚刚走到柱子背后，再差一步，他就必死无疑。随之，耆旧便代代留下这样一种说法："蒲家以前有反朝廷的罪行喽，害怕朝廷追杀呢，就改成了姓察的。"

当笔者问及榆中有无察姓时，两位老人一致否定。同时解释，所谓反叛朝廷之罪行，就指蒲家坟箭射朱元璋一事。蒲元恒老人也说，以前蒲氏族人还到兴隆山蒲家坟上坟，自从景区设立之后，"老先人的坟也就没人上喽"。再当问及蒲氏来源，两位老人根据"老汉们的传留"，皆云蒲氏祖先来自山西洪洞大槐树。曾经见过该村另一家族扎破中指续编家谱之情形，但是蒲氏并无家谱、碑刻等物传世。民间故事虽然不能与历史事实等量齐观，但是在一定程度上可以折射历史事实。笔者之前，并无相关专家、学者就榆中蒲氏开展专门考察，况且二位老人仅有小学文化程度，"姓察的"一词出自他们之口，尤当引起注意。

关于甘肃榆中女真遗民蒲察氏，榆中、皋兰地方志皆有记载。今之皋兰县辖境直至清代乾隆四年（1739年）才独立建县，且在金县多有瓯脱之地，[14] 故而关于蒲察氏之记载当以榆中方志为准。康熙《金县志·人物》云：

金蒲察俊，字复亨，金知枢密院事，仪府同三司，统军都指挥，上柱国，封熙国公；蒲察仲，俊之弟，奉政大夫，中书左丞兼翰林承旨；蒲察在，俊之子，大将军，监军，元帅，权知政事。

元蒲察菘，字叔成，俊之后，为陕西诸路兵马都总统，后授巩昌等处都总管，金、兰、定、会都元帅，卒谥武敏；蒲察仁亨，菘之子，开成路同知；蒲察必达，翰林学士，奉命穷星宿海之源，后人知星宿海自必达始；蒲察世禄，巩昌路都元帅，金、兰、定、会都元帅，阆州安抚使。[15]

清代初年，金县为临洮府所辖，故康熙《临洮府志》关于蒲察氏诸人之记载，皆采自于康熙《金县志》，唯蒲察俊之爵位由"熙国公"更为"燕国公"。[16]《古今图书集成·明伦汇编·氏族典》兼采康熙《金县志》《临洮府志》之说，[17] 并无任何明显更改，道光《金县志》踵之。[18] 康熙《金县志》应为记载榆中蒲察氏之较早史料，所载蒲察俊、蒲察仲、蒲察在、蒲察菘、蒲察仁亨、蒲察必达、蒲察世禄等人于《金史》《元史》等正史均未见记载，可补历史之缺。

蒲察，既为部落名称，亦为部落姓氏。蒲察部起源于斡泯水流域，早在金朝尚未建立之完颜乌古乃时期（1021—1074年）即已归附，[19]与完颜、徒单、乌古论同为女真四大部落。有金一代，蒲察氏与皇族完颜氏之关系非常密切，仅出自蒲察氏之皇后（追封）与出嫁蒲察氏之公主即有十余位之多，另有诸如蒲察阿虎迭、蒲察通、蒲察鼎寿、蒲察石家奴、蒲察官奴之类的达官显贵更是不胜枚举。

康熙《金县志》出现的当地人物有蒲察俊、蒲察仲、蒲察在、蒲察菘、蒲察仁亨、蒲察必达、蒲察世禄等，惜史书无考，但据蒲察必达"奉命穷星宿海之源"一事可知，其人乃金末元初之蒲察笃实。至元十七年（1280年），元世祖忽必烈"命学士蒲察笃实西穷河源，始得其详。今西蕃朵甘思南鄙曰星宿海者，其源也。四山之间，有泉近百泓，汇而为海，登高望之，若星宿布列，故名"。[20]《元史》亦云："命都实为招讨使，佩金虎符，往求河源。都实既受命，是岁至河州。州之东六十里，有宁河驿。驿西南六十里，有山曰杀马关，林麓穹隘，举足浸高，行一日至巅。西去愈高，四阅月，始抵河源。是冬还报，并图其城传位置以闻。其后翰林学士潘昂霄从都实之弟阔阔出得其说，撰为《河源志》。"[21] 比对二说，蒲察必达与蒲察笃实正是一人，笃实亦即都实，同音异书而已。让人费解的是，康熙《金县志》既采蒲察笃实之事，为何又别书其名，或其人有女真（蒙古）、汉文双名，或一为其名，一为其字，未可知也。蒲察必达而外诸人于史无征之因，或许亦出于此。当然，金、元作为游牧民族建立之王朝，重武轻文，亦是相关史籍记载缺乏之重要因素。

关于蒲氏与蒲察氏之关系，通过地名之使用亦可窥其一斑，道光《金县志》云：

蒲家坟，在县西南十五里大峡内，相传金蒲察氏之坟。[22]

此处之蒲家坟，正是前文蒲元恒老人所云之兴隆山蒲家坟，由此可见蒲察氏改姓蒲氏之不谬。《金史·金国语解》云："完颜，汉姓曰王……蒲察曰李。"[23]今陕西岐山县蒲村镇洗马庄村留存的女真遗民完颜氏世系碑记载："完颜也先帖木儿，元帅，至正年守岷州，洪武赐姓王氏，死则归原姓。"[24]民国《重修岐山县志》亦言该村村民"生姓王，殁姓完颜"。[25]这些记载正与《金史》所言相合，而且这一习俗保留至今。[26]元代有一女真遗民曰李庭，"本金人蒲察氏，金末来中原，改称李氏"。[27]亦与《金史》所谓"蒲察曰李"之载合。既然女真蒲察氏对应汉姓李氏，榆中蒲察氏何以未改姓李而改姓蒲呢？金末元初，作为前朝遗民之蒲察氏，为躲避蒙古统治者之迫害而改姓李，于情于理皆无不合，但不可一概而论，就榆中蒲察氏而言，直至明代，尚有使用蒲察氏之族人蒲察谊职任永州县丞。[28]《榆中县志》亦云："金、元有蒲察、完颜氏，明代有蒲察氏随蒲，完颜氏随金。"[29]元末有名蒲察景道者撰诗《题德风新亭》，[30]元末明初人魏观有诗《次韵蒲察少府出入韵》，[31]尤其是清代著名满族女词人顾太清所撰《金缕曲·题蒲察夫人〈闺塾千字文〉》更有言："古蒲察，巍巍令族，声名久远。"[32]蒲察夫人，生卒不详，顾太清自注云："宗室远林先生淑配"，即皇族爱新觉罗氏宗室远林之夫人。"巍巍令族"，意在说明蒲察夫人身份的高贵。上述诸般庶几可作为颇具文化符号意义之女真复姓"蒲察"由金元历明清而不绝如缕之佐证。

综上所述，榆中蒲察氏之变，并非迫于政治强权，实则出于复姓简化。试想金朝灭亡以后，故国不再，唯遗老遗少独存。元灭明兴，推行禁止胡化之策，使用文化符号意义分外明显之女真复姓"蒲察"的榆中蒲察氏族人，尴尬境况可想而知。榆中蒲察氏族人又不愿意径改他姓，遂取"蒲察"之首字，以蒲为姓。人事沧桑，延及今日，甘肃榆中之女真遗民蒲察氏已经全部由复姓改为单姓蒲。

（本文在田野考察阶段，得到了榆中县汉氏、蒲氏族人的大力支持，特志此鸣谢！）

参考文献：

[1] 栾凡.女真民族的历史际遇——从金到后金[J].文化学刊,2007（5）:121-132.

[2] 汉尚喜主编.汉氏家族志[Z].甘肃省榆中县汉氏家族志编纂委员会编印,2010:115.

[3][清]张圣诰纂辑.（康熙）登封县志·卷7·人物[Z].康熙三十五年刻本.

[4][元]脱脱等.金史·卷111·撒合辇传[M].北京:中华书局,1975:2449.

[5][清]洪亮吉,陆继萼等纂.（乾隆）登封县志·卷8·大事记[Z].台北:成文出版社,1976:7.

[6] 李鸣飞."山后"在历史上的变化[J].陕西理工学院学报（社会科学版）,2007（1）:35-39.

[7] 郭嘉辉.明代"山后人"初探[C]//中国明史学会.第十五届明史国际学术研讨会暨第五届戚继光国际学术研讨会论文集.中国明史学会,2013:410.

[8][明]谈迁.国榷·卷3[M].北京:中华书局,1958:357.

[9] 明太祖实录·卷34"洪武元年八月己卯"条[M].台北:"中央研究院"历史语言研究所编印,1962:616.

[10] 张鸿翔.明代各民族人士入仕中原考·绪论[M].北京:中央民族大学出版社,1999:1.

[11][12] 汉尚喜主编.汉氏家族志[Z].甘肃省榆中县汉氏家族志编纂委员会编印,2010:185,51.

[13] 王国维.耶律文正公年谱[M]//王国维遗书·第11册,上海:上海古籍书店,1983:14.

[14] 甘肃省皋兰县志编纂委员会.皋兰县志[Z].兰州:甘肃人民出

版社,1999:71.

[15][清]耿喻修,郭殿邦等纂.(康熙)金县志·卷下·人物[Z].台北：成文出版社,1970:81-83.

[16][清]高锡爵修,郭巍纂.(康熙)临洮府志·卷15·列传[Z]//中国地方志集成·甘肃府县志辑·2,南京：凤凰出版社,2008:156-157.

[17]陈梦雷等编,蒋廷锡重校.明伦汇编·氏族典[Z]//古今图书集成·第381册·卷567,上海：中华书局,1934:13-14.

[18][清]恩福修,冒萊等纂.(道光)金县志·卷10·人物志[Z]//中国地方志集成·甘肃府县志辑·6.南京：凤凰出版社,2008:369.

[19][元]脱脱等.金史·卷1·世纪[M].北京：中华书局,1975:6.

[20][元]脱脱等.宋史·卷91·河渠志[M].北京：中华书局,1985:2255.

[21][明]宋濂等.元史·卷63·地理志[M]北京：中华书局,1976:1563-1564.

[22][清]恩福修,冒萊等纂.(道光)金县志·卷5·祠祀志[Z]//中国地方志集成·甘肃府县志辑·6,南京：凤凰出版社,2008:277.

[23][元]脱脱等.金史·卷135·金国语解[M].北京：中华书局,1975:2896.

[24]杨富学,王小红.陕西岐山女真遗民完颜氏世系碑文考释[J].吉林大学社会科学学报,2020（1）:190-199.

[25][民国]田惟均修.重修岐山县志·卷1·地理·陵墓[Z].台北：成文出版社,1976:59.

[26]王星.藏着金代完颜后裔的洗马庄村[N].宝鸡日报,2018-09-07:（11）.

[27][明]宋濂等.元史·卷162·李庭传[M].北京：中华书局,1976:3795.

[28][清]耿喻修,郭殿邦等纂.(康熙)金县志[Z].台北：成文出版社,1970:84.

[29]甘肃省榆中县志编纂委员会.榆中县志[Z].兰州：甘肃人民出

版社,2001:693.

[30] 杨镰主编.全元诗·第68册[M].北京:中华书局,2013:103.

[31] 章培恒主编.全明诗·第1册[M].上海:上海古籍出版社,1990:528-529.

[32] 卢兴基编著.顾太清词新释辑评·卷5[M].北京:中国书店,2005:447-448.

原文载于《青海师范大学学报（社会科学版）》
2021年第2期

民族团结视域下的青藏公路建设

戴燕[①]

1950年初，在中国人民解放军进军西藏时，党中央和毛泽东主席即指示部队"一面进军，一面修路"，康藏公路的勘测修建和进军同时开始。1951年5月，西藏和平解放，为开辟川藏、青藏交通，创造了更为有利的条件。西藏和平解放后，在中央和国务院的关怀下，中国人民解放军和各族人民以"让高山低头，叫河流让路"的大无畏精神和英雄气概，逢山开路，遇河架桥，于1954年12月25日，修通了闻名世界的青藏、川藏公路。从此西藏才第一次出现了现代意义上的公路汽车运输，结束了无一条正式公路的历史。

2014年8月，在纪念川藏、青藏公路建成通车60周年之际，习近平总书记指出，这两条公路的建成通车，是在党的领导下新中国取得的重大成就，对推动西藏实现社会制度历史性跨越、经济社会快速发展，对巩固西南边疆、促进民族团结进步发挥了十分重要的作用。当年，10多万军民在极其艰苦的条件下团结奋斗，创造了世界公路史上的奇迹，

---

① 戴燕，1966年生，女，汉族，河北涿州人，青海师范大学教授。研究方向：中国近现代史。

结束了西藏没有公路的历史。60年来,在建设和养护公路的过程中,形成和发扬了一不怕苦、二不怕死,顽强拼搏、甘当路石,军民一家、民族团结的"两路"精神。习近平总书记强调,新形势下,要继续弘扬"两路"精神,养好两路,保障畅通,使川藏、青藏公路始终成为民族团结之路、西藏文明进步之路、西藏各族同胞共同富裕之路。[1]

一

青藏公路是世界上海拔最高的公路之一。这条公路从青海西宁至西藏拉萨,通车时全长2100公里,后经线路改善缩短为1937公里,在青海境内1400多公里。西宁至格尔木段路线,翻越日月山、橡皮山、旺尕秀山、脱土山等高山,跨越大水河、香日德河、盖克光河、巴西河、青水河、洪水河等河流,长782公里。格尔木至拉萨段。翻越4座大山——昆仑山(海拔4700米)、风火山(海拔4800米)、唐古拉山(垭口海拔5150米)和念青唐古拉山;跨越3条大河——通天河、沱沱河、楚玛尔河,平均海拔在4500米以上,其中西藏境内为544公里。穿过藏北羌塘草原,在西藏自治区首府拉萨市与川藏公路汇合。所经过之地高寒缺氧,年平均气温在0℃以下,夏季仍有霜冻。

青藏公路格尔木至拉萨段平均海拔在4500米以上,高寒缺氧,每年土壤冻结期长达7个月至8个月。在这样的地区修筑世界上海拔最高的公路,特别是要通过五百多公里的冻土地带,施工异常的艰苦。在几百公里的无人区修筑公路,在世界公路建筑史上是罕见的。

1949年10月,新中国成立后,为实现祖国统一,解决西藏问题摆在了新中国领导人的面前。毛泽东主席作出了"进军西藏宜早不宜迟"的战略决策,并作出了从四川、青海、云南、新疆四路向西藏进军的部署。

1951年5月,《中央人民政府和西藏地方政府关于和平解放西藏办法的协议》(简称《十七条协议》)在北京签订,实现了西藏的和平解放,人民解放军进驻西藏。中国人民解放军驻藏部队和进藏工作人员坚决维护《十七条协议》,认真执行"慎重稳进"的方针,在尖锐复杂的政治环境和异常艰苦的生活条件下展开各项工作。

新中国虽然成立了,但是西方敌对势力采取各种方式对新生的政权进行包围、挤压和破坏。西藏和平解放的背后暗流涌动,部分分裂分子与境外敌对势力勾结,妄图在西藏制造分裂。为了巩固统一,粉碎西方敌对势力对新中国的扼杀和对西藏的分裂破坏阴谋,建设社会主义新西藏,修筑一条连接祖国内地和西藏的运输线迫在眉睫。面对新中国成立初期国家百废待兴的经济状况和落后的技术条件,要在这样的地质和地理环境下修筑一条公路,其难度是可想而知的。在党中央的关怀下,在国家力量的支撑和保障下,慕生忠将军以超人的胆识和勇气,请命担当重任,率领筑路队,在雪域高原开始了修筑人间天路的壮举。

青藏公路的修筑,从1954年5月开工到12月底建成通车,是在财力、技术、环境极为艰难的情况下,筑路军民硬是靠双手实干出来的,写下了多个世界之最:1200多名筑路军民,用7个多月时间,在世界屋脊上修通了一条1200多公里长的公路,填补了我国西部地区公路史上的空白,成为我国乃至世界上海拔最高的公路,其筑路时间之短,进展速度之快,也创造了历史纪录。

青藏公路的通车,不仅改变了西藏的交通状况,基本上解决了西藏物资供应问题,更重要的是加强了西藏与内地的联系。青藏公路和川藏公路,像青藏高原上的两条金色桥梁,被藏族同胞称为"地上的长虹,幸福的金桥",给西藏人民带来了现代文明,为西藏的发展和建设奠定了坚实的基础。对青藏公路和川藏公路通车的意义,1954年12月29日新华社讯给予了充分肯定:"这些公路都把少数民族政治、经济、文化中心和货物集散地以及城市紧密联系起来,对于发展少数民族的经济、文化生活有很大作用。康藏公路和青藏公路通车以后，基本上把四川、青海、西藏一带少数民族的政治经济生活和祖国大家庭进一步联系起来了。那些地区牧民们的羊毛、皮毛过去常常积压运不出来，他们所需要的工业品也很不容易得到。这两条公路通车以后，青海、西藏一带畜牧产品输出和工业品、基本建设器材的输入都方便得多。""祖国各地的技术人员和技术工人，也不断乘汽车来参加高原的建设工作。"公路修通，从此结束了几千年用牲口驮运物资进藏的历史，改变了西藏长期封闭的状态，为西藏现代化发展奠定了基础。青藏公路通车，也引起了世界的关注。路透社1954年12月28日消息：共产党中国动用十万工程部队，花了几年时间，秘密修通了从青海到拉萨的近一千二百公里的战略公路。

二

青藏公路的修建历经千难万险，坐落在拉萨的纪念川藏、青藏公路通车的汉白玉碑上，镌刻着这样一段文字：

世界屋脊，地域辽阔，高山缺氧，雪山阻隔。川藏、青藏两路，跨怒江，举横断，渡通天，越昆仑；江河湍急，峰岳险峻。十一万藏汉军民，含辛茹苦，餐风卧雪，齐心协力征服重重天险：挖填土石三千多万立方，造桥四百余座。五易寒暑，艰苦卓绝，三千志士英勇捐躯……

这条路的修建是汉、藏、蒙古、回、撒拉等民族的筑路队员同心协力、共同奋战的结果，整个青藏公路的修筑过程，就是一幅民族团结的画卷，可以说青藏公路是一条民族团结之路。

西藏地处祖国西南边陲，国防战略地位重要，民族关系复杂。和平解放前，西藏由于长期的内外困境，造成藏汉民族间的隔阂和藏族内部的不团结。西藏和平解放后，中共中央和中央人民政府派往西藏的工作人员和驻藏人民解放军，坚持党的民族政策和《十七条协议》，帮助西藏地方开展各项建设。在青藏公路建设中，汉、藏、回等民族共同参与，相互了解，加强了民族联系，对密切中央和西藏地方之间的关系都起到了积极作用。正如陈毅同志在西藏自治区筹备委员会成立大会上的讲话中所说的："在短短的时间内，我们能够结束长时期以来为帝国主义者和汉族反动统治阶级蓄意制造的汉藏两大民族的对立和西藏内部分裂的状态，这就是我们几年来最根本、最大的成就。"

1951年5月23日，在北京签订了"和平解放西藏办法的协议"。按照这个"十七条协议"的规定，人民解放军开始进驻西藏。西北局以西北军区联络部为基础组建西北西藏工委（即后来的十八军独立支队），组成西北进藏干部队伍。这支队伍由670多人组成，人数虽不多，但来自北京、上海、陕西、甘肃、青海、四川等全国各地，有一百多个单位，包括西北军区、西北党校、中央团校、新华社西北总分社、群众日报社、甘肃日报社，以及兰州大学、西北师范学院、中国人民革命大学、西北民院、兰州中学等。进藏干部以有幸参加解放西藏，巩固祖国西南边疆的神圣任务而感到光荣和自豪，决心发扬当年红军翻雪山、过草地的革命精神，以入朝志愿军为榜样，完成入藏任务。各项筹备工作都在紧张而有秩序地进行，有的奔赴北京、天津、上海采购进藏装备，有的前往甘肃、青海、宁夏购买驼马。所有进藏人员都在认真地学习《今日西藏》、"和平解放西藏办法的协议"、党的民族政策和宗教政策，以及解放军的三大纪律八项注意。

8月，在范明、慕生忠的率领下，十八军独立支队开始进藏。经过艰难险阻，在成功翻越海拔5220米的唐古拉山，闯过进藏途中的又一大难关后，进入了西藏境内。独立支队总指挥部强调：要严格遵守党的民族政策，教育全体指战员把民族政策作为部队的纪律，严格遵守，不得违犯，同时颁发了《入藏守则》，要求以政策纪律重于生命的精神，坚决贯彻执行。

《入藏守则》共十二条：

第一条，西藏情况不一般，政策纪律首当先，和平协议须熟读，宣传办事作指南。

第二条，喇嘛寺庙要保护，不得随便去乱游，风俗习惯应尊重，各行各是都自由。

第三条，西藏边境是国防，外交大事属中央，听到看到快报告，不准胡乱出主张。

第四条，西藏同胞送礼物，只准接受一哈达，若经批准收受了，必须加倍去酬答。

第五条，藏民帐篷和土房，不经许可莫进闯，主人欢迎左边进，亲热和蔼礼周详。

第六条，购买物品要统一，公买公卖两相利，私人若要买东西，请到合作社里去。

第七条，人民军队纪律严，不拿群众一针线，借用东西要早还，烧了牛粪须付钱。

第八条，草地藏民多牧群，拾了牛马还主人，自己牲口若跑掉，报告组织再去寻。

第九条，行军序列要整齐，宿营帐篷按次序，请假外出莫单行，时刻注意军风纪。

第十条，西藏情况很复杂，是非闲话莫轻信，抱定团结大主张，说服解释不乱论。

第十一条，宗教信仰要自由，改革保持莫强求，发展农牧工商业，有吃有穿不忧愁。

第十二条，汉藏兄弟是一家，友爱合作力量大，驱逐英美野心狼，巩固国防保中华。[2]

《入藏守则》的这十二条规定，对教育干部起到了很好的作用。

青藏公路的筑路队伍，由汉、回、藏、蒙古、东乡等多民族组成，既有军人也有驼工，既有工程师也有没有文化的普通人。在青藏高原上，各族人民亲密友爱和团结，他们为了西藏人民的幸福这一共同的目标，共同努力，这种友爱和团结，汇成一种不可战胜的力量，克服了种种困难，建成了高原金桥。工程开始的时候，正好赶上伊斯兰教的封斋期，第一工程队有70%的人是回族。穆斯林在封斋期间，有1个月的时间白天不进饮食。根据穆斯林的宗教习惯，上级指示要尊重穆斯林的宗教信仰，让所有回族筑路队员停工休息。但是回族筑路队员一致认为如果封斋肯定会影响工程进度。眼下情况特殊，修好公路是头等大事，用实际行动修路也是爱国、爱教的表现。这些穆斯林筑路队员决定打破常规，正常饮食，确保体力充沛，把路修好，并向上级写了封请战书："修公路是各族人民的大事，是祖国社会主义建设的大事。我们努力修路，就是表现我们爱祖国……我们全体愿意今年不举行长时间的封斋，我们要用实际的修路行动，来表示我们对教的忠诚……"[3]

回族同志们的请战感动了全体筑路队员，也鼓舞了大家的斗志，但是领导们考虑到要尊重民族信仰，还是坚持给他们放假。最后回族同志们提出：举行一次礼拜，作为他们的封斋仪式，这样他们就算度过了封斋期，领导们最终同意了。举行仪式这一天，总指挥部专门给回族筑路队员放了一天假。

运输总队在安多建有运输站，运输站的雷普川医生，经常帮助藏族人民治病，安多头人的病也经他治愈，因而得到了当地头人和牧民的信任。任启明带领的探路队在安多勘察线路时丢一匹马，到达运输站时，告诉雷普川医生，希望雷医生找头人帮忙找马。头人答应赔一匹。任启明考虑这种做法不妥，提出了三条意见请雷医生转告头人：（一）不是我们自己的马不要。（二）对拾得我们马的人，只要还马，概不追究。（三）给还马者送"哈达"和砖茶，表示谢意。在头人的协助下，探路队的马终于找到了。经过这次找马，后来在路修到此地时，当地藏族与修路大军一直相处很好。藏族同胞转移牧场的时候，还放心地把东西寄存在运输总队的运输站。

羊八井石峡道路修通后，工程推进到拉萨郊区的堆龙德庆宗，这里是川藏线和青藏线的交会口，是青藏公路沿线经过的唯一的农业区，在定线和设立供应站的过程中，需要占用牧民的耕地。早在筑路队进入到羌塘草原以后，指挥部就派当过交际处科长的张炳武到拉萨，向中共西藏工委、西藏军区和西藏地方政府进行汇报，中共西藏工委、西藏军区做出以下规定：

（1）全体筑路员工和部队严格遵守民族地区的风俗习惯；

（2）修筑公路不准占用寺院、佛塔等建筑物；

（3）由地方代表、当地头人和青藏公路筹备处共同协商设立供应站；

（4）购买牛粪、草料或其他物品，必须在双方自愿的原则下进行，不准抬高市价或抢购；

（5）修筑公路，如要占用耕地，须经有关方面协商，按议价付款。[①]

为购买公路必须经过的20里耕地，张炳武准备了两车银元，用木箱装着，每箱1000个，共约五六万，准备将占用的部分耕地按协商价付款。堆龙德庆宗本和头人非常支持修路，并出面做工作，牧民同意将自家的地让出来修路，而且不收取费用。工委指示张炳武按议价买成青

[①] 参见青藏公路五十年编纂委员会编.青藏公路五十年[M].青海人民出版社，2008.40; 王戈.通向世界屋脊之路[M].解放军文艺出版社,2013.151.

稞、茯茶、糖果、烟酒、哈达等实物，还将筑路队吃的大米分出一些，每户10斤，由头人带领，挨家挨户分送。头人和群众都十分满意，他们说："修路是我们自己的事，占地也是应当的，你们又受苦，又送礼，这是从来没有听说过的事情，解放军真好。"有个藏族老阿妈，听说公路要从自家门前经过，便叫儿子骑上马去看一下公路是什么样子，回来后合家将耕地毁掉，修整成公路的样子，铺上砂石，等待汽车通过。

慕生忠将军本人就是民族团结的典范。无论在战争年代还是在进军西藏和修筑青藏公路的过程中，他与许多少数民族同志都结下了深厚的友谊，而他养育哈萨克族孤儿的故事更是凸显了作为一名共产党人无私的情怀。慕生忠进藏不久，他和身边的工作人员在拉萨街头救济几户哈萨克族人家的时候，总是看到垃圾堆上躺着一个八九岁的孩子，这个孩子身体瘦小，常被大孩子欺负。小流浪儿衣衫单薄，冻得瑟瑟发抖，见了牦牛就赶紧跟在后面，牦牛拉了屎，他赶紧把冻僵的双脚踩进去。实在冻得无法忍受时，这个小流浪儿就和流浪狗挤在一起。有人告诉慕生忠，这个孩子叫沙塔尔，是个孤儿。经中共西藏工委同意，慕生忠派人领回遍体伤痕、身上只披了一块破毡片的沙塔尔。大家帮他洗澡、理发，替他穿上慕生忠为他买的新衣、新鞋。从此，沙塔尔在自己的名字前边加了一个慕字，叫慕沙塔尔，成为慕生忠收养的儿子。不久，拉萨筹建小学，慕沙塔尔成了拉萨第一所小学的一名学生。后来，慕生忠担任了修建青藏公路的领导工作，离开了拉萨。为了使幼小的慕沙塔尔得到家庭的温暖，他把慕沙塔尔送到兰州，由老伴薛振华抚养照顾。1965年，慕沙塔尔从民族学院预科毕业，并被分配到阿克塞哈萨克族自治县当教师。告别时，慕生忠语重心长地嘱咐他："去吧，党培养你这么多年，要好好为哈萨克族人民服务。不管走到哪里，要记住两条：一条不要忘记自己是个中国人；第二条，要当一个马克思主义者。还有，每个月给我写封信，谈谈你的生活、学习情况……"[4]1982年7月，慕生忠又一次去新疆看望慕沙塔尔，当慕生忠走下火车时，一群哈萨克族群众，按照哈萨克族的最高迎宾礼节，欢迎慕生忠的到来。王恩茂等自治区领导同志来到沙塔尔家中看望慕生忠父子，祝贺他们全家团聚。王恩茂说："你们是个民族团结的大家庭，新疆也是一个民族团结的大家庭，我们祖国也是一个民族团结的大家庭。各族人民团结起来，我们的四化建设事业就一定胜利。"[5]

三

青藏公路像一座"金桥"，把拉萨与北京、把西藏与祖国内地紧紧联结在一起。青藏、川藏公路的建成通车，说明只有在中国共产党领导下，才能有慕生忠将军这样一支忠诚于党、听党指挥的筑路团队，才能有决心和能力，实现筑路的伟大工程，才能发挥不畏艰险、艰苦奋斗的爱国精神，创造出勇闯生命禁区，让雪域变通途的筑路奇迹。在将军和筑路大军的背后，是新中国国家力量的支撑和保障。所以，青藏、川藏公路的建成通车，体现了社会主义制度的优越性，它证明了：只有在以马克思主义理论为指导的中国共产党的领导下，实现社会主义制度，坚定走社会主义道路，才能实现祖国统一、民族团结和人民幸福。

1949年新中国成立，解放西藏成为中国共产党的既定方针，和平解放西藏更是中国共产党追求的目标。解放西藏时期，是中央治藏政策最为丰富、治藏业绩最为辉煌的时期，也是西藏社会制度发生根本变革、人民群众获得彻底解放的时期。青藏公路和川藏公路的建设通车，实现了西藏与祖国内地道路相通、经济文化相连的历史新篇章。天路的修筑，为西藏地方各项事业的历史性转变发挥了重要作用，不仅给西藏经济建设带来了翻天覆地的变化，而且促进了西藏文化事业的大发展。

随着青藏公路的通车，国家选派大批西藏各族青年到内地学习文化知识、专业技术，了解和学习党的民族政策，一大批优秀的民族干部成长起来，这些人成为新西藏建设的中坚力量，他们对促进西藏与祖国内地政治、经济、文化交流，增进西藏各族人民与兄弟民族的团结，起到了非常重要的作用。西藏藏族和汉族及祖国其他民族的团结，从来没有像今天这样巩固，西藏地方和祖国内地在政治上、经济上、文化上的联系，从来没有像今天这样密切。几十年的实践充分证明，青藏公路是民族团结之路。

西藏自古以来就是中国领土不可分割的一个部分，生活在青藏高原的藏民族的先民，早在史前时期就与祖国内地有着联系，进入历史时期以来，这种联系越来越紧密。公元7世纪吐蕃与唐朝交往开始，西藏各族人民与以汉族为主的各族人民不断加强政治、经济和文化等方面交流。从元朝开始，西藏就是中原王朝管理下的中华多民族国家的有机组成部分。历代中央政府根据边疆少数民族地区实际情况，都对之采取了与内地不同的管理方式。在漫长的历史交往和交流基础上，西藏人民和全国各族人民一样，凝练出了维护祖国统一、共同守护中华民族家园的爱国主义优良传统，培育出了西藏各族人民对祖国无比热爱的深厚情谊。这种长期的交往、交流，共同形成了中华民族认同感、凝聚力和向心力。汉藏一家亲是千百年来中华各民族共同谱写、继承、传颂、弘扬的民族团结颂歌。

历史上清政府曾多次对西藏用兵，帮助西藏平定内乱和打退廓尔喀人的武装入侵。但由于解决不了交通和补给的困难，驻军甚少。到清王朝晚期，未能制止西藏亲帝国主义势力的发展，未能消弭帝国主义觊觎西藏的野心。雪域天堑变通途，在中华人民共和国成立后逐渐变成了现实，而青藏公路的开通正是标志性的起点。以毛泽东为首的第一代中共领导人，在新中国成立之初就极为重视西藏的交通建设，从战略的高度提出了改善西藏交通的主张，这个主张是领袖与大多数党员的共识。周总理、彭德怀等领导人的大力支持，军队的配合，地方党政机关与青藏公路沿线各族人民的大力支持也是青藏公路顺利通车的保证。作为筑路总指挥的慕生忠，是一位优秀的共产党员，在他身上真正体现了共产党员的本质特征。他一心为了党与国家的利益，一心为了广大的西藏人民，不仅从数次进藏的艰辛与巨大的牺牲中激发了修一条进藏公路的决心，而且不畏艰险，攻坚克难，与筑路大军同吃同住，以自己的行动作表率，创造了人间奇迹。他既是党的命令的忠实执行者，又是身先士卒的实干家。这种忠诚于党，为西藏人民谋幸福的伟大理想和信念支撑着他，他的精神感动所有筑路人，在他的信念的引领下，大家同心同德，一心为修筑青藏公路而努力奋斗。青藏公路的修建，体现了中国共产党的正确领导与共产党员的坚强作用，体现了社会主义制度的优越性。从远古时代西藏就与祖国内地有着联系，但是从秦皇汉武到唐宗宋祖，再到明清帝王，乃至民国政府，历史的车轮走过了两千年，西藏与内地的交通状况却没有根本性的变化与进步。只有在伟大的毛泽东时代，在中国共产党的领导下，全国各族人民才能团结一心，为了伟大的祖国，为了兄弟民族的幸福而共同努力，修通了青藏公路。

只有新中国，才能实现真正的民族平等和团结。在漫长的历史中，任何政权、任何王朝没有也不可能真正解决西藏人民民族平等和当家作主的问题，更不存在真正的"平等、团结、互助、和谐"的民族关系。20世纪中叶，中华民族发生了历史性巨变，共产党领导全国人民推翻了"三座大山"，建立了社会主义新中国。新中国成立后，在解放全中国和推进社会变革的进程中，根据历史和现实的状况，提出了和平解放西藏的方针，经过多方面的努力，于1951年5月23日，中央人民政府和原西藏地方政府签订了《关于和平解放西藏办法的协议》（简称"十七条协议"）。"十七条协议"反映了西藏各族人民群众的愿望，得到了包括班禅在内的部分上层爱国人士和广大人民群众的拥护。西藏的和平解放，维护了祖国的统一、实现了各民族的团结。从和平解放一开始，中国共产党就高举民族平等和民族团结的旗帜，采取一系列行之有效的政策措施，积极帮助西藏人民发展经济、文化等各项事业，进藏部队和地方干部积极为人民群众服务，修路架桥、开荒种田、送医送药，与此同时还主动接触上层人士，用实际行动消除历史上造成的民族隔阂，让西藏人民和上层人士了解共产党、了解新中国。事实证明青藏、康藏公路也是一条祖国统一之路。

　　毛泽东同志曾指出："国家的统一，人民的团结，国内各民族的团结，这是我们的事业必定要胜利的基本保证。"在中国，"民族团结是指：各民族在社会生活中的和睦、友好和互助、联合的关系。民族团结要求在反对民族压迫和民族歧视的基础上，维护和促进各民族之间和民族内部的团结，各民族人民齐心协力，共同促进国家的发展繁荣，反对民族分裂，维护国家统一"。1954年，中华人民共和国第一部宪法颁布，宪法明文规定了中国各民族平等、团结、互助，和谐的原则。此后，许多政策文件和法规都有了维护和发展民族团结的内容。民族团结之所以成为中国共产党民族政策理论的宗旨和目标，是由党的性质和使命所决定的。只有在中国共产党领导下，走社会主义道路，才能又好又快地建设中国特色社会主义，实现中华民族伟大复兴；才能不断巩固和发展"平等、团结、互助、和谐"的社会主义的民族关系，促进各民族的共同繁荣。康藏、青藏公路的建成通车，不仅增进了西藏与祖国内地各民族的交流与团结，也极大地增强了人们对中国社会主义制度的制度自信和中国走社会主义道路的道路自信。

参考文献：

[1] 弘扬"两路"精神，助推西藏发展，习近平就川藏青藏公路建成通车60周年重要批示[N].人民日报，2014-8-7.

[2][3] 张学.雪域通途——青藏公路建成通车[M].长春：吉林出版集团有限责任公司,2011:50.

[4] 张万象，张荣太. 将军与哈萨克族孤儿. 中共甘肃省委党史研究室编. 慕生忠纪念文集 [Z].298-299.

[5] 琪懿. 我的母亲 [A]. 中共甘肃省委党史研究室编. 慕生忠纪念文集 [C].262. 北京：中共党史出版社,2016.262.

原文载于《青海师范大学学报（社会科学版）》
2018 年第 4 期

元明清时青藏高原多元民族文化格局的形成与发展[①]

安海民[②]

公元13世纪初,蒙古大汗国建立。元朝统一了包括青藏地区在内的全国各地,对青藏地区全面施政,这是7个世纪以来青藏高原与祖国内地在政治、经济、文化等方面的亲密联系、发展的必然结果。青藏地区也在全国统一的背景下由原来分散割据的形势开始推向一个相对稳定的局面。[1]

元朝是由蒙古族建立的,定都大都(今北京),历时98年。13世纪初,随着成吉思汗铁木真将整个漠北纳入囊中,蒙古帝国的政权逐渐稳定,且不断向外扩张,蒙古铁骑先后踏平了西辽、西夏、花剌子模、东夏、金等国。1260年,忽必烈在结束与阿里不哥的汗位之争后登上大汗宝座,建元中统。1271年,忽必烈改国号为"大元"。此前,蒙古高原地区的蒙古部落大多隶属于金国,但随着金国势力渐微,蒙古各部落势力不断

[①] 国家社科基金项目"青藏高原多元文化与民族关系研究"(13XMZ007)。
[②] 安海民,1964年生,男,汉族,甘肃秦安人,青海师范大学编审、研究员。研究方向:先秦文学;青藏高原文化。

壮大，逐渐脱离了金国的统治，拥有了自己的政权。13世纪初，铁木真先是通过战争将大大小小的蒙古部落整合为一，接着便一统漠北，建立了蒙古汗国。从此蒙古草原上各部落长期混战割据的局面结束了。蒙古汗国成立后，为扩充帝国版图不断向周边地区扩张，地域辽阔的青藏高原也是其重要的扩张对象与目标。公元1227—1234年，成吉思汗西征班师回朝的途中将夏、金两国一举攻灭，且占据了东西、南北的交通要道脱思麻地区。西夏和金朝的势力由此退出河湟一带，开启了元朝统治青藏高原时期。

　　蒙古灭西夏和金后，窝阔台将原先西夏辖区和今甘青的部分青藏高原划归为阔端的分地。据有关藏文史籍记载，阔端便于土猪年（1239年）派朵儿答（也译为多达那波，道尔达）领军侵入乌思藏，打到拉萨东北，焚毁了热振寺和费拉寺。可能是蒙古人发现西藏由各个地方势力割据，不相统属，难以单靠武力进行控制。不久朵儿答便引军离开。阔端也意识到要在青藏高原巩固其统治，就必须依靠宗教势力。1244年，阔端邀请宗教领袖萨迦班智达前往凉州相会。1247年，阔端与萨迦班智达在凉州举行了极具历史意义的"凉州会谈"，会商蒙古与西藏的关系问题。此时的西藏各主要宗教派别与地方封建领主也认识到与蒙古建立联系的必然性，经过萨班的努力，确立了整个乌思藏是蒙古藩属的地位。"凉州会谈"结束了青藏高原地区自吐蕃崩溃后持续了400多年的四分五裂的割据局面，使之统一于祖国的大家庭中，也推动了整个高原政治、经济、文化的发展。公元1253年，忽必烈在征大理途中，又与八思巴在六盘山会面，双方进一步建立了政治上的联系。"这样，从最初蒙古的将领多尔达未用武装力量结束了藏族地区分裂割据的历史，使整个藏族地区归入蒙古皇子阔端的管辖，……在此基础上，皇帝把管理西藏地方的权力集中到萨迦巴，从此以后，西藏地方真正成为中国皇帝的管辖地区。"[2]

　　1247年，蒙古统治的势力深入到了青藏高原东北的今青海全境。蒙古帝国在占领青海之后，曾在青海设立西宁州，治所在今天的西宁市，为元甘肃行省所辖七路十二州之一。1253年，蒙哥汗下令在西藏括户，并将蒙古的分封投下制度推行到西藏地区。"蒙哥汗在西藏清查户口和施行分封制，……这对后来西藏行政制度的发展产生了重要影响。"[3]

众所周知，元朝实现全国统一后，没有将自唐宋以来各王朝在内地已趋成熟的治理体系套用于少数民族地区，而是针对西北、西南少数民族地区社会经济和文化发展与中原内地存在的差距和不同，"因俗而治"，加以治理，亦即在前朝体制的基础上，在青藏高原地区广泛推行僧俗并用、寓政于教的治理方略，政教合一制度因之出现。此后，政教合一的管理制度便成为了元王朝统治体制在西北地区的一个重要环节。公元1260年，忽必烈登上大汗位后封八思巴为国师，"统天下释教"。八思巴被封为帝师，藏文《萨迦世系史》中记载云："大师再到朝廷后，于三十六岁的阳铁马年（1270年），当皇帝再次请求灌顶时，将西夏甲郭王的玉印改制六棱玉印，连同诏书一并赐予，封为普天之下、大地之上、西天佛子、化身佛陀、创制文字、护持国政、精通五明班智达八思巴帝师。"[4] 同时，忽必烈两次通过赏赐的形式把吐蕃十三万户和三区地面赐予八思巴。"西藏之地面虽不足一行省，但以其为八思巴住地且传教所在，故作为一省委付与八思巴。"[5] 至元元年（1264年），元朝建立了管理藏族地区事务的中央机构宣政院，后改名为总制院。"掌释教僧徒及吐蕃之境而隶治之。遇吐蕃有事，则为分院往镇，亦别有印。如大征伐，则会枢府议"。[6]《元史》在述及宣政院时说："元起朔方，固已崇尚释教。及得西域，世祖以其地广而险远，民犷而好斗，思有以因其俗而柔其人，乃郡县土番之地，设官分职，而领之于帝师。乃立宣政院，其为使位居第二者，必以僧为之，出帝师所辟举，而总其政于内外者，帅臣以下，亦必以僧俗并用，而军民通摄。于是帝师之命，与诏敕并行于西土。"[7]

元朝设总制院，其职责是"掌释教僧徒及吐蕃之境而隶治之"，并命八思巴领总制院事，"这就确定了八思巴建立的西藏的行政体制从一开始就是与元朝中央的行政体制相联系的，是元朝行政体系的一部分。而八思巴的领天下释教特别是统领藏传佛教各派寺院和僧人又同时领总制院的这种身份，标志着忽必烈和八思巴对西藏行政体制的设想是政教结合、僧俗并用的一种体制。"[8] 为了更好地管理藏族人民，元朝还在各藏族地区设立如"吐蕃等路宣慰使司都元帅府""吐蕃等处宣慰司都元帅府""乌思藏纳里速古鲁孙宣慰使司都元帅府"等。这些制度在少数民族地区的推行，对加强边疆民族地区与内地的联系，促进当地生产和文化的发展，都具有十分重大的意义。

元朝时，除在青藏高原建立管理西藏事务的机构与职官制度外，还同时在青藏高原清查户口，设立军政合一的万户千户制，设置驿站，以及在西藏驻军，并推行法律制度，加强了对青藏高原的充分治理。这样一来，西藏地方政府与中央政府在政治、经济、军事、文化等诸方面的联系进一步加强，不仅蒙藏关系更为密切，而且也促进了青藏高原多元民族格局的形成和多民族文化的融合。就经济交往而言，青藏高原与内地的贸易有两种：官方贸易与民间贸易。官方的贸易主要是通过进贡和赏赐的形式来进行。赏赐与进贡既是一种加强青藏高原与中央的政治联系方式，也是一种官方物资交流的方式。从元代有关史料看来，吐蕃地区进贡给中央的物品有：金、银、象牙、大粒珍珠、银砗、薯红、木香、牛黄、虎皮、豹皮、山猫皮、水獭皮、蕃呢、上卫氆氇等，而元朝政府赐给八思巴等藏族官员的物品有：象羊矢大的无孔白珍珠，用黄金制造的须弥山，以及无数的大象、骏马、骆驼、骡子、黄金、白银、绸缎等。除了进贡和赏赐外，随吐蕃使团出使的还有庞大的商队，其也从事贸易。因此，"公元13世纪以来的七百多年中，蒙藏两个民族的关系在中国民族关系史上占有突出的重要地位"[9]。就青藏高原民族与文化而言，元时，有大量汉族军士及其家属被征调前往青藏高原东北部青海地区屯田和镇戍，其子孙便定居于此。同时，还通过招募民户、签发编民、拘刷漏籍户等将内地无田可耕的汉人迁往青藏地区。如，至元七年（1270年），"徙怀孟（今河南地区）新民千八百余户居河西"。又，十六年（1279年），

"调归附军人于甘州，十八年，以充屯田军"，大量的汉族进入了青藏地区。《元史》载，"蒙古军在山东、河南者，往戍甘肃"，则蒙古人亦大量进入了青藏高原地区。这样在青藏高原不仅有汉、藏、蒙古、土、门巴、珞巴等各族人民，回族、撒拉族先民此时亦大量入居青藏高原，《元史·世祖本纪》记载说，至元八年（1271年）"甲戌，签西夏回回军"。至元二十八年（1291年）"十一月丙申，以甘肃旷土赐回回普室哈散等，俾耕之"。《元史·英宗纪》云，至治二年（1322年）"壬申，免去甘肃回回屯戍河西者银税"。此种优惠的政策使得大量的屯戍兵及其部属具有了优厚的政治、经济地位，因之回族人口骤增，再加上蒙古宗王阿难答及其部属15万军队改信伊斯兰教，因此史书有"元时回回遍天下，及是居甘肃者尚多"之称。这一时期，还有从中亚撒马尔罕迁居今循化的撒拉人，后来成为撒拉族。至此，多民族聚居格局在青藏高原地区基本形成，同时也基本确立了多元性、开放性、共融性的多元民族文化格局。

1269年八思巴受忽必烈之命，创制蒙古新字，至元六年颁行于天下。蒙古文字的创制，对促进民族间的交往交流交融，乃至发展我国民族文化、保存民族文化遗产有着深远意义。帝师八思巴作为元朝中央集团的重要成员，还主持元朝皇室的佛事活动，并规定了一系列管理佛教的办法。尤其是随着元朝对青藏高原地区的施政，以及一系列扶持藏传佛教政策的施行，藏传佛教在青藏高原地区得以兴盛，寺院建筑有了很大的发展，仅萨迦派修建的寺院就有"四大寺""十四小寺"之称，且建造精美。如西藏萨迦派著名的寺庙萨迦南寺，在建造之时，不仅征集了藏族大量人力物力，还请了许多汉族、蒙古族的匠人指导，寺庙建成后，气势宏大，雄伟壮丽，这是各族人民共同劳动取得的成果，其在青藏高原艺术史上占有辉煌的一页。[10]同时，藏传佛教也大规模地向内地传播，经甘肃、青海、陕西、宁夏，陆续传入山西、北京、蒙古等地。如萨迦派首领八思巴和胆巴国师曾先后在五台山传法；再如，1258年，八思巴在上都受命率17名中原、西夏和大理的佛教僧人参加佛道辩论，并大获全胜，使参加辩论的17名道士如约削发为僧，若干道观被改为佛寺。藏传佛教及其艺术还传向了江南，如杭州飞来峰石窟造像，现存造像67龛，大小造像116尊，其中46尊为藏传佛教风格造像，62尊为汉式造像，8尊为受藏传佛教艺术影响的汉式造像。其"进一步促进了多民族文化的融合，对多元一体的中华民族文化的形成和发展产生了重要的影响"，[11]"从文化上看，蒙藏关系的建立和藏传佛教在蒙古地区的传播及上升到占居主流地位，……对中原和西方的文化交往产生了重要的影响"[12]。

明代在青藏高原裁撤了元代的"宣政院"，改建两个都指挥使司即朵甘都指挥使司、乌思藏都指挥使司和一个军民元帅府，属西安行都指挥司管辖。[13]朵甘都指挥使司在朵思麻及喀木地方，大体上相当于元代吐蕃等处和吐蕃等路两宣慰使司故地；乌思藏都指挥使司，最初辖治十三万户，管辖今西藏自治区的前藏和后藏及其周边地区，不久即以诸王受封而逐渐取代。明中央政府还在青藏高原实行"多分众建"之政策，"封西番朵甘、乌思藏诸酋为王师官长"，并命受封的僧俗官员"领其人民，间岁朝贡"，实行管理。同时，还在青藏高原实行卫所制度。乌斯藏、朵甘卫归西安都指挥使司管辖。明洪武六年（1373年）改西宁州为卫，下辖六个千户所。西宁卫与河州卫与元代一样归甘肃行省管辖。后又设"塞外四卫"，"四卫者：曰曲先，曰罕东，曰安定，曰阿端是也。有明，皆加以指挥佥事、千百户之职，每岁一赴西宁茶马司互市。明制：各番皆使部落有数，中马有额，安插有地，保护有方。又因其俗信佛，择番僧中为番所敬信者，创立寺宇，封以国师、禅师之职。其番中之豪而有力者，授以指挥、千百户，以统率诸番族焉。明初，以土司招番有功，赐之铁券，子以袭职。明正德四年（1509年），小王子丞相曰亦卜剌与阿尔秃斯，携掠四卫，夺据其地。嘉靖间达、永部卜又据之。明季，卜儿孩据青海大通河，今沿边之夷，皆卜儿孩之子孙也。"[14]孝宗弘治元年（1488年），在蒙、藏各部和西宁近地设置西宁兵备道直接管理，"塞外四卫"由西宁卫兼辖。明初在青海东部实行土汉官参设制度。设有朵甘行都指挥使司在青南和川西，又在今青海黄南州、海南州一带设必里卫、朵思麻万户府等。此外，明代还在青藏高原分封了八大法王，有大宝法王（噶举派法王）、大乘法王（萨迦派法王）、阐化王（格鲁派法王）、赞善王（萨迦派政权领袖）、护教王（亦为萨迦派法王）、阐教王（止贡派的封号）、辅教王（萨迦派法王），每一法王都有各自的统治范围。明代在青藏高原地区，采取"多封众建，贡市羁縻"之政策，实现了对青藏地区的有效管理，青藏地区社会在此一时期较为稳定，经济、文化得到了进一步恢复和发展，尤以藏传佛教的发展最为迅速。明王朝大力扶持藏传佛教寺院，如明太祖赐额乐都"三罗佛刹"为"瞿昙寺"，此后明朝各代对瞿昙寺有分封赏赐、扩建。公元1409年，青海湟中人宗喀巴大师在西藏主持修建了甘丹寺，并举办祈愿大法会，标志着格鲁派的创立。"随着格鲁派实力的逐步强大，全国修建了许多格鲁派寺院，如西藏甘丹寺、哲蚌寺、色拉寺、扎什伦布寺；青海塔尔寺、隆务寺、佑宁寺；甘肃拉卜楞寺、卓尼寺；四川格尔底寺、甘孜寺；云南中甸的葛丹松赞林寺；北京雍和宫等。格鲁派成为所有教派中信众最多、影响最大的一个派别，居藏传佛教之首。宗喀巴成为当时的藏传佛教首领"。[15] 1584年，三世达赖喇嘛索南嘉措应土默特部之请，去蒙古为俺答汗超度亡灵，途经今互助为众生讲经弘法，并授记建寺。1604年，佑宁寺破土动工，建成后，被誉为"诸湟北诸寺之母"，可见其建筑之精美与香火之盛。就经济方面而言，明清以来，为了维护政府对青藏高原的统治，采取怀柔政策，对青藏高原首领实行贡赐，对民间贸易采取诸多优惠政策，使得青藏高原经贸活动繁荣，当时的拉萨成为了连接青、甘、川、滇，以及印度、尼泊尔的中心；西宁卫则相当地繁庶："卫之辐辏殷繁，不但河西莫及，虽秦塞犹多让焉。自汉人、土人而外，有黑番、有回回、有西夷、有黄衣僧，而番回特众，岂非互市之故哉？城之中牝牡骊黄，伏枥常以万计，四方之至，四境之牧不与焉。羽毛齿革，珠玉布帛，著烟麦豆之属,负提辇载,交错于道路。出其东门,有不举袂成云,挥汗成雨乎?"[16]在青藏高原东北边缘,兴起的白塔尔(大通城关镇)、多巴、丹噶尔(湟源)等城镇也因商贸而兴盛,如多巴一地,清人冯一鹏在《塞外杂识》中说:"西宁之西五十里曰多坝,有大市焉。细而珍珠、玛瑙,粗而氇氇、藏香,中外商贾咸集。一种缠头回子者,万里而来,独富厚于诸国,又能精鉴宝物,年年交易,以千百万计。"[17]当时在多巴聚集着四面八方的各族商人,新疆的马、牛、羊、皮张、羚羊角、香牛皮、玉石、毛织品、葡萄、丝绸、茶叶、布匹、瓷器、铁器、粮食、手工业品无所不有,商业相当繁荣。丹噶尔兴起后,又取代了多巴的商贸大镇地位,有着"环海商都""小北京"的美誉。就文化而言,此一时期,刻印了具有百科全书性质的藏文大藏经,有永乐版藏文《大藏经》和万历版藏文《大藏经》、理塘版《甘珠尔》以及手抄本藏文《大藏经》,其中的金汁《甘珠尔》一直保存到了今天。这些刻印的藏文大藏经,不仅具有社会价值、文化价值和科学价值,而且也具有目录版本学价值。由于明朝廷对藏族僧人的礼遇和对藏传佛教文化的支持,藏传佛教文化在内地得到有力传播,许多藏文典籍被翻译成汉文,其中有藏文大藏经的翻译,也有蒙文大藏经的翻译,并在内地传播。而在史学方面,萨迦派僧人索南坚赞的《西藏王统记》、达仓宗巴·班觉桑布的《汉藏史集》、班钦索南扎巴的《新红史》、噶玛噶举僧人巴卧·祖拉陈瓦的《贤者喜宴》、萨迦达钦·阿美夏的《萨迦世系史》、五世达赖喇嘛的《西藏王臣记》均是此一时期的史学名著。又因宗教改革与教派之争而在僧侣阶层出现了为高僧大德树碑立传的风气,因之诞生了像《米拉日巴传》《玛尔巴译师传》《日琼巴传》《布顿大师传》等史传文学,尤其宗喀巴大师的《诗文散集》和传唱在藏族地区的英雄史诗《格萨尔王传》,代表了此一时期藏文化的辉煌成就。藏戏、寺庙建筑艺术、雕塑、绘画艺术、音乐舞蹈均有了长足的发展。明朝汉、藏高层之间交往的密切,作为赏赐之一的瓷器也进入西藏。《汉藏史集》一书中云:

此后，又有两只由朝廷颁赐的碗，被称为格尔，由化身的大明皇帝献给得银协巴和众生依怙大乘法王。这两只碗中大的一只是献给大乘法王的，此碗为青花碗，上面有白昼吉祥（夜晚吉祥）等文字，绘有六种图案及吉祥八宝等，由于有这些珍贵的图案更显得贵重。这两只碗的形式在现在十分盛行。[18]

这些汉廷风格的瓷制品流入西藏，不仅丰富了西藏瓷器品类，也促进了西藏瓷器业的发展。明代藏传佛教萨迦派、噶举派、格鲁派，不仅与明王朝关系更为密切，而且在明王朝的支持下有了很大的发展。各民族文化艺术方面的交流与融合，更进了一步。在今青海民和地区，由于宗喀巴的弟子释迦也失在第二次进京回藏时，圆寂于弘化寺，明王朝特此在此建寺。《安多政教史》有一段记述说："依止的佛经、佛塔、佛像等圣物，有大慈法王的灵塔、皇帝塑建的身像、金汁书写的《甘珠尔》大藏经、金银相间书写的《甘珠尔》大藏经、朱印本《丹珠尔》大藏经、大慈法王的本尊像、檀香木的双身胜乐金刚像、胜乐画像、尊胜塔、大慈法王的帽子为首的全套袈裟、罗钿嵌镶的床、长柄杯子、珍奇的金火炉、全套鞍具辔头等。"由此我们可以看出，明清时藏传佛教及其文化传播的盛况可谓空前。

此一时期，由于汉族大规模的迁徙，到明代中叶青藏高原东北部汉族占少数民族的大多数，"清代实行'移民就宽乡'的政策，而使汉族人口比例大大超出了其他民族，汉族精于农业，拙于经商，耕读传家是其传统……"使得边陲文化与中原文化的交流重新活跃起来，掀起了自汉末以来的第二次汉文化高潮。这样一来，"汉族所代表的农耕文化，包括制度文化、儒学教育及民间俗文化，在河湟大地再次扎根发芽，枝繁叶茂"[19]。与此同时，以藏传佛教为代表的藏族文化，以伊斯兰门宦为代表的回族、撒拉族文化，以及蒙古族、土族文化等，都在青藏高原这片土地上继续发展着。

清朝废除了卫所制度，设理藩院（清末改理藩部），与六部同等，处理少数民族事务。清初在青藏高原废止明朝朵甘和乌思藏都指挥使司以及俄力思军民元帅府建制，停止对诸王的分封，任命各地厄鲁特诸部蒙古汗王及土司、土官等管理地方事务。公元1642年，格鲁派在和硕特蒙古军队的支持下，建立起甘丹颇章地方政权。两年后，满族入主中原，建立大清帝国。公元1578年，三世达赖喇嘛索南嘉措在青海湖畔的仰华寺与蒙古土默特部俺答汗会面，互赠封号。俺答汗赠索南嘉措以"圣识一切瓦齐尔达喇达赖喇嘛"，这就是达赖喇嘛活佛系统称谓的由来。公元1653年，清顺治皇帝又授予第五世达赖喇嘛为"西天大善自在佛所领天下释教普通瓦赤喇怛达赖喇嘛"。从此达赖喇嘛活佛系统的称号和制度确定了下来。班禅额尔德尼是藏传佛教格鲁派的两大活佛系统的又一尊号。1645年，蒙古和硕特部固始汗向第四世班禅·罗桑确吉坚赞赠以"班禅博克多"尊号，从此，活佛系统的称谓统一确定为班禅。1652年，五世达赖洛桑加措进京觐见，顺治帝赐金册、金印；1694年康熙帝册封第巴桑结嘉措为"掌瓦赤喇怛喇达赖喇嘛教弘宣法王"；1731年，康熙帝封第五世班禅·罗桑益西为"班禅额尔德尼"。清代将明代原乌思藏、朵甘二都指挥司辖地划分为卫（前藏，在中部拉萨一带）、藏（后藏，在西部日喀则一带）、喀木（即康区，今昌都一带）四部，总称西藏。1727年（清雍正五年），清朝正式在西藏设置驻藏大臣正副二人，任期三年，从此，由驻藏大臣会同达赖、班禅总办西藏地方事务。清朝在青海地区亦设置办事大臣，以统辖蒙古五部二十九旗和青南玉树地区、果洛地区及环湖地区的藏族部落。乾隆十六年（1751年），乾隆帝授权七世达赖喇嘛掌管西藏政教。清代杨应琚纂修的《西宁府新志》卷三在论及青海的行政建制时说：

西宁表里山河，为得形势。而历代得失，每在五郡之先，其故何哉？盖兹郡一线东通，三面外暴，如以孤绠悬弹丸，掷之羌戎掌中。而又设有市口，诸货辐辏，不特五方杂厝，有不远数万里而至者。城中牝牡骊黄，冬日伏枥，常以数千计。乃堂皇篱落，自为中外。吁，危矣！……昔宋王韶谓欲取西夏，必当先复河湟。明海夷火落赤云："留一部于海西，以为牵制，潜渡精兵，直捣洮河，破其临巩，则五郡皆囊中物。"由此观之，西宁为重于河东西可知矣。[20]

正因为此，到了清初，又改西宁卫为西宁府，在青海东部设西宁、碾伯两县和丹噶尔、贵德、循化、巴燕戎格四厅。在牧业区由设于西宁的"钦差大臣办理青海蒙古番子事务大臣"（简称西宁办事大臣）管理，划蒙古族为29旗，对藏族居住区设置千、百户，进行有效的管理。

由上述可见，清朝虽是满族建立的政权，然其在维护祖国统一、推进各民族交往、融合方面，采取了许多有效政策，如扶持藏传佛教；实行驻藏大臣、达赖、班禅"三位一体"的统治制度；确立"政教合一"体制；分封土司；在青海增加驻军等，它标志着藏族同汉族人民的关系发展到了一个新的高度，真是"汉番历来一家"[21]。清代，在青藏高原东北边缘的蒙古族、回族、藏族、汉族等民族的经济交往繁荣。《秦边纪略》卷一记载说："（白塔尔）山环地衍，其土沃润，其道西夷杂居。厥革：貂鼠、白狼、艾叶豹、猞猁狲、元狐、沙狐、牛皮、鹿、麋、羊羔。厥货：镔铁、金刚钻、球琳、琅玕、琐幅、五花毯、撒黑刺、阿魏、哈刺、苦术、绿葡萄、琐琐葡萄。厥牧：马、骆驼、犏牛、牦牛、挑羊、羱羊。厥居：土屋、平房、木几塌。厥人：则汉、回错杂，各位村落。弓矢佩刀，未尝离身。厥贡：则输之于夷，夷亦苴以宰僧，董麦、粟、力役之征，如民牧焉。四方之夷，往来如织。以旧市于北川，今近于多巴，惟白塔尔为道主也。"[22] 由《秦边纪略》卷一的记述可知，青海白塔尔市场货物琳琅满目，应有尽有，各民族人民往来交织，市场一派欣欣向荣的景象。此既是各民族人民经济往来的画卷，也是各民族在经济交往的基础上和衷共济的象征。这种各民族经济的交往、民族关系和睦的画面还很多。而清代、民国时,还有大量的汉族迁入藏彝走廊,与当地藏族发生交融,交融的途径是通婚。《西康之种族》曾有如下描述:"官商兵卒,在西康各地,安家落业,娶夷为妻者,尤指不胜计,近今三十年,西康之歧种人,已遍布于城市村镇各地,真正夷族,则须深山内地,始能寻觅矣。"[23] 足见汉藏通婚之广泛程度。就宗教信仰而言,青藏高原的宗教有藏传佛教、苯教、道教、伊斯兰教,以及天主教等,门巴、珞巴族仍然信仰原始宗教,由此可见,青藏高原保持着多种宗教信仰并存的格局。在清代,宗教的突出特点之一就是西藏地方正式确立了"政教合一"的封建制度以及藏传佛教格鲁派得到空前的发展,据《西藏志》《黄琉璃》等史料记载,"乾隆二年(1737年),达赖喇嘛辖区有寺庙3105座,僧侣356230人;班禅喇嘛所辖寺庙有327座,僧侣13670人。由此可见,格鲁派喇嘛数额是十分巨大的。"[24] 藏传佛教萨迦派、噶举派、宁玛派、觉囊派在清代也有了进一步的发展。宗教信仰深深融入到日常生活中,贝尔《西藏志》云:

> 每一西藏人,不问穷至如何程度,皆供奉佛像神像于其家中。藏民家庭中不论为绅士,为商人或仅为小店主与农民,皆有屹然独立之"神堂"。甚至最贫之农民,亦有此室间。室广八九平方呎,梁短,无须于中央另立一柱,以为撑持。家主之经典,置于此室中,于晨间讽诵之。一切西藏人,都略解通读,惟能援笔写字者则不多。室内有黏土像若干事,并有一木制香案,但香案经过数代相传,已黝黑矣……
>
> 墙上柱上,均悬有宗教图案,此类图像,或书于纸上,或绣于丝上,殆与日本之(挂物)相仿佛。家主如系殷富,往往有书箱一口,以藏经典。但不论有无书架或书箱,家中总须有若干经典,盖因"法"与"僧"与"佛"联合一气,成为佛教中最高物。即所谓"三宝"是也……[25]

由此可见,清代藏传佛教对人们的影响之大。清代,在青藏高原的藏传佛教寺院林立，这些寺院成为当地宗教、政治、经济的中心，也成为了文化教育的中心。"藏传佛教格鲁派的寺院教育以拉萨的甘丹寺、哲蚌寺、色拉寺，以及日喀则的扎什伦布寺、青海的塔尔寺、甘肃的拉卜楞寺六大寺院最为完备，其规模要比汉地寺院大，为涉藏地区最高的教育中心，各地数以千计的寺院就是各地的教育中心。"[26]清代在青藏高原不仅有私塾教育，且有官办教育。"家庭私塾设在官员、贵族、大商人和领主庄园里。"私塾学校主要设在城镇，有一些附设在寺院中。清代在西藏发展官办教育始于1906年驻藏大臣张荫棠提出的"广设汉文学堂"[27]；1907年，驻藏大臣联豫在拉萨设立藏文传习所和汉文传习所，培养藏汉人才。西藏地方官办教育有拉萨僧官学校、日喀则僧官学校、拉萨俗官学校等。"清代，随着佛教文化的进一步发展，以及雕版印刷技术的发展繁盛，西藏、四川、青海、甘肃等地较大的寺院中均设有印经院，大量印刷藏文《大藏经》等典籍。清代还将《大藏经》翻译为满文和蒙古文，并对不同版本、语言的《大藏经》进行了对勘。"[28]此一时期由于寺院和僧侣数目的增加，高僧大德辈出，藏传佛教界人才济济，出现了许多藏文写作的史学名著，如五世达赖喇嘛的《西藏王臣记》、松巴堪布·益西班觉的《如意宝树史》、贡嘎罗追的《萨迦世系史续编》、钦则旺布《卫藏道场胜迹志》以及工布查布翻译的藏文本《大唐西域记》；也有不少汉文著作问世，如傅恒等撰《平定准噶尔方略》，清方略馆编撰的《平定金川方略》《巴勒布方略》《廓尔格方略》，松筠的《西藏通志》《西藏图说》，萧腾麟的《西藏见闻录》，姚莹的《康輶纪行》，张其勤《西藏宗教源流考》，杨应琚的《西宁府新志》，邓承伟、来维礼等的《西宁府续志》，李天祥的《碾伯所志》，张庭武修、杨景昇的《（宣统）丹噶尔厅志》，苏铣的《（顺治）西镇志》（亦名《西宁志》）……这些史学著作，记载了清代及清代以前青藏高原政治、宗教、文化的方方面面，为研究青藏高原地区历史提供了丰富而有价值的史料。明清时期，西藏地方与内地的文化交流更为密切。不仅中原地区的思想学术、医学、天文历算、绘画、建筑等传入青藏高原地区,而且藏传佛教文化有了更为广泛的传播。例如,"满族皇室的崇信藏传佛教则使北京的香山、圆明园、颐和园乃至皇宫中都有藏传佛教的寺庙和佛像、佛塔等"[29]。

要之,明清时期,由于统治者采取了因俗施政、发展经济等措施,青藏高原民族文化空前繁荣,宗教文化空前普及,儒学教育规模宏大,可谓超迈前古;而寺院教育与经堂教育,更成为青藏高原文化教育中的最有特色和最重要的组成部分。此一时期,出现了汉藏建筑风格的塔尔寺及其艺术三绝——酥油花、绘画、堆绣,产生了兼有汉、藏、回风格的伊斯兰建筑——西宁东关清真大寺;具有民族文化特色的"花儿""拉伊""安昭舞"、热贡艺术和藏族长篇史诗《格萨尔》,将古老的青藏高原文化推向了高峰。

参考文献:

[1] 王志强,俞丽娟.青藏历史移民与民族文化的变迁[M].上海:上海大学出版社,2016:191.

[2] 恰白·次旦平措,诺章,吴坚,平措次仁编著.西藏简明通史[M].陈庆英,等,译.北京:五洲传播出版社,2012:107.

[3][8][11][13] 陈庆英,张云,熊文斌.西藏通史(元代卷).[M].北京:2016:40;59-60;517;37.

[4] 阿旺贡嘎索南.萨迦世系史(藏文)[M].北京:民族出版社,1986:160.

[5] 陈庆英译,萨迦·达钦阿美夏·萨迦世系史·八思巴生平[J]西藏研究,1986(1).

[6][7][明]宋濂.元史·释老传[M].北京:中华书局,2000:3021-3032;3032.

[9] 陈庆英.蒙藏的早期交往及西夏在蒙藏关系中的地位和作用[J].青海社会科学,1992(2).

[10] 赤烈曲扎. 西藏风土志 [M]. 拉萨：西藏人民出版社, 1982.

[12] 陈庆英. 蒙藏的早期交往及西夏在蒙藏关系中的地位和作用 [J]. 青海社会科学, 1992（2）.

[14][16][22][清] 梁份. 秦边纪略 [M]. 西宁：青海人民出版社, 1987:55; 63-64;78.

[15] 青海省博物馆, 青海省民俗博物馆. 河湟珍藏·藏传佛教文物卷 [M]. 北京：文物出版社, 2012:10.

[17] 喇秉德. 青海回族史 [M]. 北京：民族出版社. 2009:167.

[18] 达仓宗巴. 班觉桑布. 汉藏史集 [M]. 西藏：西藏人民出版社, 1999:152.

[19] 芈一之. 青海民族文化史概谈 [J]. 青海民族学院学报, 2001（1）.

[20][清] 杨应琚. 西宁府新志 [M]. 西宁：青海人民出版社, 1983.

[21] 李延恺. 从政治经济交往看汉藏关系 [J]. 青海民族学院学报, 1985（2）.

[23] 佚名. 西康种族 [J]. 四川月报, 1936（4）.

[24][26][27][28] 喜饶尼玛, 王维强主编. 西藏通史 [M]. 北京：中国藏学出版社, 2016:1057;1154-1156;1154-1159;1137.

[25] 查尔斯·贝尔著. 西藏志 [M]. 董之学, 傅勤家, 译. 北京：商务印书馆, 1936:86-88.

[29] 陈庆英. 简论青藏高原文化 [J]. 青海社会科学, 1998（4）.

原文载于《青海师范大学学报（社会科学版）》

2022年第1期

中编

青藏高原历史与民族文化

八世班禅丹贝旺秋年谱

陈庆英[①] 陈立华[②]

木兔年（咸丰五年，1855年，一岁）

（《藏汉大辞典》的大事年表称八世班禅生于木虎年，即1854年；王森先生《西藏佛教发展史略》的班禅额尔德尼世系表也作1854年；牙含章《班禅额尔德尼传》作1855年）

八月初八日黎明时分，八世班禅丹贝旺秋在托卜加（今西藏自治区日喀则市南木林县土布加乡）地方的竹仓村竹氏家族中出生，其父亲名丹增旺嘉，母亲扎西拉姆出身于谢通门县的达尔顶（当在今日喀则市谢通门县）的苯教第一大世系喇嘛辛氏家族。该家族本来属于藏族古老姓氏穆氏，原在定结县哲仓地方，11世纪初该家族的辛钦鲁噶从哲仓搬迁到达尔顶定居。辛钦鲁噶是苯教著名的掘藏师，发掘了大量的苯教经典而且向他人传授，使达尔顶成为苯教的一个中心，该家族也被称为辛氏家族。男孩诞生后家里给他起名为南杰旺堆坚赞。

西藏的苯教徒把竹氏奉为苯教第二大世系喇嘛，据说其祖先由天界

---

① 陈庆英（1941—2022），男，汉族，广东台山人，中国藏学研究中心研究员。研究方向：藏学。
② 陈立华，1978出生，女，汉族，广东台山人，宗教学博士，西藏民族大学副教授。研究方向：藏学。

下凡，一支先在竹夏（唐代文献中称为勃律）地方居住，后来迁移到阿里和后藏地区。在后藏托卜加地区竹氏家族的竹夏·杰尊在12世纪末创建了叶如温萨卡寺，成为一个苯教活动中心。叶如温萨卡寺既是苯教寺庙，又是竹氏家族的主要府邸。17世纪下半叶，五世达赖喇嘛主持认定竹氏家族出生的洛桑益西为五世班禅，格鲁派的影响强势进入，不久叶如温萨卡寺又被洪水冲毁，一位来自嘉绒的德高望重的苯教高僧喜饶坚赞在附近建了曼日寺，代替叶如温萨卡寺的地位，从此竹氏家族的影响逐渐衰落。后来曼日寺改为格鲁派寺院，当地的苯教中心转移到热拉雍仲林寺。

在丹贝旺秋出生的前后，当地的僧人和他的父母即宣称出现了很多奇异的征兆，表示竹仓的这个婴儿是一位高僧大德的转世，有的人还直接认为他可能是七世班禅的转世灵童。而他出生时距七世班禅水牛年（1853年）一月十四日圆寂已经过了两年半，扎什伦布寺寻访转世灵童正在加紧进行。在普遍查访的基础上，主持其事的扎什伦布寺大强佐英萨诺门罕南杰群培派孜恰堪布·噶钦群则从八月三日出发，到前后藏南北各地重点查访。尽管这时丹贝旺秋刚刚出生，但是他立即引起了寻访者的关注。九月十八日孜恰堪布回到扎什伦布寺复命，向英萨诺门罕汇报了考察情形。此后又派卓尼尔·金巴啦到达赖喇嘛那里请求刚亲政不久的十一世达赖喇嘛进行占卜考察。当时得到的一些护法神的授记似乎也指向竹仓家的新生儿。当年十月初三，英萨诺门罕一行又化装去托卜加考察了几个儿童，让幼儿辨认前世的物品，结果认为竹仓家的婴儿最有可能。在十二月十三日又得到十一世达赖喇嘛的回复，称竹仓家的南杰旺堆坚赞、察古尔夏巴之子群培觉恰最有可能，此外还有托卜加地方日浦巴之子也有灵异，指出还需要进行金瓶掣签来决定。而这时距十一世达赖喇嘛木兔年十二月二十四日圆寂只有十一天。

火龙年（咸丰六年，1856年，二岁）

上半年，依据以上的寻访、授记和达赖喇嘛的答复，英萨诺门罕等扎什伦布寺执事确定竹仓巴之子及察古尔夏巴之子有可能是七世班禅的转世，因此将二子之父母、出生时日、生时异兆等缮写成文，派孜恰堪布和大索本堪布贝丹喜饶一起前往拉萨，呈交驻藏大臣，请求向皇帝奏报，"如需入金瓶掣签认定，则是除上述两名有奇异征兆的幼儿以外，其他的幼儿没有明显的奇异征兆，故请以此两名幼儿的名签入于金瓶掣定。请大皇帝降旨准予掣签"。闰六月二十七日，驻藏大臣赫特贺、满庆等朝向京城以三跪九叩礼节拜发以上述呈文为基础而写成的奏折，藏历八月六日得到朝廷答复，"呼毕勒罕涅槃将及四载，今据赫特贺等奏称访得知觉异常灵妙二童，实属祥瑞，朕心快悦。著照所奏，即照定例将此二童之名入于金瓶内，啧经敬谨掣签，以定呼毕勒罕。俟掣定后由驿驰奏。"英萨诺门罕即写信请摄政和噶厦为两位灵童等（来拉萨）委派联络官员，发给名册和路引文书等，并且安排借用转世灵童在拉萨的住所和英萨诺门罕本人在拉萨时的住所，摄政热振活佛和噶厦即派贡塘巴·强巴曲坚为竹仓家灵童的联络官，贝伦色为英萨诺门罕的联络官，孜本噶雪巴为在拉萨的总联络官，还任命一名堪穷为住宿地联络官。为迎请竹仓之子和英萨诺门罕到拉萨分别给予路引一份，运送所需器物的路引两份，动用公私驮畜总计二百头。到达拉萨后竹仓一家住在功德林的德吉林卡。

（藏历九月）十四日，在摄政、两位驻藏大臣、英萨诺门罕、噶厦四位噶伦、总管堪布，以及地方政府大多数僧俗官员聚集时，把两位候选的灵童从他们的住所迎请到罗布林卡的格桑颇章进行看视考察。从十八日开始的七天中，在布达拉宫释颂南捷殿皇帝牌位前由经师甘丹赤巴和普布觉强巴活佛、夏孜曲杰、绛孜曲杰，三大寺在任的讲经师，扎什伦布寺的安钦（密宗扎仓的经师），南杰扎仓的两位金刚上师等人为首的南杰扎仓的僧人和在拉萨的八位扎什伦布寺护法殿的僧人为放了名签的金瓶诵经祈祷。二十四日，在拉萨大多数汉藏僧俗贵族官员集会上，赫特贺和满庆两位驻藏大臣在诵经的间歇进行金瓶掣签，南杰旺堆坚赞的名签顺着赫特贺大臣的指尖从金瓶中抽出，当时在场的人们发出了雷鸣一般的"拉嘉洛(神胜利了)"的喊声。随即由扎什伦布寺的名叫斯塔次仁的大卓尼尔穿着白色礼服骑着白马到灵童那里去报喜并敬献哈达,此后,英萨诺门罕和地方政府的公·夏扎哇、摄政等人相继来到灵童那里,英萨诺门罕敬献了曼扎和经像塔三依止、八吉祥物品、八枚金币、汉地绫罗、洁白的内库哈达等,在色拉、哲蚌、甘丹三大寺和扎什伦布寺等许多寺院布施斋僧茶饭、献大供养为灵童做了祈寿法事。二十六日迎请灵童到罗布林卡,先献上茶饭,然后在寝殿中由摄政热振呼图克图给灵童穿上法衣,为灵童剃去胎发,同时给灵童起法名为洛桑贝丹却吉扎巴丹贝旺秋贝桑布。金瓶掣签的结果奏报朝廷后,咸丰帝敕谕:"十一月二十三日驻藏大臣等亲往布达拉山会同呼征阿齐图呼图克图,色呼本诺门罕率僧俗人等唪经,由金瓶内掣出番民丹择旺结之子拉木结旺堆嘉木参之名签,拟定为呼毕勒罕。……实为祥瑞之事,朕心实深喜悦。著赏给该呼毕勒罕大哈达一幅、珊瑚数珠一串、玉如意一柄。"

九月二十九日上午,由马队开道,八世班禅及其随从等人从罗布林卡的格桑颇章动身返回后藏。摄政和四噶伦等在吉蔡鲁顶设灶送行。十月初七日到达仁布宗的噶丹强巴林寺,受到热烈欢迎。因为当时八世班禅刚满周岁不久,摄政热振活佛选定强钦寺为灵童被认定后驻锡的第一座寺院,在该寺的弥勒殿大屋顶上建了镀金的九层高的经幢,还给大经堂吉祥天女像赐给了长矛旗帜等。让八世班禅先在仁布宗宗堡下的强钦寺住一段时间,待稍稍长大,再选择吉日迎接到扎什伦布寺举行坐床典礼。十二日,英萨诺门罕及大部分随从人员动身前往扎什伦布寺。十三日,灵童一家和扎什伦布寺的安钦及其随从到达强钦寺(该寺原属萨迦派,五世达赖喇嘛时改宗格鲁派,寺内供奉着由萨迦·贡噶扎西建造的一尊高13米的铜底镀金的弥勒佛像,为后藏著名的三大弥勒像之一)居住。

摄政热振活佛打卦考察,卦象显示灵童的身体在年底会有一场很大的违碍,果然从十一月十八日起,八世班禅得了感冒,喉咙红肿,显得很危险。身边的人们写信请英萨诺门罕和拉曼巴东朗巴前来,英萨诺门罕因故不能前来，但是在扎什伦布寺安排了给灵童祈福的法事。强钦寺举行了全寺僧众或者每晚由八位、四位僧人在法座上和寝殿的下面举行除秽祈愿法事。护法殿的僧人举行三分食子供、驱魔、酬忏等法事，祈愿大师健康长寿。到二十八日时，大师的身体才康复。十二月十三日下午大师又出现身体不适，立即由安钦大咒师给他做大威德金刚和忿怒马头明王的教诫法事，到十四日大师身体康复。这个时期大师开始会说一些简单的单词，听得懂简单的问话。

火蛇年（咸丰七年，1857年，三岁）

一月，大师能够自己走两个窗户之间的距离，说话的能力也增强了，能够念出"喔啊吽"和"阿若巴扎"等语词。十三日，英萨诺门罕及其随从，驻藏大臣温大臣和两位法律官、军官等来到强钦寺会见灵童，举行排座宴会。十四日，向强钦寺的大弥勒像奉献千份五供，灵童在强钦寺巡礼。在向大弥勒像礼拜时，灵童一再双手合十，口中清楚念诵："弥勒，弥勒！"

正月十五日上午，灵童等人动身前往日喀则年楚河边七世班禅大师兴建的住所贡觉林寝官。途中受到僧俗信众的热烈迎送，大师会见了噶热、扎恩、巴索、曼日、热拉雍仲林等寺院的僧俗信众。十八日，扎什伦布寺在曲夏地方设灶郊迎，在数万人众的欢迎陪送中到达贡觉林寝官。十九日，四大扎仓的堪布和扎什伦布寺吉索陈列众多面食，表演噶尔歌舞，向大师呈献礼品。噶伦夏扎也奉献了大量礼品。之后数日扎什伦布寺各扎仓和高僧堪布以及日喀则的官员贵族等陆续向大师献礼祝贺。

二月十三日，当年轮值到后藏巡视的驻藏大臣满庆大臣和与他一起来的一位执法官，向灵童颁赐皇帝给大师的礼品内库哈达，十条贴有四颗数珠的珊瑚念珠，精美的羊脂玉如意一柄，给大师的主要承事者的礼品为内库哈达和玉如意。扎什伦布寺按惯例，举旗吹号，排列僧队，远迎近接，大师高兴地接受了赏赐，当时大师面朝东方，行九叩首礼谢恩，向两位官员为首的汉官们赠送了礼品。

四月二十二日，乃却管事带来皇帝赐给英萨诺门罕的"日桑塔尔钦诺门罕"印章，受到马队设灶郊迎。当他来到寝殿向大师致礼时，大师从坐垫上起立欢迎。英萨诺门罕向大师献了印章荐新的文书（即第一次使用印章的盖印文书）。拉达克的年贡使向灵童献一匹克什米尔的良种丁比加马。

六月五日，大师的姐姐贝丹旦增曲珍要回托卜加去过生日，在敬礼辞行时，大师送给她吉祥结、哈达，银子十五两，衣服，敬献给竹仓家的生命神的敬神哈达等。七月十三日，大师的姨妈要去巡视庄园，前来辞行时，灵童赐给她吉祥结、哈达，银章嘎十五两，茶包衣物等。

九月六日，大师得了感冒，有些不适，故放生一百多只羊，并做了祈福法事，不久以后身体痊愈。

十月七日，大师会见了当时后藏地区著名的学者欧曲哇·央金珠贝多吉贝桑布为首的几位弃世修行者，赠给他们吉祥结。

十二月十四日，译师仁钦奉命返回汉地，辞行时向大师献了一个很好的望远镜，灵童给他摩顶，赐给吉祥结，还赐给了上辈的擦擦佛像、袈裟、花押印、藏币等，令他很满意。

在当年中，噶厦和三大寺的代表，也在前藏找到了疑是十一世达赖喇嘛转世的三名幼童，向驻藏大臣满庆等人报告，请求转奏，得到咸丰帝敕谕："满庆奏请达赖喇嘛之呼毕勒罕灵异幼童三名一折。自达赖喇嘛涅槃已及二年，兹据满庆奏称，其颖悟异常显著灵异幼童三名，实属祥瑞之事，朕心悦慕。著照所请，即遵成例将此三幼童之名入瓶，敬谨掣定呼毕勒罕，由驿奏闻。"

土马年（咸丰八年，1858年，四岁）

正月十三日，在布达拉宫皇帝牌位前，由驻藏大臣满庆主持，举行了"金瓶掣签"仪式，掣定十二世达赖喇嘛赤列嘉措。十五日，英萨诺门罕南杰群培在举行尊胜天女千供祈愿大师健康长寿时，向大师献曼扎三依止，高两肘尺半的银质的有金铜背光的尊胜天女像，金丝缎袈裟以及八吉祥物、八吉祥徽、法螺、法轮、金银绸缎等大量物品，大师高兴地为他摩顶并赐给吉祥结。从这一天起，英萨诺门罕卸任扎什伦布寺摄政的职务。

二月七日，接替英萨诺门罕职务的却本堪布曼日哇·洛桑南杰向大师献哈达和怙主无量寿佛像，祈愿大师健康长寿。十三日，曼日哇给大师献了夏装袈裟，并和执事人等向大师献了哈达，大师还会见了不丹第悉派来的献礼人员和拉达克、康区、牧区的许多信众。三月二十二日举行时轮法会的中间庆典时，扎什伦布寺和附近地区有少量疹子传染，因此决定从四月二日起建立隔离来往的区域。

五月十四日，摄政曼日哇向灵童献了内库哈达、无量寿佛像，还有被称为"八仙"的汉地画的仙人的唐卡，次日，举行了却本堪布曼日哇·洛桑南杰被文殊大皇帝敕封扎萨克喇嘛的职位，以及担任班禅大师的强佐的庆典，曼日哇向大师呈献大皇帝通过敕书问候灵童安好的压函礼品内库哈达。

此时期拉萨政局发生动荡，摄政热振活佛和以夏扎·汪曲结布为首的噶伦发生矛盾，免去夏扎·汪曲结布的噶伦职务，命其回尼木的庄园居住。此事引起扎什伦布寺上层的不安。

土羊年（咸丰九年，1859年，五岁）

三月十五日，大执事英萨曼日哇因为修复拉堆绛昂仁大寺受损严重的佛像和殿堂的工程完工，祈愿将此工程的全部善业，回向到大师身体健康事业兴盛上。这一时期，大师出现了身体泛红略感不适的状况，英萨曼日哇亲自前来为灵童做祈愿健康长寿的法事，很快灵童就恢复了健康。五月十二日，摄政热振活佛专派一名孜仲前来，带来一封摄政祝愿大师身体健康事业兴盛的信件，并赠送金银、茶叶、绸缎、干果等，大师高兴地接受。

六月四日，是释迦牟尼转动四谛法轮的节日，由扎什伦布寺兑桑林扎仓堪布南杰随巴代表寺院向大师献了内库金色哈达、金铜制造的法轮、文殊菩萨像、金墨盒等。在灵童专注听取的情况下教授藏文字母，作为给师父的酬报，大师赐给他阿西哈达、一匹绸缎和粮食等。从六月四日开始到七日，大师开始学习念诵藏文字母并努力记忆在心中，能够毫无障碍地准确念诵第一个字母"嘎"到最后的字母"啊"，此后到二十五日时，无论写出什么字母给他看，大师都能够很熟练地念出来，而且在诵读时也和大德们诵读经文一样，声音洪亮，吐字清晰。

七月二十六日，平措林寺堪布噶钦斯塔多吉辞去职务，经筛选后三人有资格继任，由大师护持选定噶钦多仁继任。

本年中，太平天国经过天京事变的内讧后，石达开率部向江西湖南，洪秀全起用陈玉成、李秀成年轻将领，几次大败清军，战况胶着，胜负难定，另有英法联军在大沽口与清军激战，清朝统治遇到重大危险。这种形势的影响也波及到西藏。十二月二十三日，一位执事通过索本堪布向大师敬献告助礼品和内库哈达，说现今由广西的十余名坏人为首的一些凶徒使得天命大皇帝的臣民们遇到生计无着的大危险，因此请求灵童给以消灭匪徒、兴隆国政的护佑，扎什伦布寺拉章也请问如何做退敌的仪轨法事。大师回答说："皇帝会逐渐地取得胜利，办法是做度母法仪轨，压伏敌人，投掷金刚杵。"十二月的十七日，大师在尼沃大寝殿面朝东方登上坐垫时，执事官头戴新官帽，向大师传达说，大皇帝经军机大臣发布了谕旨，两位驻藏大臣前往嘉塘向英萨呼图克图传达谕旨，谕旨中还有一句，另赐班禅额尔德尼灵童哈达一条，着钦差驻藏大臣即行送往。执事官说明以上情由的同时，还讲了那些反叛大皇帝的人的情况，请大师护佑皇上。因此大师将皇上所赐的哈达挂在颈项上，按照惯例行九叩首礼，当天由护法殿的僧人们做了赞颂战神的法事，给僧人发放了布施。

铁猴年（咸丰十年，1860年，六岁）

三月九日，萨迦的达钦仁波切（萨迦法王）在从拉萨返回的途中前来会见。首先萨迦达钦向大师致礼并从头部开始赞颂吉祥，最后献了有三十七堆珠宝的曼扎，按照先前之例，达钦和大师行了碰头礼，相互在颈部挂了哈达。大师还会见了达钦的儿子、随从以及和他们一起的康区、蒙古和藏地的许多信众。当时，热河总理堪布川布巴去世，从三位继任候选人中由大师安排护持，命协巴·噶钦顿月继任。

十日，驻藏大臣满泰在巡视边地的途中前来会见致礼，大师在尼沃大寝殿会见了他们，互献哈达，大师问："驻藏大臣身体安好？"驻藏大臣十分高兴，敬献了呢绒、佛像等。陈列茶点、米饭等款待，大师对驻藏大臣说："请用！"驻藏大臣对大师说："保重身体！您几岁了？"大师毫无障碍地给予了回答，使大臣欢喜敬信，对随行的官员和灵童身边的索本堪布、森本堪布等人赞扬说："大怙主成长很快，身体洁净，语言清晰，动作举止各方面已如成人，令人惊奇。"同时对如何服侍大师的事务做了指示。在驻藏大臣离开时，大师亲手给大臣赠送了内库哈达、佛像、帽子等，并说："希望不久就相见。"四月一日，驻藏大臣满泰从定日巡边回来，特意换上新衣，穿戴整齐到灵童身边会见，和灵童互换哈达，灵童像前次一样非常高兴地和他轻松谈话，在离别时也互赠礼品。

五月六日，大师会见了卸任森本堪布桑吉和防盗官美务·宁甲等为摄政主仆来后藏做准备的僧俗人众。关于这位防盗官，按他人的说法，以前有包括他的两个兄弟在内的四十个人死于刀箭之下。有可能是因为灵童会见他们中了邪气，总之，当天黄昏时分灵童对索本堪布脱口说道："这一两天内好像不对啊。"随即气血上涌，突然出现昏迷的状态。于是请扎什伦布寺的上师活佛们来查看，按他们的意思放生一百只羊为灵童赎命，并念诵甘珠尔、丹珠尔经举行广大修法法事，并按灵童自己的话语服了很多药。从十日开始的几天中，由兑桑林扎仓卸任堪布丁杰活佛为灵童做了除秽洗礼，在宗喀巴大师、大威德金刚、马头明王像前做了多次禳解病魔的法事。英萨呼图克图也做了为灵童祈寿的法事。大师的父亲和叔父、拉曼巴·东朗等人随时为灵童诊治，及时进药，由于以上各种因素的力量的会聚，二十一日以后，大师康复。

六月十三日，因为十二世达赖喇嘛将在七月初三日坐床，派却本堪布吉仲尼玛曲扎、卓尼尔南喀平措二人前往拉萨献礼，在他们向大师辞行时，大师吩咐他们代向达赖喇嘛、驻藏大臣、摄政金刚持问安。

八月十六日，大师的父亲要去从擦绒温泉洗浴，前来会见，并从各方面对大师给予教诲。次日，却本堪布和卓尼尔等人从拉萨返回，大师在用茶时对他们慰劳，他们转达了达赖喇嘛、摄政、驻藏大臣等人对大师的问候，并呈递他们的礼品。大师之前没有看到和听说是什么礼品，却脱口问道："这次你给我送的是一只钟表和一把小刀吧！"而这次却本堪布附带呈献的礼品果然是一座钟表和一把可以折叠的小刀。

九月十日吉日，为大师举行了剃发穿袈裟的仪式，寝宫屋顶上旗幡飞扬，法螺吹响，各个佛殿也举行了奉献五种千供的法事。二十一日，摄政热振活佛到达扎什伦布寺。二十六日，奉命照看大师坐床的钦差驻藏大臣恩庆到达，前来看望和问候，大师也对恩庆大臣致以问候。二十九日，恩庆大臣前来会见，和大师互换哈达，互相问候。谈话中恩庆大臣说了"此次奉钦命照看怙主班禅大师坐床，实是一善缘"等许多话语，大师都一一给予合适的回答，使在场的汉藏人士都感到惊奇，生起敬信。

十月初一日，在寝宫边的草地上搭建帐房，中间是蒙古包和会客的帐房，周围是用黄布精心布置的围墙等，画有九宫八卦、四面护法、法王、防痘疹神等。由高僧、官员、扎萨克及有职司的侍从随行，前有唢呐、笛子等奏乐引导，大师前往寝帐。当大师的莲脚踏上帐前地上画的吉祥图案时，摄政金刚持也前来，他们在会客的帐房中会见时，摄政向大师献了哈达，随行的侍从向大师和摄政师徒献了哈达。随后在此进餐时，驻藏大臣也前来，大师向驻藏大臣致以问候。在驻藏大臣返回以后，当晚摄政和大师就住在一起。

十月二日，当太阳在山顶升起之时，灵童和两千汉藏僧俗骑行者一起离开贡觉林寝宫，大师乘坐大皇帝所赐的黄轿前行，按照旧规，班禅大师出行要有大皇帝恩准的四十名举旗开道的骑士，他们和抬轿的轿夫都戴有孔雀翎的帽子。经过杰松曼达的边上和扎西噶蔡园林前往扎什伦布寺的大门时，道路两边有不同民族装束各异的人群载歌载舞，还有寺院的僧众，吹奏法螺笛子，敲锣打鼓，乐声喧天，举着伞盖、经幢、飞幡，排列成延绵不绝的僧队，在他们的后面是想要一睹灵童风采的民众，挤满了大地。在大师的黄轿和伞盖之间是骑在马上的摄政热振活佛，轿子左右是英萨诺门罕、噶伦、卸任英萨诺门罕、热振扎萨克等簇拥前行。在他们的外面是日喀则的汉军，兵士们手持武器排成两列步行，军官们骑马前行。如本以下的藏军军人在吉鲁的佛像的左右跪下，手捧熏香迎接。此外，拉德和米德的百姓也都举着旗帜、吹奏螺号，以各种吉祥的方式来迎请灵童。

大师进入扎什伦布寺以后，乘轿从大佛堂贤劫威光殿的后面到普明殊胜宫，然后步行到坚赞团布寝宫，从右绕行一周后进入大门，到依噶群增寝殿，登上那里的高大法座。此时，以阿巴扎仓的堪布安钦金刚持德庆洛桑楚臣为首的护法殿的僧人们，口念偈颂，手持吉祥八宝和国政七宝献给灵童，赞颂吉祥。接着由摄政热振阿齐图呼图克图向大师献哈达，然后由英萨诺门罕、安钦金刚持、索本堪布、森本堪布、拉章、贵族等献了哈达。然后到历辈班禅大师长期加持过的噶丹颇章寝殿，大师在那里五体投地礼拜三次，献敬神哈达。其后大师经小门来到日光旋绕寝殿，灵童面向东方，在坐垫上下跪，由满文仲译、藏文仲译、拉章仲译朗声宣读大皇帝钦命驻藏大臣恩庆、色呼本诺门罕照看班禅大师坐床事务的诏书，颁赐白银一万两、羊脂玉器、呢绒等大量物品，班禅大师恭敬领受，行三叩九拜礼后，班禅大师升上法座，陈列油炸面点庆贺时，班禅大师向摄政金刚持和恩庆驻藏大臣问候，其后汉藏官员、高僧等向班禅大师献哈达和礼品。大师坐床典礼至此完成。在当天傍晚，由摄政热振活佛在扎什伦布寺的内殿的主尊释迦牟尼佛像前给班禅大师授了出家戒和沙弥戒，大师向殿内的释迦牟尼像行五体投地的大礼，恭敬地奉献用一百二十五两黄金新建造的装满酥油的供灯和敬神哈达，此外还巡礼强巴殿、度母殿洛桑修行窟等处，奉献供品和敬神哈达，并在各处长时间默默祈愿。当天还特别允准萨迦达钦法王扎西仁钦来大师身边致礼问候，大师高兴地赠给他会见哈达，萨迦达钦法王奉献了大量的礼品。初三日，拉德米德百姓举行盛大的庆贺喜宴，迎请福田施主师徒参加，班禅大师就坐后，向恩庆驻藏大臣行礼，由安钦堪布献曼扎祝愿，引导拉德米德百姓向班禅大师奉献大量礼品，班禅大师给献礼的汉藏众人摩顶祝福。八日，在格桑回廊殿的院子里，由班禅拉章举办盛大的喜宴，在宴会上雍增金刚持做了广大的祈愿，并敬献不少的礼品。在那里班禅大师给许多汉藏人士摩顶祝福，尤其是和驻藏大臣恩庆广泛交谈，毫不羞怯，使得大臣十分敬信。十一日，功德林、丹吉林、南杰扎仓、温嘉色、扎西迥等处的人士和满文仲译等大小汉官，尤其是钦差驻藏大臣恩庆向班禅大师辞行。二十四日热振活佛等动身回拉萨前，扎什伦布寺为向达赖喇嘛致以问候，献无量寿佛像和羊脂玉雕刻的骑鹿的寿星像一尊。为请达赖喇嘛护佑，班禅大师个人献内库哈达、无量寿佛像、前世所用的杂有黄金、蓝宝石、红宝石数珠的念珠、优质玛瑙鼻烟壶、带箱子的台钟等。

十月二十五日，寺院按惯例向班禅大师献了冬装和哈达。按照旧例在燃灯节这天要向大护法神像献冬装、狐皮帽，班禅大师向大护法神祝祷并献敬神哈达，给年已八十岁的扎什伦布寺的荒野静修僧噶钦泊波啦等严守戒律的高僧赐给银两不等，会见许多僧俗信众，并赐给吉祥结。

十一月十日，喀尔喀赛音诺颜部丹木曲亲王和王妃、王子等作为皈依的礼品向班禅大师献了黑石雕刻的布达拉圣地，奇特的煨桑盆，羊脂玉雕刻的大象、狮子等，两个奇特的水晶瓶、栽绒毯等，请求为他占卜护佑，班禅大师给了他回答，令其满意。十九日，为班禅大师坐床顺利完成而进京奏报的巴雅尔堪布前来辞行，请求给以上路后平安返回的缘起，在用茶时班禅大师对他问候。

十二月八日，按惯例应该由班禅大师向大格贵做有关"甲译"（寺院管理的制度章程）的指示，因为是第一次，所以由雍增仁波切向大护法神献酒献供，并嘱托事业。午饭后当班禅大师到依噶群增寝殿升上宝座穿衣戴冠后，向大经堂的大格贵、阿巴扎仓的教规师、香厨师作了有关的广泛指示。当天又是扎什伦布寺创建者一世达赖喇嘛根敦朱巴的期供日，扎什伦布寺要做酥油灯供，寺院吉萨（吉所，管理寺院庶务的公所）请求班禅大师做酥油灯供的护佑，班禅大师接受请求，在其护佑下酥油灯供进行顺利，出现了吉祥征兆。十一日巴雅尔堪布动身去北京，班禅大师接见了他，并赐给吉祥结、哈达，装在匣子里的奏书和佛像。

本年八月，英法联军在天津再次挑起战争，攻陷大沽口、天津，九月攻占通州，清军在八里桥大败，九月二十二日咸丰帝逃往热河，十月十三日攻入北京，烧毁圆明园等皇家园林，英法侵略者以焚毁皇宫作为威胁，迫使清政府签订了中英、中法、中俄《北京条约》，作为《天津条约》的补充，续增的条款包括：开天津为商埠；割九龙司地方给英国；将已充公的天主教教堂财产发还，法国传教士可以在各省任意租买田地，建造教堂；对英、法两国赔款各增至800万两白银。

铁鸡年（咸丰十一年，1861年，七岁）

正月初四，班禅大师参加扎什伦布寺更换各个大旗杆的仪式（指放倒旗杆，更换旗杆上包裹的牛皮和悬挂的经幡等，再将旗杆树立起来的活动）。十日，选派扎什伦布寺的一些善知识赴曼日哇·洛桑南杰负责修复的昂仁寺，分别担任阿阇梨、传戒师、翁则等职务，新剃度一百四十八名幼僧，平时每日三次供茶，每月给每个僧人三克粮食，对大强巴像为主的各个佛像建立供奉的资金来源。茶叶等由班禅拉章提供，其余的由二十一个庄园提供，这样保证寺院的基本所需不会断绝。

二月十九日，班禅大师会见了卸任噶伦夏扎派来为班禅大师坐床献礼的人员以及随后到达的许多僧俗人员，还有不丹来向班禅大师坐床献礼的使者和交送茶叶大米的人员贝如巴·格隆格达尔等人。

四月，"在这个时期，有被称为天主教和英吉利国的两个'披愣'对天命大皇帝的国政产生大的危害，因此大皇帝经礼部衙门颁发命驻藏大臣速送班禅额尔德尼的诏书以及内库洁白哈达一条。初七日，英萨诺门罕将此呈交，班禅大师恭敬接受，将此哈达献给威猛大护法神像，并做长时间祈愿。"大师对雍增和大执事说："皇帝身体困顿，看来事情不好。"他们说："怎样做能够护佑皇帝健康长寿呢？"大师说："让所有僧人都念诵般若波罗蜜多心经和法王经，做怙主的大施食，将魔俑抛到施食的深洞中去。"于是立即由英萨大执事负责，在本寺修学显密的僧人集会时，以及做念修怙主的法会时，以及各方的大一些的山间修行地，在连续一个月中按照大师吩咐去做。二十日，普布觉活佛洛桑楚臣强巴嘉措贝桑布到来，班禅大师向他问候。二十五日，普布觉活佛在尼沃大寝殿向大师祈愿献礼，然后在依噶群增寝殿像家人一样举行宴会。

五月五日开始的三天中，班禅大师从普布觉活佛那里听受了菩提道次第简本的诵传，和书首礼赞、戒律部分、菩提心部分、正见部分的要点的讲解，菩提道灯论的简说。班禅大师出于对普布觉活佛的信仰和尊敬，特别在听法的一座法开始时行五体投地的大礼，并在开始和结束时向上师献曼扎三依止等物品，在听法的期间给上师提供很好的饮食。廓尔喀国王特派康松旺堆等使者给班禅大师送来一匹白色的丁比加马（克什米尔出产的一种马），康松旺堆自己也献一匹青色的丁比加马，班禅大师高兴地查看了一遍。因为办理西藏地方以达赖喇嘛班禅大师为首的汉藏人等为大皇帝捐助军饷事务而受驻藏大臣派遣来的孜仲准巴色、姜洛建色，以及噶厦派来的运送祝贺班禅大师坐床的礼品的布达拉宫的索本堪布和寝殿索本啦前后到达，向大师敬礼问安。

六月四日，大师给洛巴活佛剪发并起名为洛桑丹增旺杰，此人后来成为《八世班禅传》的作者。二十二日，来办理贡献军饷的事务的汉藏官员等向大师辞行。

因为1858年《天津条约》规定外国传教士可以到各省传教考察，一批法国传教士闯入到芒康一带，受到当地官员和拉萨当局的反对，扎什伦布寺的僧众也对此不安和反对。九月里，扎什伦布寺的嘎仁巴、格西一起迎请班禅大师，在用茶饭时格西们献曼扎等礼品，祈愿班禅大师身体健康事业广大，特别是当今叫做英吉利国和天主教的，纠集军队进犯，危害大皇帝的国政，在藏地等处推行邪教，恶名昭著，因此祈愿将他们彻底消除，使佛法特别是格鲁派的善法兴盛长存，班禅大师接受了他们的祈愿给他们摩顶并赐给吉祥结。并在这时念诵穆则玛、阿罗汉名号经，祈愿格鲁教法兴盛。同时为了阻退敌军，在密宗扎仓的僧众集会上做了抛掷伏魔铁堡食子（在修诵威猛法事时所造的形如阎罗铁堡的有九个角或者十六个角的食子）的法事。二十五日，听到咸丰皇帝龙驭宾天的消息，班禅大师显得悲伤，向寝室里的兄妹护法献哈达并祝祷。二十八日，在扎什伦布寺各个佛堂陈列供品，班禅大师巡礼各殿堂，在各主要的佛像前祈祷并献敬神哈达，向洛逋天女供酒并嘱托事业，特别在后殿的释迦牟尼大佛像前多次礼拜，奉献供品并祝祷。

十二月八日，噶厦专派堪穷洛桑旺秋一行前来扎什伦布寺为咸丰皇帝做超荐法事，班禅大师会见了他们。十六日，又收到驻藏大臣的文书称，皇帝盖印的诏书中说，呈递丹书克应派四品官衔的僧官，对索本堪布和摄政金刚持，未经奏请，皇帝就特别加封名号赐给呼图克图印章，按照旧规需派人献礼谢恩，因此特派卓尼尔曼日哇前去拉萨。

水狗年（同治元年，1862年，八岁）

五月十一日，由索本堪布迎请皇帝赐给英萨诺门罕名号的诏书和扎萨克喇嘛的印鉴，额外赐给班禅大师的八宝龙眼念珠、菩提子念珠、荷包三个等，来到大经堂，各人恭敬领受赏赐，并礼拜谢大皇帝之恩。随后班禅大师升上法座，给汉藏人员赐给礼品，给从拉萨来的索本堪布和卓尼尔主仆给以赏赐。

六月二十日，鄂尔多斯的迎接新任和送行卸任喇嘛的使者台吉南杰多吉主仆，以及不丹喇嘛扎玛堪布、杂悉佐巴等僧俗人众和到尼泊尔办事后返回的人员前来致礼，在用茶时班禅大师对他们问候。

七月三日，这一时期由于雨水稀少，日喀则的官员高僧等一致请求班禅大师护佑降雨，班禅大师答应了他们的请求，立即向大护法神献浴并嘱托事业。到晚饭时分，响起了雷声，晚上就下了一场小雨，众人都纷纷合掌祈祷，并赞颂班禅大师的恩德。

八月二日，班禅大师到贡觉林寝宫做沐浴节的沐浴。

十月二十五日，若尔盖喇嘛噶钦布穷，果洛阿什姜部落头人、被称为"噶钦喇干"的秀米等人前来拜见，在用茶时班禅大师对他们慰问。燃灯节的酥油灯灯火旺盛，出现了吉兆。拉达克来送年礼的使者主仆到达，请班禅大师观看他们带来的大象、岩羊、水牛等动物，班禅大师接受他们拜见，并在用茶时高兴地问候他们，他们奉献了大量物品，班禅大师给他们摩顶并赐给吉祥结。

十一月四日，扎什伦布寺请求班禅大师护佑寺院新铸佛像顺利成功，班禅大师向天女等护法做酬补和嘱托事业。十日午饭时大执事将试铸的样品白度母像呈献，并献内库哈达、马匹，再次请班禅大师护佑，班禅大师即向密严刹土的痘神、柱神、觉卧神做酬补和嘱托事业的祈愿。到当天黄昏时给僧众熬茶布施，浇铸神像顺利成功。二十一日在依噶群增寝宫举行叫做"浇铸佛像满愿成功"的活动，管理其事的大小工头及属下工匠列座用茶、用盘进餐，给以满足心愿的奖励。他们请班禅大师赐给来年浇铸佛像圆满成功的吉祥，再次向班禅大师礼拜，班禅大师照旧规给工匠们赐给物品。

十二月一日，若尔盖喇嘛赤巴辞行，班禅大师赠给他诺木齐墨尔根堪布的名号、文告印章、烈马、豹皮鞭等。二十五日，噶厦的森嘎益西嘉措前来致礼，班禅大师向他询问达赖喇嘛和第悉诺门罕（即夏扎·旺秋杰波）安好。

水猪年（同治二年，1863 年，九岁）

正月初一，帕里下寺的活佛向班禅大师献茶米和三依止等，大师给新出家的五十多名僧人剃发，给活佛起名为贝丹僧格。从二月十三日起，因为传闻有疫病流行，故阻止信众拜见大师。三月五日，为在四月参加时轮法会，班禅大师按旧规学习时轮方面的教法。

十月一日起的几天中，班禅大师在日光殿中依次进行了多次辩论。

十一月十七日，班禅大师的父亲丹增旺杰经过多方救治无效而病逝，大师立即做了回向念诵和仪轨，和僧众依次做了完整的超荐法事，并派人向达赖喇嘛和摄政等献了请做荐福法事的礼品。并供养佛像、聚众僧念修，做了无量的积福法事。日喀则的民众也为佛父的超荐向班禅大师献了哈达、绸缎、黄金八锭，雍增仁波且也献了哈达、黄缎、黄金四钱，念诵回向和祈愿，在各个逢七的日子，布施斋僧茶饭。

木鼠年（同治三年，1864年，十岁）

正月初六，森嘎等噶厦政府给班禅大师送新年礼品的使者们辞行，大师给森嘎等回赠了礼品。初七日，强佐等人迎请班禅大师到僧会上，大师在晚茶和祈愿茶会上念诵回向文，这是他在僧会上首次念诵，此时他虽然还是一个幼年童子，但是已经具有一个高僧大德的仪表风范，在念诵时没有一点结巴、重复的毛病，使得会聚的僧俗民众听到后都高兴信仰，喜悦不已。八日，大师为比龙活佛剃度，起法名为洛桑丹增年扎。二十一日，大师为本年新出家的四十名僧人剃度。

二月七日，班禅大师会见了从尼切修行地前来请求摩顶的三百来名沙弥和比丘，以及一百五十多名比丘尼。二十二日，因达赖喇嘛将在四月十三日受沙弥戒，拉萨特派卓尼尔曲桑根敦前来献礼，请求大师护佑达赖喇嘛不生身体违碍，班禅大师接受礼品并做了祈祷本尊护佑的法事。

三月八日起，班禅大师在雍增金刚持身边听受五部大论的根本宗喀巴大师的文集的诵传，此外在这时期还听受慈氏五论、中观理聚六论、注释明义的诵传。九日听受吉祥天女、四面怙主、金刚手、多闻子的随许法。从当天晚上起，班禅大师闭关做向宗喀巴大师祈愿的穆则玛念修，到该月二十八日解除闭关。达赖喇嘛受了沙弥戒，班禅大师会见了前来报喜送礼的卓尼尔曲桑根敦。

五月五日，委任兑桑林扎仓的噶钦洛桑丹增、协巴·噶钦洛桑尤年、吉康扎仓的比图巴噶钦洛桑扎西、夏孜扎仓的拉康巴·噶钦索南罗布等四人为班禅大师的教理参夏巴（侍读，陪同学经和辩经的高僧）。八日在依噶群增寝殿，大师手持僧帽，发出一声"迪"，首先和参夏巴噶钦洛桑丹增辩经，然后依次和其他三位参夏巴辩经。十二日由四名参夏巴和班禅大师从堆扎教程开始就经文语义进行辩论，大师以符合他的年岁的特点，依靠自力做出理由、相违、周延的答辩，他毫无畏惧和羞涩，非常兴奋地参与辩论，使身边的人都很佩服。二十七日大师的母亲从拉萨回来，转交了达赖喇嘛的盖印函件和摄政诺门罕、噶伦让琼巴的信函以及礼品等。

六月十六日，孜恰尼玛顿珠从拉萨前来，在日光寝殿拜见了大师，呈交了达赖喇嘛所赠的印章、内库哈达、释迦牟尼像、黄缎长坎肩、全套金刚铃杵、羊脂玉的寿星像等，以及第悉诺门罕的问安的礼物内库哈达等，班禅大师高兴地接受了礼品。

九月一日，传来摄政诺门罕去世的消息，班禅大师立即为他做了回向和祈福的法事。七日，为超度摄政诺门罕，夏扎家族单独给班禅大师赠超度礼，十三日，噶厦所派的孜仲洛桑热杰到达，十四日，为超荐去世的第悉诺门罕迎请班禅大师到僧会上，奉献大量礼品，请班禅大师做回向祈福，大师和僧众一起做了广大的回向和祈祷。二十一日，派德热布丹去拉萨为摄政诺门罕做超荐法事。二十五日，因大皇帝的无上眷顾，经过驻藏大臣满庆和恩庆，派两位驻藏大臣的代表吴总爷和朱总爷二人送来御赐的写着"三摩正觉"的匾额。班禅大师在日光寝殿为感谢天子的恩典，恭敬地行三跪九叩大礼，并设宴款待两位总爷。

十一月十二日，辛仓赤钦前来拜见，向大师献了一部谢通门地方的欧日喇嘛仁波且专门写作的祈愿班禅大师健康长寿的著作。十五日，为超荐去世的卸任英萨诺门罕格隆南杰群培，大师被迎请到僧会上，向僧众广做布施。

木牛年（同治四年，1865年，十一岁）

三月六日，将大皇帝赐给的"三摩正觉"匾安放到遍见寝官的尼切寝室中，并举行了盛大宴会。十五日，来报达赖喇嘛的父亲公平措才旦去世之丧的堪穷根敦曲桑到达，班禅大师即为荐福而念诵了回向文。二十三日，任命巴索哇·噶钦益西丹增为热河扎什伦布寺的新任堪布。在这个时期，班禅大师先后和参夏巴们一起努力辩论堆扎教程中的难题，他每天都显出对教理理解和发心增益的情态。

七月三十日班禅大师出巡沐浴，在贡德林寝殿做食子期供。为认定哉务康玛尔夏仲的转世，在聚会上大师给转世起名为曲扎央吉嘉措，大师写有名号赞颂祈愿长寿的七个偈颂，这时赐给偈颂并诵传一遍。

九月十一日，传来了危害康巴地区的瞻对工布朗杰及其随从被各路大军摧毁消灭的消息，扎什伦布寺扬旗欢庆。五世敏珠尔活佛噶桑土登赤列嘉措到扎什伦布寺，在宴会上大师赐给他礼品，诚恳叮嘱，望其在寺院中认真学法闻思，以后在京城对黄帽派教法做大利益。

从十月一日起，班禅大师努力做觉派传规的二十一度母的念修。这期间每天黄昏经课结束后，脱去皮袍，危坐不睡，由身边的人读班禅洛桑却吉坚赞、贝丹益西等人的传记，有时候他还会对其中的一些大事询问。

火虎年（同治五年，1866年，十二岁）

一月二十五日，扎什伦布寺密宗扎仓的僧众依照长寿仪轨为班禅大师祈寿，并献八吉祥物。贝苏巴·格隆楚臣桑波、格桑克珠二人提供资具新造一部藏文大藏经，请班禅大师写一篇回向善业的后记，班禅大师应请而作。

二月四日，向天命大皇帝进丹书克巴雅尔堪布噶居洛桑群培返回，带来皇帝的诏书和赏赐物品，大师恭敬接受，按惯例叩头谢恩，并在茶座上慰问堪布一行。

四月十五日，驻藏大臣景纹巡视地方前来会见，大师对他慰劳，联络官夏扎台吉和为先皇咸丰皇帝做超度法事的钦差和噶伦帕拉哇主仆等人也在茶座上和大师相互问候。

五月十五日，为超度升天的咸丰皇帝，为大地梵天同治皇帝万寿无疆、国政兴隆，朝廷赐给白银一千五百两，在扎什伦布寺各个佛像前陈列供品，班禅大师到聚会的僧众中，念诵回向文，做了广大的法事仪轨。

七月三十日，大师回到寝宫时，廓尔喀来送佛像物品的使者嘎典主仆四十余人前来拜见，大师对他们和联络官代本等人加以慰问。

十二月五日，因明年是大师的本命年，为了大师莲足永固，利益教法和众生的事业无碍自然成就等，众人一致请求大师写作一篇可以在僧众集会上念诵的祈寿文，大师高兴地接受请求，答应要口诵出一篇有十三个偈颂的祈寿文，英萨大执事请求大师作一篇有十一个偈颂的祈寿文，大师说，因为我将到十三岁，所以应该是十三个偈颂，并给祈寿文起名为"所愿自成·灌顶之王"。到十日大师写成祈寿文，随即刻版印刷，发送卫藏各个寺院和不分教派的僧团，在僧众集会时布施斋僧茶饭，供他们集体念诵。

在此月中，班禅大师任命嘉钦孜巴·仲仁巴洛桑金巴德诺、坚隆巴·噶钦丹巴群培担任柴达木喇嘛。

十五饶迥开始的火兔年（同治六年，1867年，十三岁）

一月六日，在供殿中间阳台设置宝座，大师升座会见从各方前来拜见的信众一千多人以及日喀则雪巴的僧俗男女三千来人，大师为他们摩顶加持。八日，因本年是班禅大师十三岁的本命年，为了大师身体不生任何细小违碍、足莲如金刚永固、尊善贤善业兴旺发达，属下拉德米德纷纷请求向大师献礼祈寿。月底，在扎什伦布寺下面的地区有个别的麻疹病流行，因此有几天中大师不给人摩顶，只在寝殿的窗口露面会见信众。为了尽快平息麻疹流行，做了多次吉祥天女的酬补法事和的为大师祈寿的大规模法事。

四月一日，大师在噶丹寝殿举行宴会，由雍增诺门罕洛桑丹巴坚赞贝桑布依据达那根敦洛桑的注解文书开始给他讲授卓越的讲经师贝丹却吉扎巴（法称）所著的《释量论》，这是大师学习因明推理的开始。

六月十三日，大师还从雍增仁波且那里听受班钦根敦朱巴文集中的戒律论的诵传。大师还从教理要点开始向夏孜扎仓堪布提问辩难，堪布也从因明开始向大师提问辩难。从此每天晚上由其他的一些上师以及参夏巴等人和班禅大师依次进行提问辩难，在问答中度过时光。

七月，班禅大师的母亲为了大师的健康长寿，提议建造一尊和班禅大师身量相同的金铜长寿佛像，并献了五锭黄金。在此前后有许多蒙古的僧人请求大师护佑他们最后往生到香巴拉乐土，大师高兴地口中说"博罗、玛噶度博罗"等蒙古语，接受他们的请求。

八月一日，班禅大师到贡觉林用餐并沐浴甘露水，按照惯例向护国药叉献期供食子，并观看跳神法舞。二十七日，章嘉活佛的管家从拉萨前来拜见，向大师献曼扎三依止，转达章嘉活佛的问候。

闰九月二十一日，在地方政府的汉文教习的达喇嘛丹巴达杰前来前来颁赐诏书，按照前例设灶郊迎并排列僧队迎接，班禅大师在尼沃寝殿设宴迎接，并行三叩九拜大礼接旨，然后升座向达喇嘛献哈达。

十月一日，大师给达喇嘛主仆等献礼者摩顶，并宴请达喇嘛，在宴会上询问了北京方面的许多情况。

十二月一日，是孜恰开始准备新年的日子，同时又是汉历的新年初一，因此班禅大师给日喀则的大老爷摩顶祝福，并在饮茶时问候，赐给氆氇等礼物。

土龙年（同治七年，1868年，十四岁）

三月二十四日，五世章嘉活佛主仆一行为了会见班禅大师而专程前来，大师特派卓尼尔曼吉前往江孜问候赠礼，章嘉仁波且也先后派仲译和扎萨克前来问候赠礼。二十七日章嘉仁波且到达时，扎什伦布寺设灶郊迎，他到尼沃寝殿会见大师，向大师献曼扎三依止和黄金等物品，在用茶时相互问候并一同进餐。次日，章嘉仁波且向大师献曼扎三依止、白银十大锭、十个章嘎、彩缎十匹、羊脂玉碗等日常用品等，在用餐时又献章嘎二十五两。次日,章嘉活佛的随从献曼扎三依止,扎萨克献马匹等。其后章嘉仁波且请求传授长寿灌顶,此前班禅大师没有传授过长寿灌顶,但是因为章嘉仁波且是文殊大皇帝的上师而且是黄帽教法的栋梁,所以班禅大师同意所请。四月十日,大师诵记长寿灌顶的仪轨,作为缘起给英萨和雍增等几个人试行长寿灌顶,这时班禅大师毫无障碍地显示出先世曾经多次传授过长寿灌顶的姿态。十二日,班禅大师给他们一行回赠丰厚礼品并设宴款待时,章嘉仁波且又献银曼扎、黄金、五色哈达等,再次请求传授灌顶。隔了一天后,在尼沃寝殿有章嘉仁波且主仆、执事、雍增、大师母亲等显贵和侍从三百来人聚集,大师给他们传授了珠嘉传规的无量寿独传的长寿灌顶,传授灌顶的次第毫无欠缺错误,以清净的梵音很好完成。大师赐给章嘉仁波且和扎萨克等人无量寿佛像和护身结,并进行了交谈。特别是说章嘉仁波且到都城后,现今黑道张扬,佛法信众遇到违碍,要认真修习本尊,广做法事,执掌和弘扬第二佛陀宗喀巴大师的教法。章嘉仁波且领受而去,向拉萨出发,大师命扎什伦布寺设灶欢送,并派卓尼尔、仲科尔骑马护送,特派卓尼尔曼杰陪同。

六月四日,是释迦牟尼转动四谛法轮的特殊节日,大师听受完堆扎的全部教程。八日,在尼沃寝殿大师在雍增和四个参夏巴中间进行提问,对参夏巴噶钦索南诺布就《释量论》的部分内容进行辨析。为了班禅大师尊善贤三者的事业增盛,特别是闻思因明经论顺利,英萨新造了大威德金刚、尊胜佛母、绿度母的唐卡各一幅,大师高兴地接受,并供奉在自己的寝室中。在这个时期,有许多到尼泊尔去造佛塔的人和一些印度人、康巴人、农民等向班禅大师献了孔雀、鹰、迦陵频伽等鸟类,大师高兴地接受并给他们摩顶赐福。

以前巴雅尔堪布洛桑丹增经过驻藏大臣去朝贡,大皇帝赐给班禅大师褒赏的诏书和物品,以及额外赐的绸缎制作的佛冠和袈裟、水晶和羊脂玉的日用品、内库绸缎六十匹等在八月二十四日送到,班禅大师行三跪九叩礼谢恩后,立即穿上朝廷赐给的袈裟升上宝座。

十一月十一日，章嘉活佛的父亲和强佐等人前来拜见，大师给他们赠礼并赐给吉祥结。十二月二十六日，九世帕巴拉克珠阿旺洛桑晋美丹贝坚赞前来拜见班禅大师，在用茶时相互问候，其后大师在寝殿宴请他。

土蛇年（同治八年，1869年，十五岁）

一月十五日，因昌都帕巴拉活佛的请求，大师到僧会上，接受其所献曼扎三依止和大量物品。从二月九日起，大师照例在寝殿多次设立法苑，做法事和学习教理。这个时期，因甲康巴·洛桑平措和昌都帕巴拉活佛的请求，班禅大师分别给他们诵传《三事（忏罪、随喜、回向或者劝转法轮）经》和《道次第要义》，还亲切宴请帕巴拉活佛，赐给他们以前请求的班禅大师自己健康长寿的祈愿文和帕巴拉活佛名号赞颂及祈愿帕巴拉活佛健康长寿的祈愿文。

六月四日，按照生钦活佛和兑桑林扎仓的喇吉的请求，班禅大师给他们诵传了大师所做的自己健康长寿的祈愿文和兑桑林扎仓堪布的名号赞颂文，兑桑林堪布向大师献了曼扎三依止等物品。

八月一日，班禅大师到贡觉林寝宫，在此沐浴并观看抛投食子和跳神法舞等，加以护持。此时，哉务扎噶活佛的强佐请求大师对认定转世做占卜，大师赐给了写有授记、名号赞颂和祈愿长寿的文书。二十一日大师到大寝宫，次日，大师因那雪地方的达普活佛的请求，诵传了度母等教法。

九月里，日喀则当地有热病流行，因此班禅大师暂时不接受信众拜见，不去僧众法会，并从十五日开始做念修叶衣佛母的闭关修行。这个时期，班禅大师从每天黄昏的一座法以后，大师不睡眠，从头开始诵读《四家合注》。

十月十三日，驻藏大臣恩麟巡察边地途经日喀则，来拜见班禅大师，双方在日光寝殿进行了悠闲的交谈。二十七日，恩麟大臣要前往定日，向班禅大师辞行。十一月三十日，驻藏大臣巡边返回途中前来会见班禅大师，多仁台吉主仆也来辞行。这一时期，因青海塔尔寺的色多呼图克图洛桑楚臣嘉措写信前来劝请，大师为他撰写了三个偈颂的护持和祈愿文。大师还为认定哉务的那仓寺喇嘛的转世著作了名号赞颂和祈愿健康的文字。

铁马年（同治九年，1870年，十六岁）

三月里，班禅大师如前做法事和去到学习教理的法会上，并照例举行了时轮修供法事等，给修供的僧人摩顶。由夏孜扎仓的僧人哇谢哇·噶钦南杰群培立宗，由许多聪慧的学经僧问难举行辩经，大师给他们赐给哈达作为奖励。

五月八日，大皇帝封班禅大师的弟弟南杰楚臣为达喇嘛的圣旨送到，为谢恩大师献了哈达。达喇嘛南杰楚臣和孜恰尼玛顿珠因为获得台吉的俸禄而向大师献哈达、曼扎三依止等。二十二日，大师返回寝宫，此时拉章扎西其（拉卜楞寺）的在哲蚌寺学经的僧人群培扎巴为了建立缘起，请求在扎什伦布寺的三个显宗扎仓立宗辩经，班禅大师高兴地同意了，并给他诵传了香巴拉祈愿文等。

九月二十二日，驻藏大臣德泰为巡视边地前来，在大日光殿拜会了班禅大师。这位大臣研习佛法、智慧广大，询问了大师很多问题，大师做了很好的回答，使他满意。

闰九月一日，七世哲布尊丹巴·阿旺却吉旺秋赤列嘉措贝桑布圆寂，带送他的追荐礼品的达喇嘛等人和带送扎雅班智达圆寂的追荐礼品的人到达，拜见班禅大师，大师在用茶时用蒙古语和他们相互问候，使他们感动得流下热泪，说如同拜见前辈班禅大师一样。在十日和十三日两天，哲布尊丹巴的达喇嘛和扎雅班智达的索本官却扎西分别迎请大师到僧会上奉献大量物品。大师高兴地接受，为这两位大德做了超荐法事，祈愿他们以殊胜的转世再做教法和众生的怙主，并给带送礼物的众人摩顶赐福。他们请求大师占卜哲布尊丹巴和扎雅班智达的转世的情形，大师给与了授记。从十五日起，班禅大师每天以上午一座法和晚上一座法的时间修持和念诵尊胜空行母法，新建了向尊胜空行母常时供食子的制度。

1864年英国东印度公司在控制了锡金以后，武装侵略不丹，逼迫不丹割地，1869年不丹爆发内战，汤沙宗总管乌金旺曲在东印度公司支持下战胜对手，控制了不丹大权，对西藏形成威胁。从十二月六日起，为了遮止边军犯境的危险，班禅大师在扎什伦布寺密严刹土殿的觉卧大佛像前在七天中每天晚上做酬补劝请的法事，与此相同，在奇异刹土殿在七天中做静猛梵天护法的酬补和劝请法事。

铁羊年（同治十年，1871年，十七岁）

　　元月，由英萨金刚持负责，为了班禅大师健康长寿，召集则东地方手艺精良的铜匠五名，建造一尊和常人等高的文殊菩萨金铜像，班禅大师对铜像的尺度等做了吩咐，还给铜匠们摩顶赐饭。从二月三日起，班禅大师做念修极密九尊的闭关修行，在将近三个月的时间里大师专心修行和念诵。

　　五月七日，大师解除闭关，大师在雍增的身边，结合请教传授，大师开始诵记《释量论注疏解脱道明灯》。这一时期，拉萨发生达尔罕总堪布贝丹顿珠等杀害噶伦和官员，占据甘丹寺作乱的事件，班禅大师对此心中不忍，为了平息这些灾难，在密宗扎仓举行各种祈愿法事。

水猴年（同治十一年，1872年，十八岁）

　　四月五日起的二十一天中，按照奇特的安排，大师和以弟弟达喇嘛为首的八名做仪轨的僧人一起，多次做天女和静猛梵天的酬补和嘱托事业的赞颂和劝请法事。其后在六月里又做骑骏马忿怒明王的密修法事、四业火供及救赎法事等。据称由于这些法事的法力，当时从江孜方向来的几名想要破坏西藏教法和众生幸福的外国人，虽然他们化装成不丹人前来，但是未经派兵布阵驱赶的混乱，就让他们返回去了。

　　六月，大师从拉曼巴东朗巴听受《诀窍续补遗》、达摩哇秘籍的诵传，并体念医学的实践。七月十四日，驻藏大臣德泰和联络官一起来拜见，互致问候。

　　九月十三日，班禅大师任命四世生钦活佛洛桑贝丹群培为阿巴扎仓的新堪布，次日生钦活佛以新堪布身份来拜见，大师给以多方面的教导。

一世德珠活佛洛桑钦饶旺秋去世，噶厦派两名孜仲和一名卓尼尔来扎什伦布寺做超荐法事，十月十二日，应他们的请求，班禅大师到僧会上，他们向班禅大师献曼扎三依止和大量的物品，并给僧众熬茶布施，大师念诵了回向文。

十一月五日，果洛阿什姜部落头人的喇嘛去世后，其管家益西曼朗主仆一行为做超度前来拜见，九日，因阿什姜头人请求派遣新的喇嘛，班禅大师任命达摩哇·噶钦丹巴雅培前往。

水鸡年（同治十二年，1873年，十九岁）

六月，大师依据扎什伦布寺讲说的四部戒律以及由此制定的"甲译"（寺规），规定了应抛弃的罪过特别是饮酒的罪过，他将这些规定特别选出，口诵编辑成被称为《威严金枷》的文书。大师在四大扎仓上师、六组格贵、各殿堂香厨师、各法苑的戒律师、各个米村的干巴和喇吉等人全体聚会时宣读这一文书，并给各个勒空（办事机构）赐给衣物哈达等，同时赐给《威严金枷》的抄写卷，并严肃教导今后不要违反。这引起一些人的反对，编造各种理由，请求大师不要做这些规定。七月二十八日，以前有让年轻的僧人夏天去田野割青草等作为圣草（吉祥草）供僧舍使用的做法，大师认为僧人这时外出有违背夏安居的罪过，故吩咐以后再不准这样做。

八月二十五日，驻藏大臣承继前来拜见，大师赐给他礼品，大臣向大师献了佛像、哈达等，对大师表现得非常真诚信仰和恭敬。

十月八日，萨迦达钦仁波且因为要去拉萨做法事，请求拜见大师并辞行，大师高兴地会见了他。

十二月八日大师的雍增金刚持曼日哇去世，在尼沃大寝官举行了雍增金刚持的超度法会。

木狗年（同治十三年，1874年，二十岁）

一月四日，来西藏迎请喀尔喀八世哲布尊丹巴的达喇嘛迎请班禅大师到僧会上贡献大量礼品，大师为他诵传经典并做回向。六日，大师因蒙古达喇嘛的请求给他传授了百法长寿灌顶。七日，萨迦的杰尊玛（法王家族的主母）在去拉萨的路上请求拜见和辞行，班禅大师高兴地会见了她。

二月九日，班禅大师接受了很多山间静修的僧人、女尼和库伦堪布寺院的官萨活佛的拜见。还高兴地会见了前来拜会的钦差大臣，该大臣迎请班禅大师到僧会上给僧众礼供布施斋僧茶饭，向大师奉献大量物品，大师为他做了念诵和回向。

三月十五日，喀尔喀七世哲布尊丹巴的雍增（经师）诺门罕迎请班禅大师到僧会上，奉献礼品并布施斋僧茶饭，大师为他做了念诵和回向，并传授长寿灌顶。

六月四日，召唤四大扎仓的堪布、大格贵、香厨师、新设的六组格贵、各扎仓法苑的戒律师等到大师的身边，大师按地位高低分别赐给物品和新写的制戒文书。大师特别强调为使我等的扎什伦布寺的教法兴盛、作为康乐的根本教法和戒律如一匹绸缎紧密连接。

九月十一日，大师写作了阿巴扎仓堪布生钦活佛名号赞颂，生钦活佛布施斋僧茶饭，迎请大师到僧会上向大师献礼，大师做了念诵回向。

木猪年（光绪元年，1875 年，二十一岁）

一月八日，大师给吉钦珠旺活佛剃度，赐名为洛桑尊追嘉措。当天，因坚隆巴·格隆金坚请求大师新写一篇可以在僧众集会上念诵的，可以将大师列入长寿佛修行传承中的班禅大师的名号赞颂文，大师写成并给他诵传。二十四日，敏珠林寺大法台向班禅大师献茶包粮米等物品和曼扎三依止等祈愿大师健康长寿的礼品。大师从大法台那里听受了一些宁玛派的前译密法的教诫。

同治十三年（1874 年）十二月初五日同治帝崩，享年十九岁。光绪元年（1875 年）三月一日，经驻藏大臣传来了皇帝在位十三年时归天的消息，大师显得心中很不安。十六日，为超度追荐去世的皇帝，在扎什伦布寺各个殿堂举行供祭，并做广大祈愿。二十日，拉萨方面特派骑马的信使前来，告知十二世达赖喇嘛赤列嘉措已经逝往法界，请大师做念诵回向并祈请达赖喇嘛尽快转生。大师无比悲痛，立即撰写祈愿达赖喇嘛尽快转生的祈祷文，并让僧众在僧会上念诵，给每名僧人赐给十瓿茶叶，为达赖喇嘛逝往法界广做超度法事。

三月十五日，班禅大师想追随宗喀巴大师和五世达赖喇嘛发展班钦戒统的传播，因此请文殊怙主款氏教法的法主、持戒大师墨智茫嘎啦达玛哇尔达贝桑布为堪布，在十名具信比丘之中，在吉祥之地依噶群增寝殿接受了圆满的比丘戒。大师给传戒的堪布和参与的僧人给予了很多酬谢，而堪布墨智、森沃活佛、艾旺曲科寺的堪布等人也向班禅大师献了茶包米粮和曼扎三依止等各种礼品。在十五日受戒完成后，英萨诺门罕向班禅大师、堪布仁波且、参加传戒的僧人们献了茶包米粮等物品和曼扎三依止、大师的身像等，大师的母亲也献了大师的身像和成捆丝绸等。次日，扎什伦布寺雪勒空举行盛大宴会，献曼扎三依止，大师的祖业庄园也举行宴会献礼，大吉索、四大扎仓的堪布、措钦大殿的大格贵、朗玛侍从、执事等爷按地位高低献了庆贺的哈达。二十三日，噶厦特派堪穷阿沛巴前来为同治皇帝驾崩和达赖喇嘛赤列嘉措圆寂做追荐超度法事，他迎请班禅大师到僧会上，给大师奉献大量物品，给僧众熬茶布施，做了超度的法事，班禅大师做了念诵回向。

五月十七日，噶厦派孜仲扎巴桑珠前来，为达赖喇嘛赤列嘉措圆寂七七四十九天做献礼超度，向班禅大师致礼时献曼扎三依止和一匹白马。二十日举行追荐法事，向扎什伦布寺各个殿堂献供并熬茶斋僧发放布施。

六月一日，堪布洛浦巴带来光绪大皇帝的诏书，在白天举行了盛大宴会。

八月十二日，举行了拉萨方面为班禅大师受比丘戒而献礼的仪式，在仪式上由德阳巴·噶钦南杰和章切夏仲·欧珠雅培二人就中观典籍的慈悲心进行辩经。

十一月四日，拉萨的曼仲送来天命大皇帝褒扬班禅大师的诏书和赏赐，在盛大的宴会上大师接受了诏书和赏赐物品，诏书中说，赏给班禅额尔德尼三十两重银茶筒一个，银壶一把，银盅一个，大小哈达各十方，绸十二匹。赏给布达拉和扎什伦布、色拉、哲蚌、噶丹等四大庙，每庙银各一千两，大哈达各一百方，小哈达一千方，茶各一百块。

十一月十八日，拉卜楞寺三世嘉木样协巴活佛图丹旺秋到达并拜见大师，次日，嘉木样协巴活佛迎请大师到僧会上，向大师献礼并祈愿大师健康长寿。二十一日，大师给嘉木样协巴活佛传授长寿佛教法并设宴款待。

火鼠年（光绪二年，1876年，二十二岁）

四月十四日，在僧众集会的经堂里，班禅大师和弟弟达喇嘛、护法殿的十名僧人一起为新建造的展佛的大唐卡撒花祝赞。次日按照安排观看展佛时，在用午茶时大师到僧会上和僧人们一起为上述的新制大唐卡开光，奉献吉祥礼品。

六月十五日，班禅大师升上大法座，举行布萨并为住夏做准备。当天上午在四大扎仓堪布和措钦大殿的大执事等会聚时，大师考虑到佛法的根本是戒律，戒律中规定在住夏期间僧人办理私事超过七天的要事前告白，因此指示他们要按戒律的规定办理僧人告假的事务，对于大师此前所赐的规章需要做一些增减，给以护持，以保障佛法的经幢牢固地树立，这是班禅大师完全为利益佛法着想而做的规定。

七月八日，大师到午后的僧会上，赐给了装在匣子里的规章，这和新修补的以前班钦根敦珠巴时建造的缎绣唐卡举行开光同时举行，大师给每名僧人赐给开光的布施两个银币和一方白绸。在用晚茶时，大格贵宣布了寺规文书和新修订的规章。

八月一日，驻藏大臣松溎、潘通事和一名小通事、联络官尼木玛朗巴、孜恰平措等众多汉藏官员前来，在会见时大师致以问候。松溎在谈话中指责"班禅额尔德尼被人愚惑,兼习红教,遂致两藏物议沸腾,众心不服",要求八世班禅"嗣后仍宜确遵黄戒,虔心唪经,勿得任性妄为,旁习外道,以期仰副圣主保卫全藏、护持黄教之深恩也",并说,"如或执迷不悟,妄知痛改,立即严参,从重惩办,勿贻后悔",并要求八世班禅具结存案,再由驻藏大臣随时密察。

九月十六日,去北京的使者堪布带来大皇帝的诏书和礼品,在白天举行的宴会上大师恭敬地接受。

十一月十五日,噶厦特别派来的骑马的信使到达,请求班禅大师就达赖喇嘛的转生在何处出生进行占卜,大师回答说在达布地区。

火牛年（光绪三年,1877年,二十三岁）

元月,大师遇到了身体违碍,得了比较严重的水肿病,举行了九天的诵经仍未减轻,一晚上呕吐物约两个银盆,使得众人都惊恐悲伤,请求拉木护法、摄政仁波且、欧曲哇大师等上师和护法神占卜吉凶,特别是班禅大师本人卜卦得到的答复是广做祈愿法事,因此四大扎仓的堪布、格贵、香厨师等向大师献礼并祈愿大师健康长寿,大师高兴地接受。如同月亮从月蚀中挣脱出来一样,大师很快地恢复了健康。大师在已经接受了班钦戒统的比丘戒之上,又想从十二世达赖喇嘛的雍增普布觉活佛那里接受拉钦戒统的比丘戒,因此在九日特派卓尼尔川普巴前去拉萨迎请上师。

二月十二日,普布觉活佛一行到达扎什伦布寺,大师无比高兴地会见了他们,并致问候。普布觉活佛向大师献了曼扎三依止和黄金、白银五十两等物品,祈愿大师健康长寿。十五日在普明寝宫由普布觉活佛任堪布,大师受了比丘戒,大师受戒后,雍增金刚持向堪布仁波且献了丰厚的酬谢物品。次日,拉萨甘丹颇章、四位噶伦、大小僧俗执事官员、色拉寺、哲蚌寺、甘丹寺三大寺的翁则、经师等也依次向班禅大师献了礼品。

三月一日,大师从普布觉活佛那里听受了释迦牟尼的本生经三十四品。十五日，为了向皇帝请求免于金瓶掣签认定十三世达赖喇嘛，摄政济咙活佛特派扎其平热巴前来，送来有关认定达赖喇嘛转世灵童的信件，摄政、噶伦、总堪布也分别送来盖印的信函和曼扎三依止等礼品，大师高兴地接受，做了使各方面顺利的占卜护持，并给各方的来信做了回复。

四月二十五日，班禅大师由一些随从陪同从扎什伦布寺启程前去沐浴。在曲夏地方设灶送行时，英萨大强佐、扎什伦布寺四大扎仓的堪布、大格贵、各殿堂香厨师等，以日喀则的大老爷和粮台二人为首的官员和南北驻防汉军兵丁等前来送行，他们各向班禅大师献哈达。三十日晌午时分，大师到恰哇地方，举行了宴会，中午过后，大师开始入水沐浴。

五月一日，甘丹颇章所派的献礼使者孜仲洛桑南杰主仆前来拜见，商议请大师去拉萨的事宜。二十四日，大师动身返回扎什伦布寺。六月十一日，大师回到扎什伦布寺。

八月二日，驻藏大臣桂丰到达，向大师致礼。

十二月十七日，为了请班禅大师在不久以后到拉萨为达赖喇嘛转世灵童剃度授戒，噶厦所派的联络官员金喀觉比哇到达并向大师致礼。二十一日，大师在一些随从的簇拥下启程，扎什伦布寺在曲夏地方设灶送行。

土虎年（光绪四年，1878年，二十四岁）

元月三日，大师到达曲米岗住宿，这时总堪布、噶伦、公爵、扎萨克、噶仲等人和普布觉活佛到此迎接。在用茶时大师和他们互相问候，总堪布代表布达拉宫和雪勒空对大师慰问。四日，班禅大师到罗布林卡，在随即举行的宴会上，摄政济咙呼图克图、噶伦、公爵、堪布、扎萨克、代本、孜本等众官员向大师献了哈达。宴会结束后，大师即到寝殿，和摄政私下会晤。七日，摄政向班禅大师献吉祥物和大量礼品，并请求班禅大师撰写一篇祈愿达赖喇嘛的转世灵童健康长寿的诗体的祈愿文，班禅大师立即写了一篇题为"祈愿健康长寿·满愿如意宝"的祈愿文，使众人十分惊异。十九日是一个吉祥的日子，班禅大师前往蔡贡塘，在这次班禅达赖喇嘛师徒会面之时,由班禅大师给达赖喇嘛真实无误的转世灵童剃发,同时给他起法名为阿旺洛桑土登嘉措久者旺秋却勒南巴甲哇巴桑布。在剃发完成后,噶厦在蔡贡塘大殿举行了盛大宴会。

元月十四日,在拉萨祈愿大法会期间,班禅大师从罗布林卡的格桑颇章前往大昭寺,登上那里的日光殿的宝座,在噶厦举行的宴会上,摄政通善济咙呼图克图为首的四位噶伦等勒参巴以上的官员向班禅大师献哈达。次日,在大昭寺旁的松曲热哇,班禅大师为具有受法三功德的数千信众,讲授了《释迦牟尼三十四本生》,使得众贤哲为之折服。以后大师又到大昭寺格桑大回廊的祈愿大法会上做念诵和回向。其间大师还先后朝拜了拉萨的两尊觉卧像奉献无数的供品,三次巡礼大昭寺和小昭寺。

二十一日大师从大昭寺到布达拉宫,次日,礼拜了以五世达赖喇嘛的灵塔世界一庄严为主的各个达赖喇嘛的灵塔殿,奉献了供品,并做祈愿,敬献敬神哈达。

二月三日,班禅大师从普布觉活佛那里接受了百次长寿灌顶。十日,班禅大师前往日甲寺,给住在那里的达赖喇嘛转世灵童传授了依止摧破金刚的献浴、除秽和护持法,以及结合长寿佛和马头明王的灌顶。十三日,班禅大师从罗布林卡的格桑颇章到哲蚌寺的贡噶热哇园林,哲蚌寺吉索迎请他到哲蚌寺大经堂,在宴会上向他献曼扎三依止等大量礼品,此外哲蚌寺的阿巴扎仓、郭莽扎仓、德阳扎仓、洛赛林扎仓和藏巴康村等分别迎请他前往,宴请并献三依止等礼品。十七日,大师巡礼了哲蚌寺的甘丹颇章,并献供品,给哲蚌寺的喇吉和各个扎仓回赠合适的礼品。次日,班禅大师从哲蚌寺到山下的乃穷寺,乃穷护法降附人体,向班禅大师奉献被称为四大洲须弥山的曼扎三依止和法器等,并吟诵了以前莲花生大师所做的赞颂吉祥的偈颂,护法神在班禅大师用茶后请求大师给以加持,表现得非常恭敬,表示对班禅大师的吩咐都要努力完成。班禅大师给护法神也回赠了礼品和敬神哈达等。此后大师即前往色拉寺。色拉寺吉索向大师献了礼品，杰巴扎仓、麦巴扎仓、乌格尔扎仓、阿巴扎仓也分别迎请大师，向大师献了大量礼品。二十五日是五世达赖喇嘛的期供日，班禅大师到布达拉宫，随即向五世达赖喇嘛灵塔等达赖喇嘛的各个灵塔殿奉献供品。二十八日是传小召结束的日子，班禅大师到大昭寺，向以觉卧释迦牟尼像为首的三尊佛像等各个佛像贡献盛大供养。

由于班禅大师请求在拉萨接受皇帝赏赐的物品，三月三日，两名驻藏大臣、扎萨克、达喇嘛等给班禅大师呈交了大皇帝赐给大师的诏书和三十两白银制作的银瓶一个、银茶桶一个、银灯一个、绸缎十二匹等，大师恭敬领受。

九日，班禅大师从拉萨出发去热振寺。十三日，在热振寺大殿举行的宴会上，在半年前刚经过金瓶掣签认定的四世热振活佛阿旺洛桑益西丹贝坚赞高兴地向大师献曼扎三依止。大师到热振活佛的拉章，给热振活佛及其侍从传授了长寿灌顶。次日，大师给热振寺全体僧人诵传了长寿经文和兜率上师瑜伽等。随后大师巡礼了热振寺的上下佛殿和全部的殿堂。在热振寺周围著名的柏树林中，以前（七世）班禅丹贝尼玛对一株干枯的柏树念诵经文后说："现在你还不到干枯的时候。"随即念诵了真言，这株柏树果然长出了新枝叶。这天大师对那株柏树北面的一株也干枯了的柏树进行祈愿诵咒，柏树也长出来新枝叶。大师在十七日动身离开热振寺，途中巡礼了达隆寺。然后经林周县到达孜县地区，二十一日到了拉木绛曲觉寺，次日和二十三日班禅大师依次到了次色寺、尊莫蔡寺，这三座扎什伦布寺管辖的寺院联合设宴款待大师，拉木仓巴螺髻大护法降附于降神师身上，向大师献敬神哈达、经幢、金轮等。二十四日，在拉木地方官员举行的宴会上，举行迎请大护法举行为大师祈寿的盛大法事，班禅大师给大护法降神师和各个寺院回赠了礼品。二十五日，大师前往甘丹寺，在甘丹寺吉索举行的宴会上，吉索向班禅大师献曼扎三依止等物品，随后又迎请大师到大经堂，登上三界众生的怙主宗喀巴大师的法座，此时由两位善知识讲经师就般若经文进行对辩，在喜庆集会上向大师献三依止等物品。大师巡礼以宗喀巴大师灵塔殿为首的各个佛殿，并奉献供品。夏孜扎仓和绛孜扎仓分别迎请大师前往，并宴请大师。

四月八日班禅大师到达布达拉官。十日，在布达拉官由摄政、噶伦、扎萨克等政府官员举行宴会，向大师献礼。十五日班禅大师和随从等从拉萨动身，经过江孜返回扎什伦布寺。此次班禅大师在拉萨及其附近地区活动了三个多月。

五月二日，扎什伦布寺密宗扎仓僧众向班禅大师献八吉祥物，祈愿大师健康长寿。九月二十八日，班禅大师带少数随从，到谢通门的绛普神泉去沐浴数日，然后谢通门各寺院巡礼，在闰九月三十日，到达尔顶辛仓地方，在当地的舅父设宴款待大师，大师在那里向舅父神祈祷，在色果查莫举行盛大宴会，给很多信众传授了长寿灌顶。其后经达那河谷到托卜加地区，到十月十五日，启程返回日喀则贡觉林寝官。

因为来年达赖喇嘛的转世灵童要在布达拉官坐床，而班禅大师身体不好，为消除大师的身体的违碍，班禅大师从十月二十一日起做了狮口施食修法，二十九日又做了放咒的法事。这一时期在扎什伦布寺也出现了较大的内争和动乱的事情，一些人因为不净的偏见，出现了对大师的添油加醋的流言蜚语。由于班禅大师发心和法力成就，加上卸任雍增英萨曼日哇·洛桑南杰贝桑布善于协调并依靠各个护法神的法力，使上述的乱事很快平息。还有创言称有上万武装农牧民到扎什伦布寺支持班禅大师，制服了那些反叛的僧侣。

当时西藏大众向驻藏大臣呈递立誓不准外国人入藏的公禀，班禅大师也出具图章，在公禀上与达赖喇嘛和摄政济咙活佛一起列名。

土兔年（光绪五年，1879年，二十五岁）

二月十七日，班禅大师委任德钦巴·噶钦尼玛尤年为昂仁曲德寺的新任堪布，在他辞行时，大师就执掌、护持、增益寺院三者需做之事做了叮嘱。

五月，英萨诺门罕辞职，将替任人选的名单提请大师考察，大师做了考察，并写了相关文书给驻藏大臣。这时大师还派孜恰南杰顿珠和粮务官等人去给达赖喇嘛献祝愿健康长寿的礼品。

五月十四日，十三世达赖喇嘛在布达拉宫坐床。三十日，出现了日食，为了教法和众生的平安，将许多羊只放生，班禅大师和八名僧人一起念诵度母经数十万遍。

八月十二日，大师任命卸任运茶官南杰喜饶继任强佐。当天，青海佑宁寺却藏呼图克图到达，拜见了班禅大师，在用茶时双方互致问候。却藏呼图克图向大师献曼扎三依止等许多物品，十五日，大师给却藏呼图克图主仆一行传授了长寿灌顶，诵传了香巴拉祈愿文，并宴请了他们。

九月十八日，驻藏大臣色楞额和联络官、通事等人到达，拜会了班禅大师，随即辞行，大师赠送了厚礼。

十一月二十四日，拉萨甘丹颇章因为今年是大师二十五岁本命年，为祈愿大师健康长寿专门派堪囊前来献礼。

十二月六日，代理英萨诺门罕南杰喜饶正式就任大强佐之职，英萨诺门罕向大师献曼扎三依止、八吉祥物以及金银等，在宴会上，大师给他回赐了内库哈达、赞巴拉财神唎玛铜像、念珠、坎肩等礼品。因十三世达赖喇嘛阿旺洛桑土登嘉措贝桑布坐床完成，拉萨方面派的赠礼使者在当天到达，迎请班禅大师到僧会上为班禅大师祈寿并过目拉萨方面送来的礼品。二十九日因喀尔喀哲布尊丹巴明年到十三岁的本命年，为除其身体违碍，班禅大师派卓尼尔嘉措等人前去献礼。

铁龙年（光绪六年，1880年，二十六岁）

正月，大师出现身体不适和患眼病的症状，大师自己做了占卜，并派人请欧曲喇嘛仁波且做占卜，还广做祈寿法事，因此病很快就过去了。

三月十八日，因大师要到襄地方的嘉措神泉沐浴，在当日以英萨诺门罕为首的留寺院的侍从、扎什伦布寺的四大扎仓的堪布、格贵、日喀则的大老爷、粮务官等前来献哈达送行，大师给他们回赠了哈达并给他们摩顶。十九日班禅大师和众随行人员出发去嘉措神泉沐浴休养。大师一行二十四日到神泉以后做了将近一个月的沐浴。

四月二十四日，大师从沐浴地出发，前往大师出生地托卜加。途中在南木林的甲乃住宿地，噶丹曲科寺僧众向大师奉献用品，因他们的请求，大师给一万多民众传授了长寿灌顶。

从五月一日起，大师在他出生地，和曼日寺的七名僧人一起做了七天的"冲拉"（出生值日神和故乡土地神）祈愿修行。八日，大师从托卜加出发返回扎什伦布寺。

八月五日，定日的毛大老爷到达，十四日驻藏大臣色楞额、联络官、通事、强佐等官员到达，在会见用茶时，大师和他们互致问候。十七日，阿巴扎仓堪布森钦辞职，大师亲自任命洛巴活佛洛桑丹增旺杰继任密宗扎仓堪布，并亲自到密宗扎仓做本年的护国药叉的施食供和观看跳神法舞。

铁蛇年（光绪七年，1881年，二十七岁）

二月三日，因为班禅大师最近要去达卜尔温泉沐浴，向各地发布指令说，为了减小对民众的纷扰，从各豁卡征用官马和观赏的骆驼。

三月十三日，班禅大师从贡觉林寝官出发前去沐浴。二十四日，大师到了温泉并开始沐浴。大师在那里沐浴一个月，在沐浴的间歇，给达那河谷上下游的无数具信仰的民众不断地摩顶赐福。

四月二十三日，班禅大师从沐浴的地方启程，依次前往他出生的地方。在色顶地方，喀尔喀曼朗呼图克图活佛特地赶来献礼，应他的请求，大师给他诵传了珠嘉传规的长寿灌顶法、时轮祈愿文和文殊菩萨名号经，并亲切款待他。在大师出生地，大师和去年一样向"冲拉"祈愿。

五月七日动身返回扎什伦布寺。到达设灶郊迎的地方时，有汉藏官员骑马来迎，大师和他们一起到贡觉林寝官。日喀则宗的民众为汉官新建房屋，日喀则粮务官（粮台）向朝廷谎报是用汉军军饷修建，民众认为粮务官从中贪污民众的七十锭白银，要求退回，形成聚讼，在快要铸成差错之时，班禅大师心中不忍，给民众赐给白银，进行调处，民众心中感激，给班禅大师献了茶叶米粮和曼扎三依止等物，大师给他们传授了嘛呢和度母等教法。

因为慈安皇太后在四月间去世，五月初六日光绪皇帝给八世班禅敕谕，着在后藏熬茶诵经，所以大师在六月四日在扎什伦布寺各个殿堂献供巡礼，并广做回向祈愿的法事。

七月四日，夏孜扎仓堪布尼玛坚赞辞职，班禅大师想要任命举敦巴·噶钦贝丹顿珠继任，同时因大强佐扎萨克喇嘛（即英萨）的候选继任人之事，大师在拟定正陪名单后，在六日行文给驻藏大臣。二十五日，大师在格桑颇章给僧众和僧俗信众五千人传授珠嘉传规的长寿灌顶。

八月一日，驻藏大臣维庆及其几名随从、定日总爷、新任日喀则大老爷等人到达，前来拜见大师。和驻藏大臣一起到达的科尔沁王的脱因在拜见大师时献了曼扎三依止，代科尔沁王献了请求护佑的礼物内库哈达、座钟、玛瑙鼻烟壶、库缎三匹、汉地马蹄银等。土尔扈特王的一名达喇嘛、宰桑等人向大师献曼扎三依止和茶叶粮米等。在他们辞行时，达喇嘛请求传授颇瓦法教授，大师按照请求传授了依止无量光佛的颇瓦法教授，最后还诵传了长寿经。大师对他们说："给你们远道来的客人单单传一个破瓦法教授，不是好的缘起，为了平息恶缘，所以我特地给喇嘛念诵了长寿经经文。"总之，大师对从康区、蒙古等地远道而来朝拜的人们总是很高兴地接待，使他们全都满意。

九月三日，班禅大师给阿拉善甘珠尔拔希喇嘛传授文殊语狮子的随许法等广大教法。

十月二十五日，照例给班禅大师献冬装和哈达。哉务活佛在僧会上作为对本尊的供奉向经堂献了佛陀百行和八十幅宗喀巴大师的唐卡，大师给唐卡开光并撒花祝赞。二十七日驻藏大臣色楞额向大师呈递了大皇帝赐给的别人很难得到的哈达、珊瑚、椰子念珠、汉地的上等熏香等，大师高兴地接受并叩拜谢恩。

水马年（光绪八年，1882年，二十八岁）

三月一日，从温萨寺迎请了真实的阿底峡随身携带的释迦牟尼像色林玛为首的几尊具有大加持力的如来佛的身像，作为班禅大师的本尊像，大师为这几尊佛像以及大师的弟弟达喇嘛新造的用白银制成的喜金刚像举行盛大的开光仪轨。随后大师到达那的布如温泉去沐浴。

四月十七日班禅大师离开温泉，到他出生的托卜加地方的竹仓去。此时大师涎液旧病复发，身体略有不适。从五月六日开始，大师的身体不见好转，胃口不好，因此只能进很少的茶饭。从七月八日起，大师总是让弟弟达喇嘛念诵法王八思巴和娘顿查仓巴等许多上师的传记中逝往他界情形的记载，并对拉曼巴问："什么时候到十五日？"透露出大师将要逝世。但是由于前面大师答应还要长久住世，所以大师身边的人们一点也没有怀疑到大师即将逝世。十五日中午时分，大师突然气力不支，说话声音越来越小，眼睛也只能微微睁开，在三个小时的时间中，呼吸的气息微弱，似有似无。到黄昏时分，大师在故乡的噶热寺的曲阳德哇寝殿的法座上逝往法界。

十八日，按照代理英萨的安排，扎什伦布寺的高僧大德和扎仓的在任卸任堪布等，以及比龙巴活佛等密宗扎仓的一些僧人来到噶热寺，随即给大师的遗体涂抹香料，按报身佛的形式给遗体穿上上衣下装和僧帽等，在遗体边和寝殿内外各处广献五供，以及昼夜不停地做密宗的密集、胜乐、大威德金刚等本尊的坛城念诵修供。二十六日，让当地的许多僧俗信众瞻仰班禅大师的遗体。二十八日，将大师的遗体迎请到轿子里，前往扎什伦布寺。路上各个寺院排列僧队迎接，在住夜的各个地方各献了千供。二十九日在做了与上师和主尊无别的秘密的供养后，请上师入坛城并从上师受灌等。并由代理英萨主持派人到拉萨，向达赖喇嘛和摄政呈送请求为班禅大师超荐并祈愿大师的转世迅速降生的信函，还请求驻藏大臣向大皇帝奏报大师圆寂的情形。

八月一日，大师遗体运到了扎什伦布寺，安放在泽嘉拉康的宝座上，在那里，以代理英萨为首的执事们每人向遗体献一条哈达。驻日喀则的大老爷等朝廷的官员、克什米尔和尼泊尔人等不同民族的众人按自己家乡的风俗向遗体献供养、敬神哈达并礼拜。八月六日由拉木大护法附身于一个人身上，宣布从八月八日起执事等全部人员都不要悲伤，很快就会有转世灵童出世，由此结束了吊唁活动。在七七四十九天时，先前建立的工场顺利地完成了用上等绸缎和颜料绘制以这位班禅大师的画像为主尊的缎制大唐卡，作为全寺僧众集会的寺院依止物做了加行供养，给全寺的僧众加供斋僧茶饭和布施。同时在七七四十九天中，逢七的日子在以色拉寺、哲蚌寺、甘丹寺三大寺为首的前后藏南北以及阿里三围的各个寺院和静修地总共九百七十七处也举行超度法事。

十一月一日，递交文殊大皇帝赐给的物品和诏书的驻藏大臣色楞额和噶伦多喀哇等到达四日，将皇帝赐给的经书一函和大皇帝平常戴的蜜蜡手串和旃檀木手串献给班禅大师的遗体，并宣读诏书，诏书说："班禅额尔德尼为后藏呼图克图僧众之总师父喇嘛；且深通经典，广衍黄教，保护僧众，多年精求经典，善诱黄教。正望扶助佛规，兹闻圆寂，朕心甚为悯恻，加恩着派驻藏办事大臣色楞额于班禅额尔德尼灵前赐奠，并赏布施等项，共折银五千两，再赏给团龙妆缎大缎二十四、贡缎一百匹、大哈达二十方、小哈达三百方。除将赏银五千两由藏库动支，交札什伦布札萨克喇嘛罗布藏顿柱先在班禅额尔德尼灵前作善事外，其缎匹、哈达等项，交该衙门仿照从前拣派司员送赴西藏，并将朕亲手所带蜜蜡珠一串、沉香数珠一串、经一部，先随报匣送交色楞额，奉到时即在班禅额尔德尼灵前悬挂，以示朕轸念之至意。色楞额祭奠事毕，即传谕该札萨克喇嘛罗布藏顿柱，现在班禅额尔德尼圆寂，尔当感戴大皇帝恩典，仍仿照从前班禅额尔德尼之呼毕勒罕未出世以前，将藏中一切事务谨慎代办。"

不久以后，扎什伦布寺建造了将班禅大师的遗体完整保存并有四种佛舍利装藏的天降塔形制的灵塔，还用金银诸宝建造了安置灵塔的叫做贡噶热哇的大屋顶殿，以金铜为灵塔殿建了墙上装饰和殿顶，映照阳光，金光闪闪。

原文载于《青海师范大学学报（社会科学版）》

2017 年第 1 期、第 2 期

十世班禅大师矢志不渝的信念

降边嘉措[①]

十世班禅大师离开我们26年了。26年,是一个世纪的四分之一。但是,人们并没有忘记班禅大师,也不会忘记班禅大师。

1989年1月29日,在中央电视台新闻联播里,播音员以沉痛的心情宣读了中华人民共和国全国人民代表大会常务委员会讣告:

我国伟大的爱国主义者、著名的国务活动家、中国共产党的忠诚朋友、中国藏传佛教的杰出领袖、第七届全国人民代表大会常务委员会副委员长、中国佛教协会名誉会长、第十世班禅额尔德尼·确吉坚赞,因心脏病突发,经多方紧急抢救无效,不幸于1989年1月28日20时16分在西藏自治区日喀则市他的新宫德庆格桑普彰逝世,终年51岁……

中央对十世班禅的一生,给予高度评价,称赞他是"我国伟大的爱

[①] 降边嘉措,1938年生,男,藏族,四川省甘孜藏族自治州马塘县人,曾为十世班禅担任翻译,中国社会科学院少数民族文学研究所研究员,博士生导师。研究方向:藏族史诗《格萨尔》;藏族文学。

国主义者、著名的国务活动家、中国共产党的忠诚朋友、中国藏传佛教的杰出领袖"。

纵观班禅大师的一生，这样的评价他当之无愧。班禅大师的一生，是同伟大祖国的命运紧密相连的一生，是同中华民族的命运紧密相连的一生，是同我们祖国大家庭内56个同胞兄弟的命运紧密相连的一生，是同藏族人民的命运紧紧相连的一生，也是与新中国紧密地联系在一起。

班禅大师一生热爱中国共产党，热爱伟大祖国，热爱自己的民族，热爱自己信仰的宗教。他把这"四热爱"作为自己矢志不渝的信念，贯彻始终，坚定不移。这"四热爱"是他一切言论和行动的出发点和最终归宿，也是他一生的光辉写照，表现了他的高风亮节和高尚情操。

班禅大师热爱共产党，是中国共产党的忠诚朋友。从中国革命的历史，从我国各族人民的命运，从藏民族发展的历史，从新旧社会的鲜明对比，从九世班禅到十世班禅，以及班禅堪布会议厅全体成员坎坷曲折的经历，使他深深懂得：没有共产党就没有新中国；没有共产党就没有祖国的空前统一和中华民族的繁荣昌盛；没有共产党就没有各族人民的幸福生活；没有共产党就没有藏族的复兴和发展；没有共产党就没有社会主义的新西藏。没有共产党就没有十世班禅，他只能像九世班禅那样，远离自己的故乡，远离自己的教民，颠沛流离，漂泊异乡。因此，班禅大师对中国共产党、对中国共产党伟大的创始人和卓越的领导人，以及许许多多忠诚于人民革命事业一心为公、不谋私利的普通党员怀着崇高的敬意和深厚的感情，他把自己的命运同中国共产党的命运联系在一起，把藏族人民的命运同中国共产党和共产党所领导的伟大事业紧密地联系在一起。

班禅认为，中国共产党由无产阶级和中华民族最优秀的分子组成，是无产阶级的先锋队组织，集中体现了中国无产阶级和中华民族的优良传统和聪明智慧。中国共产党之所以伟大，之所以坚强有力，就是因为在党的旗帜下聚集着中华民族的精英和千千万万的优秀分子，并通过他们把中国无产阶级和各族人民紧密团结在一起。因此，热爱党、拥护党、听党的话、跟党走，就是热爱和拥护这个无产阶级先进分子所组成的政党，就是热爱和拥护这个政党所代表的科学真理和崇高理想。

班禅强调：热爱党，从根本上来说，就是要热爱并献身于党所从事的伟大而崇高的事业；拥护党的领导，就是要拥护并坚决捍卫党所代表的各族人民的根本利益。如果党的领导人在某一时期、某一问题上损害了党的事业，违背了各族人民的利益，或者某个领导人偏离甚至危害了党的根本宗旨和各族人民的共同利益，每个公民都有权利、有责任提出批评。这种善意的批评，正是真心热爱党、维护党的利益的表现。党有责任、有义务听取和接受人民群众的批评意见，而没有压制人民群众正确批评的任何特权。

班禅无限热爱我们多民族的社会主义祖国，为维护祖国统一、加强民族团结，做了坚持不懈的努力。热爱祖国、维护统一、反对分裂，像一条红线，贯穿在班禅一生的整个活动之中，十世班禅，不愧为一位伟大的爱国主义者。

30多年来，极少数分裂主义分子从未停止背叛祖国、妄图实现"西藏独立"的活动。分裂与反分裂的斗争，一直非常尖锐、非常激烈、非常复杂。在这场关系到祖国统一和民族团结，关系到西藏的前途和命运的斗争中，班禅始终站在斗争的第一线，高举起爱国主义的大旗，旗帜鲜明地反对国内外一小撮分裂主义分子背叛祖国的活动。班禅多次表示："我维护祖国统一的立场是坚定不移的，对于分裂祖国的行径，我过去反对，现在反对，将来也反对。我愿为维护祖国统一的伟大事业作出最大牺牲。"

无论在北京还是西藏，无论在农村还是牧区，无论在机关学校还是寺院，班禅大师总是利用各种机会，进行爱国主义和民族团结的教育，宣传"两个离不开"，即汉族离不开少数民族，少数民族离不开汉族的道理，即便是进行佛事活动、讲经诵经时，他也要向广大僧尼和教民进行爱国主义教育。有人讽刺班禅,说他"有会必到,到会必讲,一讲就念爱国经"。班禅针锋相对,理直气壮地说:"念爱国经,反对分裂,是我的责任,也是我的光荣,是宪法赋予我们每个公民应尽的义务。"

早在20世纪80年代初,班禅刚重新工作时,他总结历史的经验教训,明确指出:"历史和现实的经验都告诉我们,西藏只有统一在中国共产党领导下的社会主义祖国大家庭中,才有光辉灿烂的前途,才有民族的兴旺发达;西藏人民只有维护祖国的统一,加强汉藏民族之间以及祖国各民族之间的大团结,在共产党的领导下,坚定地走社会主义道路,才有真正幸福美满的未来。因此,我们一定要像保护自己的眼珠一样来维护祖国的统一。我国宪法规定,中华人民共和国公民有维护国家统一和全国各民族团结的义务。我们每个人都应该自觉地履行这项崇高的义务,自觉地努力提高爱国主义觉悟。"

班禅无限热爱自己的民族,关心藏族的前途和命运,对广大的藏族人民,对涉藏地区的发展,怀着强烈的责任感和使命感。

班禅不是那种浅薄的爱国主义者,不是空喊口号、不干实事的"爱国主义者",不是对祖国的兴衰、人民的苦乐漠不关心、麻木不仁的"爱国主义者"。他认为,我们提倡的爱国主义,有具体的内容,要体现在各个民族、各行各业、每个人的实际行动中。热爱祖国,就要热爱祖国的悠久历史、灿烂文化,热爱祖国的一山一水,一草一木,热爱祖国的每一片土地,热爱祖国大家庭的每一个成员,自觉地去做有益于祖国统一和民族团结的事,通过自己的行动,使祖国富强,人民幸福。他鄙视一些人把"爱国主义"的口号挂在嘴上,以此来给自己脸上贴金,捞取某种政治资本,而不做任何有益于祖国富强、人民幸福的事。

班禅大师的心与藏族人民紧相连。他时刻关心着藏族的复兴和昌盛、发展和进步。他热切希望涉藏地区能较快地赶上内地发达地区的发展水平,使藏族人民能过上美好幸福、自由民主的新生活。他曾怀着沉重的心情说:"不改变藏族地区落后贫穷的面貌,我死不瞑目。"

班禅曾多次表示，这"四热爱"是他一生矢志不渝的信念，并愿以此同民族宗教界的朋友们共勉。他说，这"四热爱"是互相联系、不可分割的整体，片面地强调哪一个方面都是错误的、有害的。

邓小平同志生前曾对班禅大师说："你是我们国家最好的爱国者。"对于小平同志的这一评价，十世班禅当之无愧。十世班禅一生的实践，充分证明了这一点。

十世班禅大师生前一再说，爱国主义不是一句空洞的口号，而是有具体的、实际的内容。大师是这么说的，也是这么做的。十世班禅的爱国主义精神是融化在血液之中，体现在一个个具体的实践之中。

在当前形势下，继承和弘扬十世班禅大师"四热爱"精神，具有特殊重要的意义，也是对伟大的爱国主义者十世班禅大师最好的纪念。

原文载于《青海师范大学学报（社会科学版）》
2015 年第 6 期

粟特军将安思顺与唐代河陇边防[1]

冯培红[2]

安思顺(？—756年)是唐代历史上颇为重要的人物,早年随父安波注从后突厥汗国归附唐朝,官至河西、朔方节度使,为唐朝的封疆大吏,也是唯一一位粟特人河西节度使。尤可注意的是,安思顺与安禄山为兄弟关系,在天宝年间(742—756年)分别控握唐朝西北、东北两大地域的军政大权,前者出任甚至兼领河西、朔方节度使,后者身兼范阳、平卢、河东节度使,形成了唐朝北部沿长城一线的粟特系将领弧形势力圈。天宝十四载(755年)十一月安禄山起兵反唐,翌年二月唐朝诛杀安思顺,前后相差三个月。很显然,唐廷是担心两位粟特安姓兄弟联起手来,从西北、东北两个方向合力夹击唐朝。惜两《唐书》未为安思顺立传,史料中只有零星分散的记录。穆渭生、乔潮合撰《盛唐大将安思顺生平事迹钩沉》一文,围绕安思顺的出身与被杀冤案作了考察,重点讨论为安思顺平反昭雪与安抚、感召朔方军将士的政治意义,而对安思顺任职较

---

[1] 国家社科基金重点项目"中古粟特人与河西社会研究"(19AZS005)。
[2] 冯培红,1973年生,男,汉族,浙江长兴人,历史学博士,浙江大学历史学院教授,博士研究生导师。研究方向:敦煌学、西北史地。

久的河陇地区却较少着墨①。本文以安思顺与唐代河陇边防为中心,搜辑相关史料进行剖析考证,以揭示这位重要的粟特军将的丰富人生,以及唐玄宗时代与吐蕃政权之间的关系、唐朝东北与西北的军队移防,并藉由安思顺等人来管窥粟特军将群体在唐代边防中扮演的角色与作用。

一、从后突厥到唐岚州:早年的安思顺及其粟特部族

安思顺幼时生活在后突厥汗国,姚汝能《安禄山事迹》卷上记载到安思顺及其父波注、弟元贞:

安禄山,营州杂种胡也,小名轧荦山。母阿史德氏,为突厥巫。……少孤,随母在突厥中。母后嫁胡将军安波注兄延偃。开元(713—714年)初,延偃族落破,胡将军安道买男孝节并波注男思顺、文(元)贞俱逃出突厥中。道买次男贞节为岚州别驾,收之。禄山年十余岁,贞节以与其兄孝节相携而至,遂与禄山及思顺并为兄弟,乃冒姓为安,名禄山焉。②

这段话中提到了三个粟特安氏家庭,属于同一部族,早先都出自于中亚粟特安国(Bukhara):

---

① 穆渭生、乔潮《盛唐大将安思顺生平事迹钩沉》,《唐都学刊》2011年第6期,第10—16页。另参乔潮、穆渭生《郭子仪请雪安思顺冤案发微》,《西北大学学报》2009年第6期,第150—152页。
② 姚汝能《安禄山事迹》卷上,上海古籍出版社,1983年,第1页。"文贞",其他史书大多作"元贞",见刘昫等《旧唐书》卷104《哥舒翰传》,北京:中华书局,1975年,第4624页;欧阳修、宋祁《新唐书》卷5《玄宗纪》,北京:中华书局,1975年,第152页;王钦若等编《册府元龟》卷119《帝王部·选将一》,北京:中华书局,1960年,第1429页;董诰等编《全唐文》卷452邵说《代郭令公请雪安思顺表》则作"元真",北京:中华书局,1983年,第4623页。"文""元"二字形近,"贞""真"音近,综合来看以"元贞"为宜。另外,《旧唐书》卷110《王思礼传》记天宝"十五载(756年)二月,思礼白(哥舒)翰谋杀安思顺父元贞",第3312页。"父"字为"弟"之讹。

（1）安禄山家：父早卒，母阿史德氏改嫁安延偃，延偃所在的粟特部族在开元初受到攻击，部族破散，安禄山与安道买的长子孝节、安波注二子思顺和元贞一起从后突厥逃往唐朝，投奔孝节之弟、岚州别驾贞节[①]。

（2）安思顺家：父胡将军安波注为延偃之弟，故思顺、元贞与延偃的继子禄山形成了堂兄弟关系。安波注可能与安道买、贞节父子一样，早已进入唐朝。安思顺、元贞与安禄山随同安孝节一起，从后突厥投奔唐岚州别驾安贞节，并且结拜为兄弟。

（3）安贞节家：父胡将军安道买最早见于《新唐书》卷4《则天皇后纪》所记：神功元年（697年）正月"癸亥，突厥默啜寇胜州，平狄军副使安道买击败之"[②]；张说《神兵道为申平冀州贼契丹等露布》也提到："总管沙吒忠义、王伯礼、安道买等，兵临易水，使接桑河。"[1]从安道买的长子孝节生活在后突厥汗国来看，他们一家原本都应当居住在后突厥，但后来道买携次子贞节南奔，697年道买已任武周平狄军副使，开元初贞节为唐岚州别驾。平狄军位于代州境内，与岚州相邻，岚州即楼烦郡，

---

① 两《唐书》《安禄山传》记载安延偃也投奔了唐朝，见《旧唐书》卷200上《安禄山传》云："年十余岁，以与其兄及延偃相携而出"，第5367页；《新唐书》卷225上《逆臣上·安禄山传》亦记："开元初，偃携以归国，与将军安道买亡子偕来，得依其家，故买子安（贞）节厚德偃"，第6411页。不过，安延偃可能很快就去世了。邵说《代郭令公请雪安思顺表》云："思顺亡父波主哀其孤贱，收在门阑"，见《全唐文》卷452，第4623页。既称"孤贱"，又将之"收在门阑"，透露出安延偃已不在人世，禄山只能依附于叔父波主（即波注）。此外，蒲立本推测安禄山来自六胡州，见Edwin G. Pulleyblank, "A Sogdian Colony in Inner Mongolia", T'oung Pao, second series, vol.41, 4/5, 1952, p.338；沈睿文称安禄山很可能出生在营州柳城，见《安禄山服散考》，上海古籍出版社，2015年，第3页；王炳文推断安禄山并非生于突厥，而是出生在唐朝与突厥交界的代北至幽营一带，见《从胡地到戎墟：安史之乱与河北胡化问题研究》，北京师范大学出版社，2020年，第108—117页。但这些说法尚缺乏严格的证据，推测成分多，故不取。
② 《新唐书》卷4《则天皇后纪》，第97页。《旧唐书》卷194上《突厥传上》亦记载该年，默啜可汗率军"袭我静难及平狄、清夷等军"，第5169页。蒲立本推测安道买是来自鄂尔多斯的粟特人，见Edwin G. Pulleyblank, "A Sogdian Colony in Inner Mongolia", T'oung Pao, second series, vol.41, 4/5, 1952, p.329.

在太原西北250里[①]，历来为少数民族聚居之地。安孝节则仍留在后突厥，在开元初与安思顺、元贞、禄山一起投奔其弟贞节。

这三个安姓家庭原本生活在后突厥汗国，均出自粟特部族[②]，后来投奔唐朝。后突厥在默啜可汗统治时期，"其地东西万余里，控弦四十万，自颉利之后最为强盛。自恃兵威，虐用其众"，安延偃、波注、道买等人大概就在这一时期归附后突厥；但是，"默啜既老，部落渐多逃散"，如：开元二年（714年），默啜可汗之婿石阿失毕"携其妻来奔"；翌年，十姓部落左、右厢五俟斤及其女婿高文简、跌跌思泰等"各率其众，相继来降"，以及"默啜女婿阿史德胡禄俄又归朝"[2]。在这样的历史背景下，来看开元初安思顺等人从后突厥南奔唐朝，就很容易理解了，他们只不过是南奔各部中的一股而已。后突厥汗国本身是个部落大联盟，其中石阿失毕与安波注等人一样，原本都出自中亚粟特。

安思顺去世以后，邵说撰写了一篇《代郭令公请雪安思顺表》，其中说道："安禄山牧羊小丑，本实姓康，远自北番，来投中夏。思顺亡父波主哀其孤贱，收在门阑。比至成立，假之姓氏"[3]，也叙及安禄山是从"北番"（后突厥）投奔"中夏"（唐朝）的，安思顺之父波主即上引《安禄山事迹》中的安波注，"主""注"二字音、形相近，为粟特语音译的汉字异写，

---

① 《旧唐书》卷38《地理志一》，第1387页。敦煌文献 P.2511《诸道山河地名要略》"岚州"条注称"以地为突厥之北冲"，上海古籍出版社、法国国家图书馆编《法藏西域敦煌文献》第15卷，上海：上海古籍出版社，2001年，第33页。

② 日本学界将这类人称为"粟特系突厥"，见森部丰《唐末五代の代北におけるソグド系突厥と沙陀》，《東洋史研究》第62巻第4号，2004年，第60—93页；《ソグド系突厥の東遷と河朔三鎮の動静——特に魏博を中心として——》，《関西大学 東西学術研究所紀要》第41号，2008年，第137—188页；《唐末・五代・宋初の華北東部地域における吐谷渾とソグド系突厥——河北省定州市博物館所蔵の宋代石函の紹介と考察——》，荒川慎太郎、高井康典行、渡辺健哉编《遼金西夏研究の現在（2）》，東京外国語大学アジア・アフリカ言語文化研究所，2009年，第25—48页。中田裕子《唐代六胡州におけるソグド系突厥》，《東洋史苑》第72号，2009年，第33—66页。

甚至还被写作"至"①。所谓"比至成立,假之姓氏",与上面所说安孝节、贞节、禄山、思顺"并为兄弟,乃冒姓为安"一样,都是入唐以后受到汉文化影响才取的汉式姓氏。只不过安禄山的生父原本不是出自粟特安国,从"本实姓康"可知是出自康国（Samarkand）。安禄山的继父延偃与安思顺之父波注为亲兄弟②,思顺也就成了禄山的堂兄弟；当他们到达唐朝岚州后,又与安道买二子孝节、贞节结为兄弟,进一步扩大了拟制血缘的亲属关系圈,形成了更为牢固的粟特同族势力集团。从这一角度来看天宝年间安思顺、安禄山分别节制唐朝西北、东北两大地域,以及安禄山起兵后唐朝迅速处置并杀死安思顺,显然是出于对他俩同为粟特人且是兄弟关系的忧虑。

二、从出征东北奚、契丹到移防陇右吐蕃

开元初,安思顺与安禄山抵达岚州,但是他俩很快就离开此地并分往两地。我们在史料中发现：安思顺在开元二年（714年）八月出现在

---

① 《旧唐书》卷200《安禄山传》,第5367页。蒲立本认为安波注可能取了汉名,见Edwin G. Pulleyblank, "A Sogdian Colony in Inner Mongolia", T'oung Pao, vol.41, 4/5, 1952, p.333。不确。戴伟华称"《旧书》中的'安波至',应为'安波主'之误",见《〈使至塞上〉与崔希逸破吐蕃事无关》,《历史研究》2014年第2期,第164页。按,"至""主"只是不同的音译汉字,并非正误问题。

② 王炳文提出："从现有史料来看,安延偃与安波注并非亲兄弟。"但观其论断提出的原因,主要是根据"唐廷对禄山与思顺两家的处置措施存在明显区别,说明安禄山与安思顺的祖父不太可能是同一人",以及唐玄宗给安思顺的祖父授予武部尚书以说明尚健在人世,而安禄山在发兵南下时则"辞其祖考坟墓"。见《从胡地到戎墟：安史之乱与河北胡化问题研究》,第118—119页。但是,唐玄宗给安思顺的祖父赐官时,称其原来的官职为"左玉铃卫郎将","左玉铃卫"原称"左领军卫",光宅元年（684年）更名,神龙元年（705年）复旧。既然称安思顺祖父的旧官名,表明唐玄宗授官时他已经去世,武部尚书为其赠官,只不过《册府元龟》卷131《帝王部·延赏二》在叙述时省掉了"赠"字,这种情况在史籍中颇为常见。

了陇右，而安禄山则可能前往营州，以至于史书中记其为"营州杂种胡也"①。他俩之所以很快离开岚州，并且稍后分往两地，应当与时任并州大都督府长史的薛讷的军事行动有关。《元和郡县图志》卷14《河东道三》列有岚州②，统管河东道的并州大都督府长史薛讷正是岚州别驾安贞节的上司，所以安思顺、安禄山也必须听命于薛讷，随他参加军事行动。

史载，开元二年（714年）正月"甲申，并州大都督府长史、兼检校左卫大将军薛讷同紫微黄门三品，仍总兵以讨奚、契丹"[4]；但到七月，唐军在滦河打了败仗，主帅薛讷被贬为庶人③。然而就在同月，唐蕃边境战事又起，吐蕃大将坌达延、乞力徐率军进犯唐陇右诸军州，薛讷以白衣为陇右防御使，前往陇右前线抗御吐蕃。《旧唐书》卷8《玄宗纪上》记该年七月：

吐蕃寇临洮军，又游寇兰州、渭州，掠群牧，起薛讷摄左羽林将军、陇右防御使，率杜宾客、郭知运、王晙、安思顺以御之④。

关于吐蕃侵唐陇右诸军州的月份，上引《旧唐书·玄宗纪上》所记七月为孤证，而同书卷93《薛讷传》及《新唐书》卷5《玄宗纪》、《资治通鉴》卷211开元二年（714年）条、《唐大诏令集》卷59《薛讷白

---

① 姚汝能《安禄山事迹》卷上，第1页。又参《旧唐书》卷200上《安禄山传》，第5367页；《新唐书》卷225上《逆臣上·安禄山传》，第6411页。不过，王炳文对"营州胡"提出新说，认为"营州胡基本上是以破散部落和归降蕃部为主"，而"粟特等部所占比重无疑很小"，"史籍中常见的'营州柳城人''营州城傍'一类说法往往实指渔阳及其周边地区蕃部"，见《从胡地到戎墟：安史之乱与河北胡化问题研究》，第37—44页。
② 参见李吉甫《元和郡县图志》卷14《河东道三》"岚州"条，北京：中华书局，1983年，上册，第396页。
③ 关于滦河之战的月份，史籍大多记作七月，唯《旧唐书》卷93《薛讷传》作六月。
④ 《旧唐书》卷8《玄宗纪上》，第173页。又参《新唐书》卷133《王忠嗣传》，第3197页。

衣摄左羽林将军击吐蕃制》则皆记作八月[①]。薛讷七月兵败于奚、契丹，被贬为庶人，到起复为陇右防御使，以及从东北到陇右距离迢远，需要一定的时间，故当以八月为确。

上面提到薛讷的四位部将中，杜宾客是其旧部，原任左监门将军，因劝谏勿贸然进兵奚、契丹，在战后被特免其罪；郭知运为北庭副都护，王晙为朔方军副大总管、安西大都护、陇右群牧使。唐廷的战略意图，是调集薛讷统率的河东旧部与郭知运、王晙统率的西北军，东西合围，共防吐蕃。如前所言，安思顺在开元初从后突厥南奔唐朝岚州，稍后在开元二年（714年）八月出现在陇右，但他极可能不是直接从岚州到陇右，而是跟随薛讷参加了对奚、契丹的战争，再随之来到陇右。从他俩原先都在河东、后来又均在陇右，且在时间上相去极近，应可推断得出此一结论。随薛讷一起来到陇右的，除安思顺之外还有杜宾客，另外樊衡撰写过《为幽州长史薛楚玉破契丹露布》《河西破蕃贼露布》[②]，可能也随薛讷来到了陇右，进而又至河西。

总之，安思顺、安禄山随薛讷从河东前往东北对奚、契丹作战，前者又随薛讷同往陇右抗御吐蕃，而后者则可能在对奚、契丹作战以后留在了营州。安思顺跟随薛讷时间不长，但他调防陇右抗御吐蕃时，能够附列在职级极高的杜宾客、郭知运、王晙三将之后，足见深受主帅薛讷的信任，这很可能是因为他是薛讷亲自统领的河东将士，且具有极强的军事战斗能力，在讨伐奚、契丹的战斗中脱颖而出，从而引起了薛讷的

---

① 《旧唐书》卷93《薛讷传》，第2984页；《新唐书》卷5《玄宗纪》，第123页；司马光《资治通鉴》卷211，北京：中华书局，1956年，第6704页；宋敏求编《唐大诏令集》卷59《大臣·将帅·命将》，北京：中华书局，2008年，第315页。
② 李昉等编《文苑英华》卷647《露布一》、卷648《露布二》，北京：中华书局，1966年，第3331—3334页。

注意，遂一同前往陇右前线[①]。

　　714年吐蕃对唐陇右诸军州的进犯，是在新获得河西九曲之地后的进一步向东扩张。《旧唐书》卷93《薛讷传》记载了具体的吐蕃将领名："其年（714年）八月，吐蕃大将坌达延、乞力徐等率众十万寇临洮军，又进寇兰州及渭州之渭源县，掠群牧而去。诏讷白衣摄左羽林将军，为陇右防御使，与大仆少卿王晙等率兵邀击之"[5]。坌达延、乞力徐率军东击唐临洮军、兰州、渭州渭源县，掠夺陇右群牧，鄯州都督"杨矩惧，自杀"[6]，可见吐蕃的这次东进对唐朝造成了极大的威胁，以至于唐玄宗决定要御驾亲征。《旧唐书》卷93《薛讷、王晙传》详细描述了唐蕃两军在渭源县的大来谷、武阶谷发生激烈战斗的场面，两人率领的唐军合力击溃吐蕃军队，并"掩其余众，追奔至洮水，杀获不可胜数，尽收所掠牧马而还"。唐军也付出了一定的代价，"追奔至洮水，又战于长城堡，丰安军使王海宾先锋力战死之"，甚至"时有诏将以十二月亲征吐蕃"，直到后来听闻前线唐军"大破吐蕃之众，杀数万人，尽收复所掠羊马。贼余党奔北，相枕藉而死，洮水为之不流。上遂罢亲征"[7]。唐玄宗派紫微舍人倪若水前往陇右，叙录功状，"拜薛讷为左羽林军大将军，封平阳郡公"[8]；王晙"加银青光禄大夫，封清源县男，兼原州都督"[9]；郭知运"进阶冠军大将军，兼临洮军使，封太原郡公"[10]；作为薛讷的旧部将领，杜宾客、安思顺自然也应当获得加官进爵。

　　敦煌藏文文献P.t.1288《大事纪年》对这场战争也有记录：

坌达延与尚·赞咄热拉金于"司古津"之"倭阔"地方征吐谷浑之大料集。冬，赞普驻于辗噶尔。冬季会盟由论绮力心儿藏热于"嫩"地

---

① 王炳文则推测，"安思顺此时年方总角，颇疑为安波注之讹"，见《从胡地到戎墟：安史之乱与河北胡化问题研究》，第126页。但下引《册府元龟》卷128封赏将领中有安思顺，官职从右监门卫将军、临洮军使升为洮州刺史、莫门军使，与讨伐奚、契丹为同年之事，故此处所列安思顺应当无误。

召集之，坌达延与大论乞力徐二人引上军劲旅赴临洮。还。是为一年[11]。

这里也出现了坌达延、乞力徐二人，率领吐蕃军队进攻唐临洮军。他俩所率十万军队主要是坌达延与尚·赞咄热拉金征集的吐谷浑军队。从前引汉文史料可知，吐蕃军队还侵及兰州、渭州渭源县，这在藏文文献中没有记及，仅以一个"还"字记录战争结果，这意味着吐蕃确实吃了败仗，可能是因感到耻辱而被隐去未记。

最值得注意的是，《册府元龟》卷128《帝王部·明赏二》开列了721年的立功将领名单：

（开元）九年（721年）夏四月庚寅，胡贼康待宾据长泉县作逆。秋七月己酉，擒待宾，至京师腰斩之。己丑，朔方道行军大总管、兵部尚书、清凉县开国男王晙进封清源县开国公、食邑一千户，兼与一子官，赐物五百匹。……十月癸未，以摄左羽林军、陇右防御使薛讷为右羽林军大将军、上柱国，封河东郡开国公，赐物三百段、银五百两、钱三万贯，赏功也。以陇右防御副使、云麾将军、左羽林军将军、介休县公郭知运进阶冠军，进封太原郡公，仍兼临洮军使，赐物三百匹、钱三十万、银四百两；左武卫将军、清凉县侯白道恭进封清凉县公，赐物二百匹、钱二十万、银二百两；以右威卫将军杜宾客为灵州刺史，充丰安军使，封建平县开国男，赐物二百段、银二百两、钱二十万；右监门卫将军、临洮军使安思顺为洮州刺史，充莫门使，赐物二百段、银三百两、钱五十万；右威卫郎将杨楚客为右领军卫中郎，赐物二百段、钱十万、银二百两，并赏破吐蕃之功也[12]。

上引立功将领名单实际上包含了两场战争：一场是唐朝对内平定六胡州康待宾之乱，另一场是唐朝对外击败吐蕃的进犯。721年确实发生了康待宾攻陷六胡州之乱，为朔方道行军大总管王晙所平定；但是，陇右防御使薛讷击败吐蕃却并非发生在该年十月，原因如下：第一，薛讷在此前一年亦即开元八年（720年）就已亡故[①]。第二，郭知运恰在此年此月去世，且所任官职为陇右诸军节度大使、鄯州都督，而非较低的陇右防御副使和临洮军使。《新唐书》卷133《郭知运传》对其官职迁转叙述得十分清晰：714年大败吐蕃后，"进阶冠军大将军，兼临洮军使，封太原郡公，赐赍万计。徙陇右诸军节度大使、鄯州都督"[13]。第三，据《新唐书》卷5《玄宗纪》记载，杜宾客在开元三年（715年）七月壬戌已任灵州刺史[②]，而非迟至721年。因此，这份名单对吐蕃之战的系年显然有误，实为714年击败吐蕃以后对薛讷、郭知运、白道恭、杜宾客、安思顺、杨楚客六位高级将领的封赏，给他们加官晋爵，赐物及银、钱，原因是"并赏破吐蕃之功也"。为便于比较，具体列作表1：

表1　唐开元二年（714年）破吐蕃封赏将领表

姓名	原官爵	加封官爵	赐物	赐银	赐钱
薛讷	摄左羽林军大将军、陇右防御使	右羽林军大将军、上柱国、河东郡开国公	300段	500两	30000贯
郭知运	陇右防御副使、云麾将军、左羽林军将军、介休县公	冠军大将军、太原郡公、临洮军使	300匹	400两	300000贯
白道恭	左武卫将军、清凉县侯	清凉县公	200匹	200两	200000贯
杜宾客	右威卫将军	灵州刺史、丰安军使、建平县开国男	200段	200两	200000贯
安思顺	右监门卫将军、临洮军使	洮州刺史、莫门使	200段	300两	500000贯
杨楚客	右威卫郎将	右领军卫中郎	200段	200两	100000贯

---

① 见《旧唐书》卷93《薛讷传》，第2985页。
② 《新唐书》卷5《玄宗纪》，第124页。郁贤皓认为杜宾客两度担任灵州刺史，见《唐刺史考全编》第二编《关内道》卷18《灵州（灵武郡）》，合肥：安徽大学出版社，2000年，第1册，第333—334页。但开元九年条仅此孤证，且与郭知运卒于此年此月相龃龉，故不取。

从封赏对象来看，上表所列六人中，薛讷、郭知运、杜宾客、安思顺四人前已提到，白道恭、杨楚客为新见，其中杜、安二人原系薛讷旧部，唯独未及王晙，这可能是因为上面已经列出了721年平定康待宾之乱的主帅王晙，时任朔方道行军大总管，不在陇右，所以王钦若等编《册府元龟》时删削了文字。从赏赐的钱额来看，安思顺获得赐"钱五十万"，数额远高于除主帅薛讷外的其他所有将领，显然是因为他英勇作战、战功卓著而获得的特殊赏赐，这也与此前他在对奚、契丹作战中的表现和功劳是一样的，所以才会备受主帅薛讷的特别赏识，随他一起调防陇右，并在对吐蕃的战争中立有大功。这一大功主要体现在：安思顺担任临洮军使，而上文列叙吐蕃军队东进的路线顺序为：临洮军→兰州→渭州渭源县，安思顺驻守的临洮军首当其冲，位于抗御吐蕃的最前线。临洮军始置于武周久视元年（700年）[①]，《唐会要》卷78《节度使（每使管内军附）》云："临洮军，置在狄道县。开元七年（719年）移洮州县，就此军焉"[14]；《元和郡县图志》卷39《陇右道上》"鄯州"条记载"统临洮军"，下面小字注曰："开元（713—741年）中移就节度衙置。管兵五万五千人，马八千四百匹"[15]。唐代狄道县隶属于临州，位于今甘肃省临洮县；洮州仅领一县，即临潭县，位于今甘肃省临潭县；陇右节度使的治所在鄯州，位于今青海省西宁市乐都区。也就是说，临洮军的驻地曾两次发生位置移动：先是在719年从临州狄道县向西南移动到洮州临潭县，后是在开元某年继续向西移动到鄯州。714年唐蕃交战时，临洮军设在临州狄道县，邻近吐蕃新获的河西九曲之地，成为吐蕃军队东向进攻的第一站。作为临洮军使的安思顺自然责任重大，率军抵抗吐蕃进犯，功劳最巨，故在封赏之中赐钱最多，同时升迁为洮州刺史、莫门使，而临洮军使则由陇右防御副使郭知运兼任，五年后临洮军也从临州迁至洮州；莫门使即莫门军使，也设在洮州城，始置于仪凤二年（677年），管兵5500人、马

---

① 《新唐书》卷40《地理志四》"临州狄道郡"条小字注文，第1042页。

200匹[①]。

综上所论可知，安思顺在开元二年（714年）八月从东北调防陇右，担任右监门卫将军、临洮军使，驻于临州狄道县，是抗御吐蕃东进的前沿重地；击败吐蕃垒达延、乞力徐所率军队以后，十月升迁为洮州刺史、莫门军使。可以说，安思顺是唐朝抗御吐蕃最前线的重要将领，为唐朝的边防作出了贡献。

当时在唐蕃对峙交争中，像安思顺这样在陇右前线为唐朝效力的粟特军将绝非孤例，从传世文献、敦煌文献，尤其是出土墓志中可以找出不少。仅就陇右而言，《唐曹惠琳墓版文》记其"曾祖锽，秦州清德府果毅"[16]；《玉堂闲话》记载到"秦州都押衙石从义"[17]。在距离吐蕃较近的洮州、鄯州、廓州积石军等地，所见更多，如《唐康太和墓志铭并序》记其"解褐补洮州赤岭戍主，转扶州重博镇将员外置同正员，从班例也。戎幕无点，防御有功，超升右威卫鄯州柔远府左果毅、上柱国、赐绯鱼袋、内供奉射生"[18]。康太和（684—753年）最初担任洮州赤岭戍主，据笔者推断约在武周长安年间（701—704年），至天宝二载（743年）升为陇右节度副使、河源军使[②]，当与安思顺有过交集。《唐安忠敬神道碑铭并序》云："改会州刺史、营田使，换松州都督、防御使，迁左司御率、兼河西节度副大使、临洮军使，转鄯州都督，使如故。"[19]从

---

① 参见李吉甫《元和郡县图志》卷39《陇右道上》"鄯州"条，下册，第991页。
② 对康太和墓志的研究参李宗俊、沈传衡《康太和墓志与唐蕃道路等相关问题考》，《西藏大学学报》2019年第4期，第9—16页；赵世金、马振颖《新刊〈康太和墓志〉考释——兼论敦煌文书P.3885中的唐蕃之战》，《西夏研究》2020年第1期，第69—74页；雷闻《凉州与长安之间——新见〈唐故左羽林军大将军康太和墓志〉考释》，《河北师范大学学报》2020年第5期，第20—26页；冯培红、冯晓鹃《唐代粟特军将康太和考论——对敦煌文献、墓志和史籍的综合考察》，《敦煌研究》2021年第3期，第40—56页；陈明迪《〈康太和墓志〉相关问题考释》，杜文玉主编《唐史论丛》第34辑，西安：三秦出版社，2022年，第166—177页。

其他史料记载他于开元七年（719年）仍在会州刺史任上看[①]，其迁临洮军使是在安思顺之后，后来转任鄯州都督，领使如故，很可能此时临洮军已经移至鄯州。《武周康郎墓志铭并序》记其"以神功之岁（697年），被积石军大使别奏充行"，后来"又奉恩敕，差充积石军子总管"，立有战功，卒于长安二年（702年）[20]。《唐康令恽墓志铭并序》记载其祖慈感，"解褐西平郡掾曹"；他本人"西蹈积石，扼犬戎之喉"；"嗣子积石军副使、昭武校尉、右骁卫翊府中郎将、内供奉、上柱国承献"[②]。陇右节度使的治所在鄯州（西平郡），积石军位于廓州西180里，始置于仪凤二年（677年），管兵7000人、马100匹[③]，康郎、康令恽、康承献等人任职或活动于积石军，深入防御吐蕃进犯的最前线。由此可见，唐代陇右地区有一批粟特军将，为唐戍守边疆，防御吐蕃，是唐朝深为倚重的粟特边将。

三、安波注、思顺父子在河西与唐蕃战争

如上所言，安思顺在开元二年（714年）已从右监门卫将军、临洮军使升迁为洮州刺史、莫门使，右监门卫将军为从三品，洮州为下州，

---

① 李吉甫《元和郡县图志》卷4《关内道四》"会州"条云："黄河堰，开元七年（719年），河流见逼州城，刺史安敬忠率团练兵起作，拔河水向西北流，遂免淹没"，上册，第97页。安敬忠当即安忠敬。

② 王育龙《唐长安城东出土的康令恽墓志跋》，荣新江主编《唐研究》第6卷，北京：北京大学出版社，2000年，第396—397页。相关研究参福岛惠《丝绸之路青海道上的粟特人——从〈康令恽墓志〉看鄯州西平康氏一族》，荣新江、罗丰主编《粟特人在中国：考古发现与出土文献的新印证》，北京：科学出版社，2016年，上册，第117—126页；福岛惠《東部ユーラシアのソグド人——ソグド人漢文墓誌の研究—》第二部第四章《青海シルクロードのソグド人——〈康令恽墓誌〉に見る鄯州西平の康氏一族》，东京：汲古书院，2017年，第190—222页。

③ 李吉甫《元和郡县图志》卷39《陇右道上》"鄯州"条，下册，第991页。"廓州"条作150里，见该书第994页。

刺史为正四品下，属中高层官员，地位不低。惜开元年间关于安思顺的史料甚为稀缺，无法了解他在此一阶段的生平事迹。如下所考，至迟到天宝（742—756年）初，安思顺已经调任河西，出任大斗军使。大斗军使与他此前所任临洮军使、莫门军使地位相当，这三十年左右安思顺的职位几无升迁，从陇右到河西仍任军使。何以如此？颇疑他在吐蕃交战中可能有过战败经历。笔者在考证《唐康太和墓志铭并序》时，曾注意到他从大明府折冲都尉到左武卫中郎将、再到左司御率府副率、充大斗军使，可能是受到幽州作战失利的影响，职事官一再遭贬，甚至被调离京城宿卫，外任为大斗军使；以及从大斗军使、河西节度副使到河源军使，也是因为廓州达化县、振武军石堡城失守，河西、陇右节度使盖嘉运遭贬黜甚或被杀，作为盖嘉运的副手之一的康太和也难逃处分，同样遭到贬职[21]。安思顺在开元年间官职长期得不到升迁，恐怕也与此类似。

天宝前期，安思顺担任大斗军使，最重要的史料莫过于樊衡所撰《河西破蕃贼露布》，不仅提到了安思顺、哥舒翰等诸多唐代名将，而且非常难能可贵的是，还出现了安思顺之父波主及弟元贞，父子兄弟团聚于河西军中，共同为唐朝抗击吐蕃而效力，尤其是安波主担任都知兵马使、左羽林军大将军，是统军作战的前线主帅，地位仅次于河西节度经略使及副使。露布文字较长，兹摘引部分内容于下：

朝议大夫、守左散骑侍郎、河西节度经略使、营田九姓长行转运等副使、判武威郡事、赤水军使、摄御史中丞、赐紫金鱼袋、上柱国臣某破蕃贼露布事。

……以今月初戒太初之严，引高牙而出，十二月会于大斗之南，择精骑五千，皆蓬头突鬓、剑服之士。乃遣都知兵马使、左羽林军大将军安波主帅之，先锋使、右羽林大将军李守义副之，十将、中马军副使、折冲李广琛等部之。臣自以马步三千，于大斗、建康、三水、张掖等五大贼路为应接。别委行军司马、大理司直、摄殿中侍御史卢幼临领步兵五百，过合黎川为声援；又使大将军浑大宁、将军契苾嘉宾各领步兵于三水贼境为掎角。

波主等将辞，臣戒之曰："尔岂不闻乎？天子之怒，伏尸者百万；将军之权，得专诛戮。尔须自大斗南山来入，取建康西路而归……"诸将乃敢于勇决，进不顾身，十二日至新城南。……

十五日至青海北界，遇吐蕃两军游奕二千余骑。波主乃使先锋使、大将军李守义领铁骑一千穿贼之中，取首而阵；又使先锋副使、郎将安贞领铁骑二百摩贼之垒，斩馘而旋；又使中马军副使李广琛领勃律马骑一千攻其傍；又节度总管李朱师等领兵八百骑亢其下；使右马军副使张仁贤以游兵一千弥缝其阙；波主自与突将军雍余义等领精兵一千敌其南北东西……

十六日进至鱼海军，千里烟尘，百道旗鼓。波主已先遣前军副使、折冲傅光越设伏于便道，及交矢石，又使节度总管唐朝英等冠而伪奔，戎争追之，遇伏皆死。因得戮巨鲸于鱼海，坠封豕于鹿泉。平积骸成京观，斩鱼海军大使剑具一人，生擒鱼海军副使、金字告身论悉诺匝，生擒弃军大使节度悉诺谷，生擒游奕副使诺匝，生擒游奕副使、金字告身拱贵，生擒鱼海军副使、银字告身统牙胡。其余裨褊，难以尽载。斩首三千级，生俘千余人、牛马羊驼八万余头。……凡七八日间，约三百余阵。至合河之北，斩得二丈之绥，而莽布支更益其锐兵，追截我归路。安波主惧其危迫，请救其后军。臣遂遣副使刘之儒等领后军二千骑迎之，会中使骆玄表至，臣行军使善子雄监之同往。……臣闻军得归，便牒安波主："虏之去也，必谓我不能复，追之必出其不意。可使安思顺反戈却入，必尽擒之"。遂束精骑二千与之，又使副使娑罗度抱一二丈城，副使李可朱副之。臣别差大斗军副使乌怀愿、讨击副使哥舒翰等领精骑一千应之。①

---

① 《文苑英华》卷648《露布二》，第3333—3334页；《全唐文》卷352樊衡《河西破蕃贼露布》，第3571—3573页。个别文字有所不同。

露布的发布者河西节度经略使，未具姓名；战争发生的年份，也没有明确给出，仅提到月份与日期。戴伟华认为战争发生于开元二十五年（737年），当时的河西节度经略使是崔希逸[22]。果若如此，则安思顺早在737年或稍前就已经调防河西；但是，戴氏的观点实际上未经论证，而是径直嫁接，并不准确，前贤对此多有驳论①。其实，从露布的内容结合史籍的记载，完全可以很容易地判断出具体的战争时间。兹先简单概括这场唐蕃战争的整个过程如下：某年年底，河西都知兵马使安波主率领唐军从大斗军向南穿越祁连山，进入青海，于12月12日至新城南，15日至青海北界，击溃吐蕃的两支游奕军队；16日进至吐蕃鱼海军，激战七八日，战斗三百余场，击斩鱼海军大使剑具一人，生擒鱼海军副使、金字告身论悉诺匜，鱼海军副使、银字告身统牙胡等人，获得大胜；又至合河之北，再战获捷。鱼海之役是整场战争中最关键的一战②。《新唐书》《资治通鉴》《册府元龟》等书对此役皆有记载，兹引《资治通鉴》卷215天宝元年（742年）条于下：

　　十二月，陇右节度使皇甫惟明奏破吐蕃大岭等军；戊戌，又奏破青海道莽布支营三万余众，斩获五千余级；庚子，河西节度使王倕奏破吐蕃鱼海及游奕等军。[23]

---

① 李宗俊《唐代河西走廊南通吐蕃道考》，《敦煌研究》2007年第3期，第46页；杨松冀《〈河西破蕃贼露布〉与崔希逸无关——与戴伟华先生商榷》，《兰台世界》2015年第11期，第155—157页；陈铁民《〈《使至塞上》与崔希逸破吐蕃事无关〉求疵》，《历史研究》2017年第2期，第168—172页；李学东《〈河西破蕃贼露布〉所见史事探微》，《唐都学刊》2020年第3期，第11—14页；王蕾《鱼海、合河的位置与交通路线考》，叶炜主编《唐研究》第27卷，北京大学出版社，2022年，第429页。
② 相关研究参王蕾《鱼海、合河的位置与交通路线考》，《唐研究》第27卷，2022年，第427—442页。

"渔海"即前引露布中的"鱼海"①。唐朝对吐蕃的这次军事行动由陇右、河西两道协同作战,合击吐蕃,陇右节度使皇甫惟明大破吐蕃大岭、青海等军;河西节度经略使王倕则命都知兵马使安波主进击新城、青海北界、鱼海军、合河等地。吐蕃将领莽布支也同时出现在《资治通鉴》《河西破蕃贼露布》中,敦煌藏文文献 P.t.1288《大事纪年》亦记马年(742年)"由论·莽波支于麹年蒙冈征吐谷浑大料集"②,论·莽波支即莽布支,益证此役确实发生在742年底,发布露布的河西节度经略使为王倕。据吴廷燮考列,王倕任河西节度使的时间为741—745年③。

露布中提到唐河西将领多达20人④,其中包括都知兵马使安波主、安思顺、先锋副使安贞、讨击副使哥舒翰,以及勃律骑兵,"十二月会于大斗之南",大斗军位于凉州西200里,因大斗拔谷而名,开元十六年(728年)从赤水军守捉升格设置,管兵7500人,马2400匹,隶属于河西节度使,兵力仅次于赤水军⑤。当时,赤水军使由河西节度经略使王倕兼领,安思顺可能已任大斗军使。《新唐书》卷135《哥舒翰传》记其"游河西,事节度使王倕。倕攻新城,使翰经略,稍知名。又事王忠嗣,署衙将……为大斗军副使,佐安思顺,不相下"[24]。从露布可知,王倕进攻新城并非指其亲临前线,而是命令都知兵马使安波主统军出新城,具体时间是天宝元年(742年)十二月十二日,当时乌怀愿为大斗军副使,哥舒翰为讨击副使。据吴廷燮考列,王忠嗣任河西节度使的时间为

---

① "渔海"又见于《新唐书》卷5《玄宗纪》,第143页;《册府元龟》卷37《帝王部·颂德》,第415页。
② 王尧、陈践译注《敦煌古藏文文献探索集》,第97页。P.t.1288《大事纪年》还出现一位"唐廷使者安大郎",来到册布那的吐蕃赞普牙帐,该使者很可能也是一位粟特人。
③ 吴廷燮《唐方镇年表》卷8《河西》,第3册,北京:中华书局,1980年,第1221页。
④ 还有一些人也参加了鱼海之役,如豆卢诜《岭南节度判官宗公(羲仲)神道碑》云:"遂从安思顺破鱼海,败五城,授上柱国",见《全唐文》卷439,第4482页;《新唐书》卷136《李光弼附李国臣传》记其为"河西人,本姓安。力能抉关,以折冲从收鱼海五城,迁中郎将",第4592页。
⑤ 李吉甫《元和郡县图志》卷40《陇右道下》"凉州"条,下册,第1018页。

746—747年[①]，为王倕之后任，此时安思顺仍任大斗军使，而哥舒翰已从讨击副使升为衙将，并进而升为大斗军副使，成为大斗军使安思顺的副手，但两人的关系却不睦[②]。

在742年底的唐蕃战争中，最堪注意的是唐军前线主帅安波主，其官职为都知兵马使、左羽林军大将军。另外，先锋副使、郎将安贞，疑即安元贞，即思顺之弟。唐五代时期，经常省略人名的中间一字[③]，这种情况与《新唐书》卷225上《逆臣上·安禄山传》所记"故道买子安节厚德偃"[25]，安节即安贞节是相类似的。由此可见，安波主父子三人此时都在河西，担任各级军将，是河西节度经略使王倕手下最得力的干将。惜自开元二年以降，关于安波主父子的史料极为稀少，直到742年底才在《河西破蕃贼露布》中再次出现，特别是安波主作为对吐蕃作战的唐军前线主帅，官高位重，甚堪注目。此后，安波主在史籍中还出现过一次，即《册府元龟》卷131《帝王部·延赏二》所记：

（天宝）十四年（755年），赐朔方节度副使、灵武郡太守、摄御史大夫安思顺祖左玉钤卫郎将蘂武部尚书，考右羽林军大将军波主为太子太师。[26]

穆渭生、乔潮认为安思顺的祖父、父亲此时皆已亡故，所赐之官为死后赠官[④]；而王炳文则认为他俩仍然健在[⑤]。需加注意，安思顺祖父的官衔写作"左玉钤卫郎将"。《唐六典》卷24《左右领军卫》小字注曰："光

---

① 吴廷燮《唐方镇年表》卷8《河西》，第1222页。
② 《旧唐书》卷104《哥舒翰传》云："忠嗣以为大斗军副使，尝使翰讨吐蕃于新城"，第3212页。虽然与露布均提到新城，但却是不同时间的两次战争，这只是因为新城地当大斗军南，是河西唐军南入吐蕃的必经之地。
③ 参白雪、冯培红《敦煌本宋绍读经题记及相关问题考释》，《敦煌研究》2012年第1期，第74页。
④ 参穆渭生、乔潮《盛唐大将安思顺生平事迹钩沉》，《唐都学刊》2011年第6期，第12页。
⑤ 王炳文《从胡地到戎墟：安史之乱与河北胡化问题研究》，第119页。

宅元年（684年）改为左、右玉铃卫，神龙元年（705年）复故"[27]。《册府元龟》记载755年安思顺祖父的官衔，为何仍用半个世纪前684—705年间的旧官名呢？颇堪玩味。安禄山生于703年①，安思顺的年龄当与之相仿，他们的祖父大概生于7世纪中叶，应该不太可能活到755年，否则年龄要高达百岁左右。关于安思顺的祖父，史料中仅此一见，属于孤证，且左玉铃卫郎将只是四、五品官②，与其子、孙的高官品级相去太远，假如真的在世，恐怕官品不会如此之低，尤其是以此高龄仍任此职，更不可能。从史籍记载来看，担任诸卫郎将者绝大多数是年轻人③，而未见有年迈百岁的老人仍任此官。因此，与其认为755年安思顺的祖父为左玉铃卫郎将，不如将武部尚书看作是死后追封的赠官更加合宜。其次，前述安波主在742年活跃于河西，到755年是否仍然健在，尚难判断，但他作为粟特胡人，担任过都知兵马使、左羽林军大将军，被称为"胡将军"，能被实授太子太师的可能性不大，史籍中反倒常见把太子太师用作为武将的死后赠官④，因此755年安波主很可能也已不在人世，太子太师似为其死后追赠之官。

---

① 姚汝能《安禄山事迹》卷下云："至德二年丁酉（757）正月被杀，僭窃三年，年五十五"，第108页。知其生于703年。
② 若是中郎将，为正四品下；若为左、右郎将，为正五品上。参李林甫等《唐六典》卷24《左右领军卫》，第624页。
③ 如：薛仁贵在贞观末为右领军郎将，年仅三十多岁；"（程）务挺少随父征讨，以勇力闻，迁右领军卫中郎将"，见《旧唐书》卷83《薛仁贵、程务挺传》，第2780、2783—2784页。
④ 如：范希朝"号为名将"，王处存"世隶神策军"，死后皆赠太子太师，见《旧唐书》卷151《范希朝传》、卷182《王处存传》，第4058—4059、4699页。

四、朔方、河西节度使的转换或兼领

至晚从天宝六载（747年）开始，安思顺已经升至藩镇节度使，成为唐朝的封疆大吏。他先后出任朔方、河西节度使，并在两镇之间多次转换或互相兼领，控握西北地区的军政大权，成为与坐拥三镇的安禄山齐名的粟特藩帅。《资治通鉴》卷215—217记载安思顺担任两镇节度使的情况颇详，兹列表2[①]如下：

表2　安思顺任河西、朔方节度使表

时间	内容
天宝六载（747年）十一月辛卯	以朔方节度使安思顺判武威郡事，充河西节度使。
天宝九载（750年）八月癸亥	以河西节度使安思顺权知朔方节度事。
天宝十载（751年）正月	寻以（高）仙芝为河西节度使，代安思顺；思顺讽群胡割耳剺面请复留己，制复留思顺于河西。
天宝十一载（752年）四月	会李献忠叛，（李）林甫乃请解朔方节制，且荐河西节度使安思顺自代。庚子，以思顺为朔方节度使。
天宝十四载（755年）十一月	以朔方节度使安思顺为户部尚书，思顺弟元贞为太仆卿。

上节说到，安思顺在天宝元年（742年）底为大斗军使，大斗军是南攻吐蕃最重要的前哨，安思顺及其作为前线主帅的父亲安波主在这场战争中居于最核心的地位，假如战争真的像露布中所说的那样，那么战后他们自然会加官晋爵并获钱物赏赐。惜因史料未存，具体情况不得而知，不过到746年王忠嗣担任河西节度使时，安思顺仍为大斗军使，职务并未获得提升，因此对742年唐蕃之战的实际情况恐怕还需谨慎判断，

---

① 资料来源：《资治通鉴》卷215—217，第6879—6937页。

特别是露布的夸饰之词是经常可见的[1]。不过，至晚在五年（实为四年）后安思顺升任为朔方节度使。查吴廷燮《唐方镇年表》卷1《朔方》，发现未记天宝六载（747年）十一月辛卯以前安思顺为朔方节度使；从王忠嗣在天宝五载（746年）四月辞去朔方节度使，张齐邱在翌年十二月继任此职[2]，可知从天宝五载（746年）四月到翌年（747年）十一月之间的一年半多，是个空缺段，正是安思顺节度朔方的时间，此可补吴表之缺。

与《旧唐书》卷103《王忠嗣传》所记"初，忠嗣在河东、朔方日久，备谙边事，得士卒心。及至河、陇，颇不习其物情"不同[28]，安思顺从天宝六载十一月辛卯始任河西节度使，回到了他曾经战斗过多年的地方。穆渭生、乔潮认为，"唐朝中央擢升安思顺为河西节度使的原因，一是他长期在河、陇供职，习其物情，练达边务；二是他的种族，出自昭武九姓胡人"[29]。确实，河西是安思顺及其家族长期任职之地，且为粟特胡人聚居之所[3]，出自同族、善讲胡语的他统治起来自然更为得心应手。

从表2可以看出，天宝六载（747年）十一月辛卯以前、十一载（752年）四月庚子至十四载（755年）十一月之间，安思顺为朔方节度使；六载十一月辛卯至十一载四月庚子之间，为河西节度使，其中

---

[1] 同样由樊衡撰写的《为幽州长史薛楚玉破契丹露布》，就将一场败仗写成了大捷。见《文苑英华》卷647《露布一》，第3331—3332页；《全唐文》卷352，第3568—3571页。参冯培红、冯晓鹃《唐代粟特军将康太和考论——对敦煌文献、墓志和史籍的综合考察》，《敦煌研究》2021年第3期，第51—52页。

[2] 参见吴廷燮《唐方镇年表》卷1《朔方》，第1册，第132—133页。

[3] 参陈国灿《魏晋至隋唐河西胡人的聚居与火祆教》，《敦煌学史事新证》，兰州：甘肃教育出版社，2002年，第73—97页；吴玉贵《凉州粟特胡人安氏家族研究》，荣新江主编《唐研究》第3卷，北京大学出版社，1997年，第295—338页。特别是敦煌文献S.2052《〈新集天下姓望氏族谱〉一卷并序》记录河西郡望，仅见凉州西平、武威两郡，其中"凉州武威郡出六姓：索、石、贾、安、廖（康）、阴"，见沙知主编《英藏敦煌文献（汉文佛经以外部份）》第3卷，成都：四川人民出版社，1990年，第210页。乐史《太平寰宇记》卷152《陇右道三》"凉州"条亦记："武陵（威）郡六姓：贾、阴、索、安、曹、石"，北京：中华书局，2007年，第2936、2949页。在这些姓氏中，石、安、康或曹为粟特胡姓，占据了半边天下。因此，较之朔方，河西粟特人显然更多，胡风也更浓厚。

在九载（750 年）八月癸亥至十载（751 年）正月间以河西节度使权知朔方节度事；十四载（755 年）十一月，入为户（工）部尚书。总的来看，从开元初至天宝末，几乎终玄宗一朝，安思顺长期活动在河陇及朔方，在西北地区形成了很大的势力；其中在 747—752 年间担任河西节度使，时间近五年，特别是 751 年安思顺敢于违抗朝命，拒不受以高仙芝代为河西节度使，其原因值得深思。

天宝时期，唐朝在缘边地区设置 10 个节度使或经略使，重兵主要布设在东北和西北地区，东北之安禄山身兼范阳、平卢、河东三镇节度使，西北之安思顺也曾兼领河西、朔方两镇节度使，这两大地域均由粟特安氏兄弟掌控，而且两人的官位升晋也几乎同步。度当日之情势，这种现象并非完全巧合，实际上是粟特胡人势力崛起的真实写照，并对唐朝的国家安全构成了极大的威胁。

关于安思顺与安禄山的关系，如前所述，两人既是拟制非血缘的堂兄弟，后来又结拜为兄弟，兄弟关系更进一层[①]。前述安禄山被"思顺亡父波主哀其孤贱，收在门阑"，得到叔父波主的鞠养与庇护。王炳文甚至认为，"安波注在玄宗朝卓著的战绩、其在河西军政及胡人中的权势威望，成为安禄山得以倚赖的重要政治资本"[30]。安思顺与安禄山年少时一起从后突厥汗国投奔唐朝，天宝时又分别掌管唐朝西北与东北的重要藩镇，甚至是身兼两镇或三镇藩帅。两人如此密切的关系，且实力都很强大，很难想象安禄山在反唐大业上不会跟时任河西节度使的安思顺联络沟通，从而失去合围进击唐朝的绝好机会与战略伙伴。

关于安思顺、禄山兄弟与哥舒翰的关系，形成了极为分明的两大阵营。安思顺与哥舒翰早在大斗军共事时就已不睦，后来两人分任河西、陇右节度使，"翰素与禄山、思顺不协，上每和解之为兄弟。其冬，禄山、思顺、翰并来朝，上使内侍高力士及中贵人于京城东驸马崔惠童池亭宴

---

① 参李全生《安禄山干亲结拜史事考评》，《东方论丛》2015 年第 6 期，第 63 页。

会",特别是"禄山以思顺恶翰,尝衔之",并在宴会当场与哥舒翰发生冲突[31],也更表明安氏兄弟之间关系融洽无间①。《资治通鉴》卷217天宝十四载(755年)十一月条记载,安禄山起兵反唐,唐玄宗下令"斩太仆卿安庆宗,赐荣义郡主自尽。以朔方节度使安思顺为户部尚书,思顺弟元贞为太仆卿"[32]。司马光将诛斩安禄山之子庆宗与调安思顺、元贞兄弟入朝为官一并记载,似也展示了两安之间的关联性,而唐廷对两安联合的严重性保持着高度的警惕。尤其是《册府元龟》卷119《帝王部·选将一》云:

> 天宝十四年(755年)十一月,范阳节度安禄山称兵向阙,诏以朔方节度副使、兼灵武郡太守、御史大夫安思顺为户部尚书,弟元贞为太仆卿。[33]

更是把安禄山起兵与安思顺内调直接连书在了一起。翌年二月,哥舒翰"诬奏户部尚书安思顺与禄山潜通,伪令人为禄山遗思顺书,于关门擒之以献。其年三月,思顺及弟太仆卿元贞坐诛,徙其家属于岭外,天下冤之"[34]。尽管安思顺兄弟之死是因为哥舒翰挟私诬奏,但正如杜牧在《张保皋郑年传》中所言:"天宝安禄山乱,朔方节度使安思顺以禄山从弟赐死"[35],显然两安兄弟的亲近关系才是唐玄宗最担心的事,最终赐死了安思顺、元贞昆仲。

---

① 不过,张冠凯认同《代郭令公请雪安思顺表》所言"虽则兄弟,而情非党与",称"安思顺与安禄山的关系虽然密切,但说不上融洽……他也绝非是安禄山一党",见《安禄山叛前与各方势力关系发微》,《晋阳学刊》2008年第2期,第129页。

五、拒诏留镇河西节度使及其背后的原因

安思顺在河西统治近五年,最引人注目的一件事发生在750年,不遵朝廷诏旨,抗拒接受高仙芝接替他为河西节度使。《旧唐书》卷104《高仙芝传》记述此事:

> (天宝)九载(750年),将兵讨石国,平之,获其国王以归。仙芝性贪,获石国大块瑟瑟十余石、真金五六、驼驼、名马、宝玉称是。……其载入朝,拜开府仪同三司,寻除武威太守、河西节度使,代安思顺。思顺讽群胡割耳劓面请留,监察御史裴周南奏之,制复留思顺,以仙芝为右羽林大将军。[36]

750年高仙芝讨平中亚粟特石国,将石国王那俱车鼻施押送至唐都长安斩首;随后被任命为武威太守、河西节度使,接替安思顺。这一任命消息传到武威以后,作为粟特人的河西节度使安思顺发动当地群胡割耳劓面,以此方式向唐廷请愿,以达到留镇河西的目的;当武威的请愿希求递到长安以后,唐廷君臣经过商议,由唐玄宗颁布制书同意安思顺留镇河西。消息在长安与武威之间往返传递,等到最后确定留镇已经到了翌年正月。《册府元龟》卷131《帝王部·延赏二》云:

> (天宝)十载(751年)正月,河西节度使、鸿胪卿员外置同正员、摄御史中丞、权知朔方节度事安思顺,罢朔方节度,加特进,摄御史大夫,仍与一子官,河西节度等使,余如故,赏功也。①

---

① 《册府元龟》卷131《帝王部·延赏二》,第1571页。《资治通鉴》卷216唐玄宗天宝十载(751年)条亦系于该年正月,第6904页。

细读此段文字可以发现：

（1）安思顺在兼领河西、朔方节度使时，还带有鸿胪卿员外置同正员的朝衔，鸿胪卿是管理外交事务的最高长官，尽管安思顺不是在中央的鸿胪寺实任其职，且属编制外的员外置同正员，但他镇守的河西武威是胡人聚居之地，河西走廊又是通往周边民族与域外诸国的边陲地区，所以安思顺所带的这一官衔可能有其实际意义。

（2）唐廷在同意安思顺留镇河西的同时，免去了他的权知朔方节度事。唐廷原本的人事调整是让高仙芝出任河西节度使，而由安思顺专领朔方节度，只是被安思顺的留镇请求改变了。唐廷无奈之下，只好以高仙芝为右羽林大将军，安思顺留镇为河西节度使，但不再权知朔方节度事，而以宰相李林甫兼领朔方节度使[①]。很显然，安思顺留镇河西打乱了唐廷的人事安排，朝廷以李林甫兼领朔方节度使是匆忙间作出的权宜之计，有迫不得已之处。

（3）虽然安思顺被免去了权知朔方节度事，但在其他官衔上则予以加官，如从摄御史中丞升为御史大夫，加特进，并给他的一个儿子授官，以示优宠。这种优宠举措实际上是对安思顺抗拒朝命的无奈安抚。需加注意的是还美其名曰"赏功"，在《册府元龟》中列入"延赏"条。但是，我们在史书中看不到安思顺在河西节度使任内立有什么战绩功劳，而这恰恰说明了他采取与吐蕃友好相处、积极开展丝绸之路商业贸易的措施，从而使河西变得非常富裕，如下所论，他在治理河西方面确有实效功绩。

安思顺之所以宁愿放弃朔方也要留镇河西，最重要的原因应该与当地的粟特人有关，这从"思顺讽群胡割耳剺面请留"可以看出。"群胡"即指以粟特为主的胡人，他们的"割耳剺面"行为是一种表达诚心请愿的习俗。这种习俗早在西晋末、前凉初就已经在凉州武威出现了。308年凉州刺史张轨患有中风，酒泉太守张镇、凉州别驾麹晁、西平太守曹

---

① 《旧唐书》卷9《玄宗纪下》、卷106《李林甫传》，第224、3239页。

祛等人联合起来,鼓动武威出身的秦州刺史贾龛取代张轨。当时,凉州"治中杨澹驰诣长安,割耳盘上,诉轨之被诬"[37]。笔者曾指出,"杨澹"为"阴澹"之讹,史书中甚至还讹作"张澹",无论何者均属汉人①,但割耳劓面这一行为却并非汉族风俗。比阴澹时间稍早,曹魏时仓慈担任敦煌太守,"数年卒官,吏民悲感如丧亲戚,图画其形,思其遗像。及西域诸胡闻慈死,悉共会聚于戊己校尉及长吏治下发哀,或有以刀画面,以明血诚,又为立祠,遥共祠之"[38]。"图画其形"是汉人的丧葬风俗,"以刀画面"则是西域胡人的风俗。直到唐代,这种西胡风俗在凉州武威仍然沿存不替,如贞观十六年(642年),铁勒部族契苾何力回凉州探望母亲,兼抚巡部落,但契苾部落已经投奔薛延陀,何力对薛延陀可汗"割左耳以明志不夺也"[39]。虽然这种割耳劓面风俗也广泛地存在于北方草原各族,但雷闻认为源自粟特②,不无道理③。

安思顺拒绝高仙芝替任河西节度使,或许还有一个原因需要考虑,即:高仙芝对中亚粟特石国的征讨既导致了西域诸国不服④,同时也可能引起同为粟特人的安思顺及河西粟特人的反感,因为高仙芝征讨中亚、

---

① 《资治通鉴》卷86西晋怀帝永嘉二年(308年)条胡三省注引《考异》曰:"《晋春秋》作'张澹',今从《张轨传》",第2736页;王隐撰、汤球辑《晋书》卷7《张轨》作"阴澹",但注云"新书作杨澹",见《九家晋书辑本》,北京:中华书局,1985年新1版,第325页;屠乔孙、项琳辑《十六国春秋》卷70《前凉录一·张轨》径作"阴澹",见文渊阁《四库全书》史部载记类,上海:上海古籍出版社新1版,2003年,第463册,第890页。当以阴澹为确,参冯培红《敦煌大族与前凉王国》,《内陸アジア言語の研究》XXIV,2009年,第97—103、108—112页。
② 雷闻《割耳劓面与刺心剖腹——从敦煌158窟北壁涅槃变王子举哀图说起》,《中国典籍与文化》2003年第4期,第95—104页;《割耳劓面与刺心剖腹——粟特对唐代社会风俗的影响》,荣新江、张志清主编《从撒马尔干到长安——粟特人在中国的文化遗迹》,北京:北京图书馆出版社,2004年,第41—48页。
③ 在粟特人聚居的河朔三镇,这种割耳劓面风俗同样盛行,如《旧唐书》卷141《田承嗣传》记其为魏州刺史、魏博节度使,"讽其大将割耳劓面,请承嗣为帅";卷185下《良吏下·阳峤传》亦云:"又历魏州刺史,充兖州都督、荆州长史,为本道按察使,所在以清白闻。魏州人诣阙割耳,请峤重临其郡,又除魏州刺史",第3838、4813页。
④ 《新唐书》卷135《高仙芝传》记载,天宝"九载(750年),讨石国,其王车鼻施约降,仙芝为俘献阙下,斩之,由是西域不服",第4578页。

擒斩石国王的行为影响了丝绸之路的商业贸易，损害了河西武威粟特商人的利益。段成式《酉阳杂俎》前集卷14《诺皋记上》云：

> 天宝（742—756年）初，安思顺进五色玉带，又于左藏库中得五色玉杯。上怪近日西赆无五色玉，令责安西诸蕃。蕃言："比常进，皆为小勃律所劫，不达"。……乃命王天运将四万人，兼统诸蕃兵伐之。及逼勃律城下，勃律君长恐惧请罪，悉出宝玉，愿岁贡献。天运不许，即屠城，虏三千人及其珠玑而还。……经半日，小海涨涌，四万人一时冻死，唯蕃、汉各一人得还[①]。

"天宝初"当指天宝六年（747年）安思顺从朔方节度使转任河西节度使以后，其所进五色玉带来自于西域。当时小勃律劫掠丝绸之路，西域诸国无法向唐朝进贡五色玉。小勃律之所以会劫掠丝路，是因为"小勃律国王为吐蕃所招，妻以公主，西北二十余国皆为吐蕃所制，贡献不通"。唐玄宗命安西副都护、四镇都知兵马使高仙芝率军讨伐小勃律，擒捉其王及吐蕃公主班师[②]，但也付出了巨大的代价。在小勃律阻断丝路朝贡贸易、西域诸国无法向唐廷进贡五色玉的情况下，河西节度使安思顺仍能获致五色玉带，足见他对丝绸之路的着力经营。必须看到，安思顺是唐代唯一一位由粟特人担任的河西节度使，这一点对于粟特人聚居的河西武威来说具有特殊意义。总之，安思顺留镇河西，与其说是他个人

---

① 段成式撰、许逸民校笺《酉阳杂俎校笺》前集卷14《诺皋记上》，北京：中华书局，2015年，第1027页。李昉等编《太平广记》卷401《宝二（金玉附）》"五色玉"条引《酉阳杂俎》个别文字有异，第3231—3232页。
② 《旧唐书》卷104《高仙芝传》，第3203—3205页。747年高仙芝讨小勃律之战在史籍中多有记载，如《旧唐书》卷104《封常清传》云："天宝六年，从仙芝破小勃律"，第3208页；《新唐书》卷221下《西域传下》"小勃律"条亦云："天宝六载，诏副都护高仙芝伐之。……仙芝约王降，遂平其国。于是拂菻、大食诸胡七十二国皆震恐，咸归附。执小勃律王及妻归京师"，第6251—6252页。王天运当为高仙芝的前锋部将，其人又见于《新唐书》卷5《玄宗纪》所记天宝十载（751）"四月壬午，剑南节度使鲜于仲通及云南蛮战于西洱河，大败绩，大将王天运死之"，第148页。

的决定，不如说是其背后河西武威粟特人的共同意愿。在安思顺节度河西的时代，不仅对内安抚了当地的粟特人，而且向西大力开展丝路贸易，九姓商胡安门物就是典型的代表①。

我们注意到，在安思顺节度河西期间，史书中很少见到他与吐蕃发生战争；而在陇右道，哥舒翰于天宝六载（747年）担任节度使，两年后从吐蕃手中夺回石堡城。在哥舒翰率领陇右唐军与吐蕃交战之际，也看不到河西军队的身影，这与此前河西、陇右经常联合行动完全不同。关于这一点，与其说是安思顺与哥舒翰两人之间的个人恩怨所致，还不如说是河西节度使安思顺很好地处理了与吐蕃的关系，双方之间迎来了和平相处的阶段，为安思顺开展丝路贸易赢得了最佳的政治、经济环境。可以说，天宝时期的河西迎来了最好的时代，这可能就是所谓的"赏功"。《资治通鉴》卷216天宝十二载（753年）条云：

杨国忠欲厚结翰共排安禄山，奏以翰兼河西节度使。秋八月戊戌，赐翰爵西平郡王。翰表侍御史裴冕为河西行军司马。是时中国盛强，自安远门西尽唐境凡万二千里，闾阎相望，桑麻翳野，天下称富庶者无如陇右。翰每遣使入奏，常乘白橐驼，日驰五百里。[40]

这段话中的"天下称富庶者无如陇右"常被史家津津乐道，以显示大唐王朝发展丝绸之路的空前繁荣与强盛。这里的"陇右"范围，从陇山往西直到唐朝西境，东西12000里，是广义上的陇右，实际上最主要的是指河西，而非狭义上的陇右。虽然安思顺在此前一年亦即天宝十一载（752年）四月庚子，因李林甫之荐而转任朔方节度使，离开了河西，但哥舒翰接任河西节度使时间不久，河西的富庶显然与他无关，而是安

---

① 参冯培红、殷盼盼《唐代"安门物事变"史实考辨》，《敦煌研究》2020年第6期，第104—114页。

思顺努力经营留下来的丰厚遗产，这得益于他营造的和平环境，以及利用粟特商人网络开展丝绸之路的商业贸易。

六、安思顺之死与平反昭雪

天宝十一载（752年）四月，安思顺从河西节度使调任为朔方节度使。之所以有此调动，是因为三月发生了朔方节度副使阿布思（即李献忠）叛逃漠北的事件。当时的朔方节度使由宰相李林甫遥领，阿布思的叛逃使朔方藩镇变得群龙无首，李林甫遂举荐河西节度使安思顺调任朔方。需加注意的是，阿布思的叛逃是因为与安禄山同讨契丹，但"布思与安禄山不协"所致[41]。联想到安思顺与安禄山的兄弟关系，唐廷调思顺到朔方，很可能就是考虑到这层兄弟关系，以便携手对付契丹，稳定北部边防。

然而，三年半后爆发了安史之乱。《册府元龟》卷119《帝王部·选将一》云："天宝十四年（755年）十一月，范阳节度使安禄山称兵向阙，诏以朔方节度副使、兼灵武郡太守、御史大夫安思顺为户部尚书，弟元贞为太仆卿，朔方右厢兵马使、九原郡太守、兼西受降城使郭子仪为卫尉卿员外郎置同正员、兼灵武郡太守、摄御史中丞，充朔方节度、关内度支副大使、知节度事"[42]。很显然，安禄山发动安史之乱，与安思顺、元贞兄弟的官职调动是有关联的，安思顺的节度使位子由其部将郭子仪接任。《旧唐书》卷9《玄宗纪下》记载了两事发生的具体时间：

丙寅，范阳节度使安禄山率蕃、汉之兵十余万，自幽州南向诣阙，以诛杨国忠为名，先杀太原尹杨光翙于博陵郡。壬申，闻于行在所。癸酉，以郭子仪为灵武太守、朔方节度使。[43]

从壬申日唐廷闻知安禄山起兵的消息，到癸酉日任命郭子仪为灵武太守、朔方节度使，时间相差一日；即便是按照《新唐书》卷5《玄宗纪下》所记"丙子，至自华清宫。九原郡太守郭子仪为朔方军节度副大使"[44]，也是才隔四日。唐廷将安思顺调离朔方，以郭子仪替任为朔方节度使，其速度之快，让人无法不以为是唐廷担心朔方与范阳之间有合谋，而作出的人事调整。

安思顺从朔方节度使调入长安后所任的官职，除了上引《册府元龟》卷119《帝王部·选将一》外，同书卷448《将帅部·报私怨》及《旧唐书》卷104《哥舒翰传》《新唐书》卷5《玄宗纪》皆作"户部尚书"①，但《旧唐书》卷9《玄宗纪下》、《代郭令公请雪安思顺表》则作"工部尚书"②。笔者认为当作工部尚书，比之地位略高的户部尚书应是郭子仪上表为安思顺雪冤以后唐朝追封的赠官。

事实上，安思顺早就注意到安禄山势力的膨胀，以及可能给自己带来的危险。《新唐书》卷135《哥舒翰传》云："始，安思顺度禄山必反，尝为帝言，得不坐"[45]。尤其是邵说《代郭令公请雪安思顺表》云："禄山未反之日，思顺屡已陈闻，朝廷百僚，无不委悉"[46]，此表是写给唐肃宗与百官看的，自然不敢造假胡说，安思顺确实多次向唐玄宗提醒过安禄山要造反之事，只是当时唐玄宗并不相信禄山真会造反。然而，随着安禄山的军队节节推进，兵临潼关，翻过年头，唐玄宗很快就处死了安思顺、元贞兄弟。《旧唐书》卷9《玄宗纪下》记载，天宝十五载（756年）

---

① 《册府元龟》卷448《将帅部·报私怨》，第5319页；《旧唐书》卷104《哥舒翰传》，第3215页；《新唐书》卷5《玄宗纪》，第152页。
② 《旧唐书》卷9《玄宗纪下》，第231页；邵说《代郭令公请雪安思顺表》，见《全唐文》卷452，第4623页。

二月"丙辰,诛工部尚书安思顺"①。一般认为这是出于哥舒翰的陷害②,但也达到了唐玄宗切断安禄山与安思顺之间可能存在的联合,以绝后患的目的。安史之乱平息以后,安思顺的原部下郭子仪让邵说撰写《代郭令公请雪安思顺表》,上表为安思顺请求平反。这无论是对于稳定朔方军的军心,还是安抚惶惶不安的粟特人③,都起到了非常必要的作用④。

结　语

纵观安思顺波澜壮阔的戎马一生,从后突厥汗国到唐朝,绝大部分的时间仕于唐朝,是唐代入华的粟特军将。他从投奔河东岚州到征讨奚、契丹,再调防陇右抗御吐蕃,此后长期在陇右、河西、朔方任职,为唐朝戍守边防。我们还应看到,安思顺在节度河西期间,与吐蕃保持友好关系,赢得和平环境,积极经营丝绸之路,大力发展商业贸易,从而使唐朝在天宝年间出现"天下称富庶者无如陇右"的繁荣景况,这在很大

---

① 《旧唐书》卷9《玄宗纪下》,第231页。同书卷111《王思礼传》亦记:"十五载二月,思礼白翰谋杀安思顺父(弟)元贞",第3312页。但是,同书卷104《哥舒翰传》(第3215页)、《新唐书》卷5《玄宗纪下》(第152页)、《资治通鉴》卷217唐肃宗至德元载(756年)条(第6957页)则皆记作"三月",第6957页。

② 据《旧唐书》卷110《李光弼传》记其原来供职于河西节度使幕府,尤其是在天宝"八载(749年),充节度副使""十三载(753年),朔方节度安思顺奏为副使、知留后事。思顺爱其材,欲妻之,光弼称疾辞官。陇右节度哥舒翰闻而奏之,得还京师",第3303页。尽管李光弼从河西到朔方一直是安思顺的副手,且受其宠信,但他可能看到安思顺与安禄山的密切关系带来的危险,所以有意疏离安思顺,称疾辞官;安思顺的政敌哥舒翰听闻之后,自然极意拉拢李光弼,马上奏闻朝廷,将其迎还京城长安。

③ 参荣新江《安史之乱后粟特胡人的动向》,《中古中国与粟特文明》,北京:生活·读书·新知三联书店,2014年,第79—113页。

④ 参乔潮、穆渭生《郭子仪请雪安思顺冤案发微》,《西北大学学报》2009年第6期,第150—152页。

程度上得益于粟特人在丝绸之路上的贸易之功。

  河西节度使的治所武威是入华粟特人最重要的聚居地，安思顺是唐代唯一一位担任河西节度使的粟特军将，治绩卓著，功劳甚巨，值得重视。天宝年间，安思顺曾任朔方、河西节度使，一度兼领两镇节度使，而安禄山则在同一时期兼领范阳、平卢、河东三镇节度使，两人为兄弟关系，分掌唐朝西北、东大两大地域的军政大权，共同形成了唐朝北部边境的粟特系弧形势力圈。唐廷也正是担心两位粟特安氏兄弟势力膨胀，对其构成军事威胁，所以在安禄山起兵后迅速调安思顺、元贞兄弟入京，不久诛杀，消除了两安可能联手的危险性。本文对粟特军将安思顺的考论，可以弥补两《唐书》未为其列传的不足。

参考文献：

[1] 张说著，熊飞校注. 张说集校注·卷30·杂著[M]. 北京：中华书局，2013：1436-1437.

[2] [后晋] 刘昫等. 旧唐书·卷194上·突厥传上[M]. 北京：中华书局，1975：5172-5173.

[3] [清] 董诰等编. 全唐文·卷452[M]. 北京：中华书局，1983：4623-4624.

[4] [后晋] 刘昫等. 旧唐书·卷8·玄宗纪上[M]. 北京：中华书局，1975：172.

[5] [后晋] 刘昫等. 旧唐书·卷93·薛讷传[M]. 北京：中华书局，1975：2984.

[6] [宋] 欧阳修、[宋] 宋祁. 新唐书·卷216·吐蕃传上[M]. 北京：中华书局，1975：6081.

[7] [后晋] 刘昫等. 旧唐书·卷196·吐蕃传上[M]. 北京：中华书局，1975：5228.

[8] [后晋]刘昫等.旧唐书·卷93·薛讷传[M].北京:中华书局,1975:2985.

[9] [后晋]刘昫等.旧唐书·卷93·王晙传[M].北京:中华书局,1975:2986.

[10] [宋]欧阳修、[宋]宋祁.新唐书·卷133·郭知运传[M].北京:中华书局,1975:4544-4545.

[11] 王尧、陈践译注.敦煌古藏文文献探索集[M].上海:上海古籍出版社,2008:94.

[12] [宋]王钦若等编.册府元龟·卷128·帝王部·明赏二[Z].北京:中华书局,1960:1533-1534.

[13] [宋]欧阳修、[宋]宋祁.新唐书·卷133·郭知运传[M].北京:中华书局,1975:4544-4545.

[14] [宋]王溥.唐会要·卷78·节度使(每使管内军附)[M].北京:中华书局,1955:1426.

[15] [唐]李吉甫撰,贺次君点校.元和郡县图志·卷39·陇右道上"鄯州"条[M].北京:中华书局,1983:991.

[16] 王仁波主编.隋唐五代墓志汇编(陕西卷)·第1册[M].天津:天津古籍出版社,1991:159.

[17] [宋]李昉等编.太平广记·卷437:畜兽四·犬上"石从义"条引[Z].北京:中华书局,1961:3560.

[18] 陕西省考古研究院编.陕西省考古研究院新入藏墓志[M].上海:上海古籍出版社,2019:74、272.

[19] [宋]李昉等编.文苑英华·卷917[M].北京:中华书局,1966:4828.

[20] 周绍良主编.唐代墓志汇编·长安〇三六[M].上海:上海古籍出版社,1992:1016-1017.

[21] 冯培红,冯晓鹃.唐代粟特军将康太和考论——对敦煌文献、墓志和史籍的综合考察[J].敦煌研究,2021(03):52、54-55.

[22] 戴伟华.《使至塞上》与崔希逸破吐蕃事无关[J].历史研究,2014（02）:162-164.

[23] [宋]司马光.资治通鉴·卷215"唐玄宗天宝元年（742）条"[M].北京:中华书局,1956:6856.

[24] [宋]欧阳修、[宋]宋祁.新唐书·卷135·哥舒翰传[M].北京:中华书局,1975:4569.

[25] [宋]欧阳修、[宋]宋祁.新唐书·卷225上·逆臣上·安禄山传[M].北京:中华书局,1975:6411.

[26] [宋]王钦若等编.册府元龟·卷131·帝王部·延赏二[Z].北京:中华书局,1960:1572.

[27] [唐]李林甫等.唐六典·卷24·左右领军卫[M].北京:中华书局,1992:623.

[28] [后晋]刘昫等.旧唐书·卷103·王忠嗣传[M].北京:中华书局,1975:3199页。

[29] 穆渭生、乔潮.盛唐大将安思顺生平事迹钩沉[J].唐都学刊,2011（06）:12.

[30] 王炳文.从胡地到戎墟:安史之乱与河北胡化问题研究[M].北京:北京师范大学出版社,2020:127.

[31] [后晋]刘昫等.旧唐书·卷104·哥舒翰传[M].北京:中华书局,1975:3213.

[32] [宋]司马光.资治通鉴·卷217"唐玄宗天宝十四载（755）条"[M].北京:中华书局,1956:6937.

[33] [宋]王钦若等编.册府元龟·卷119·帝王部·选将一[Z].北京:中华书局,1960:1429.

[34] [后晋]刘昫等.旧唐书·卷104·哥舒翰传[M].北京:中华书局,1975:3215.

[35] 吴在庆.杜牧集系年校注·樊川文集·卷6[M].北京:中华书

局,2008:672.

[36] [后晋]刘昫等.旧唐书·卷104·高仙芝传[M].北京:中华书局,1975:3206.

[37] [唐]房玄龄等.晋书·卷86·张轨传[M].北京:中华书局,1974:2223.

[38] [晋]陈寿.三国志·卷16·魏书·仓慈传[M].北京:中华书局,1959:513.

[39] [后晋]刘昫等.旧唐书·卷109·契苾何力传[M].北京:中华书局,1975:3292.

[40] [宋]司马光.资治通鉴·卷216"唐玄宗天宝十二载（753）八月条"[M].北京:中华书局,1956:6919.

[41] [后晋]刘昫等.旧唐书·卷9·玄宗纪下[M].北京:中华书局,1975:225.

[43] [宋]王钦若等编.册府元龟·119·帝王部·选将一[Z].北京:中华书局,1960:1429.

[44] [后晋]刘昫等.旧唐书·卷9·玄宗纪下[M].北京:中华书局,1975:230.

[45] [宋]欧阳修、[宋]宋祁.新唐书·卷5·玄宗纪下[M].北京:中华书局,1975:151.

[46] [宋]欧阳修、[宋]宋祁.新唐书·卷135·哥舒翰传[M].北京:中华书局,1975:4572.

原文载于《青海师范大学学报（社会科学版）》

2024年第1期

吐蕃治下的吐谷浑王世系与可汗名号研究
——兼论《噶琼多吉英寺兴佛诏书》所载吐浑可汗名号的由来[①]

杨铭[②]

史书记载，吐谷浑先祖即冠有"可汗"之名，全称"吐谷浑可汗"。[③]之后，树洛干年十六嗣立（405—417年在位），"号为戊寅可汗"；至夸吕立（535—591年在位），又"始自号为可汗"。[④]需注意的是，历辈吐谷浑国主亦应有可汗称号，均系自封，主要在内部流行而不被外族熟知，故汉文文献仅偶有记载而已，这种情况在同属于北方游牧民族的政权中

[①] 国家社会科学基金重大项目"《敦煌本吐蕃历史文书》相关民族、人物、事件研究及分年、分类辑注"（17ZDA212）；四川旅游学院"四川省铸牢中华民族共同体意识研究基地"2024年度课题。
[②] 杨铭，1952年生，男，汉族，重庆江津人，四川旅游学院二级教授。研究方向：敦煌学、藏学。
[③] 《魏书》卷101，北京：中华书局，1974年，第2233—2234页。关于"可汗"一词的含义与来源，参见罗新《中古北族名号研究》"可汗号之性质"一章，北京：北京大学出版社，2009年。
[④] 《晋书》卷97《吐谷浑传》，北京：中华书局，1974年，第2537—2542页；《魏书》卷101《吐谷浑传》，第2233—2241页。

不乏同例。[①]至唐贞观中，伏允子大宁王顺归降，重建其国，封为西平郡王，"仍加趏（原注：巨屈反）胡吕乌甘豆可汗之号"。[1]这里"仍加"一词，表明伏允生前也曾冠有"趏胡吕乌甘豆可汗"之号，如此长子慕容顺才能加封同一名号。其后，诺曷钵被封为河源郡王，号"乌地也拔勤可汗"。诺曷钵去世后，子嗣仍然传承同一可汗名号而未曾变化，直至8世纪末绝封。[②]这些可汗名号是鲜卑语或突厥语的汉语音译，含义未知，仍需探讨。

以上是被吐蕃灭国之前和附唐吐谷浑部分可汗的名号，而附蕃部分的吐谷浑王系和兼封"可汗"名号的史事亦十分重要，但苦于文献记载有限而讨论不多见。现收集相关资料以探讨之，以就教于学界。

一、藏汉文献记载的吐谷浑小王世系与可汗名号

史载，公元663年吐谷浑政权被吐蕃灭亡后，其王诺曷钵率部分人马归附唐朝，大部分留在青海的为吐蕃所统治，后者另外扶植了一个吐谷浑王系为其附庸。敦煌古藏文文书显示，吐蕃征服吐谷浑以后，为了统摄原吐谷浑境内的各部，扶植了一个吐谷浑王进行管理，《吐蕃大事纪年》于689年条记载，"赞蒙墀邦（khri bangs）嫁吐谷浑王（va zha rje）为妻"。[2]此处提到的"吐谷浑王"即为附蕃吐谷浑第一代可汗。

[①] （唐）杜佑撰，王文锦点校，《通典》卷197、199《突厥》云：西突厥首领"土门遂自号伊利可汗（原注：后魏太武帝时，蠕蠕主社仑已自号可汗，突厥又因之"；"永徽二年，与其子咥运率众西遁，据咄陆可汗之地，总有西域诸部，建牙于双河及千泉，自号沙钵罗可汗，统摄咄陆、弩矢毕十姓"），北京：中华书局，1988年，第5402、5459页。

[②] 《新唐书》卷221《西域传上·吐谷浑传》，北京：中华书局，1975年，第6228页；《旧唐书》卷198《吐谷浑传》，北京：中华书局，1975年，第5297—5301页。内"乌地也拔勒豆可汗"，《大周西平公主（弘化公主）墓志铭》作"乌地也拔勤豆可汗"，应以为是。夏鼐《考古学论文集》，北京：科学出版社出版，1961年，第107—108页。

笔者在考索唐代的藏汉文献后认为，吐蕃首封的第一代"吐谷浑王"或即吐谷浑亡国君主诺曷钵之子，即吐鲁番阿斯塔那225号墓出土的《沙州豆卢军军府文书》所记投唐未果的"吐浑可汗"，公元7世纪末驻地墨离川（今甘肃苏干湖一带）。[3] 可见吐蕃首封的第一代"吐谷浑王"亦是有可汗之称的，而且在"可汗之前应有一个名号，犹如汉文文献记载的投唐吐谷浑可汗，只是文献阙载而已。

因吐蕃赞普诛杀噶尔家族，作为噶尔家族后援的"吐浑可汗"深感危机迫近，在699—700年间派人前往沙州豆卢军送信，欲携所统部落投唐，但不知何种原因导致计划失败而被杀，留下未成年的儿子和吐蕃妻子。这一事件在一百年后仍有遗响，贞元九年（793年）南诏王异牟寻向唐剑南节度使韦皋所送帛书中，记载的"往退浑王为吐蕃所害，孤遗受欺"，即指此事件。[4]

第二代吐谷浑可汗就比较清晰了，即689年娶赞蒙墀邦的吐谷浑王之子，他在古藏文《吐谷浑大事纪年》（IOL Tib J 1368）中称"吐谷浑王"（va zha rje），又称为"莫贺吐浑可汗"（ma ga tho gon kha gan）。该文献记载了附蕃吐谷浑国706—715年间的大事，彼时，赞蒙墀邦已为人母，其子即莫贺吐浑可汗，后者在《吐谷浑大事纪年》残存的记事年代约16—25周岁。如是，该大事纪年的起始年就是莫贺吐浑可汗16岁成年、登基可汗位的那一年；换句话讲，正是因为他16岁成年、登上可汗位，所以才开始为其编写纪年文献，这就是《吐谷浑大事纪年》得以问世的原因。[5]

到了公元727年（兔年），年近40周岁的吐谷浑第二代小王与吐蕃之间出现了一次联姻，最明显的标志是他的小王名号之前加上了表示外甥的"㽘"（vbon），称"外甥吐谷浑王"（vbon va zha rje）。需要注意的是，这是吐蕃历史文献第一次记载"外甥吐谷浑王"这一名号，在此之前，"㽘"（vbon）这个称号仅授予过吐蕃本土的达布小王，即藏汉文书均有记载的"㽘达延"（vbon da rgyal）。从"㽘"这一称号分封的先后来看，达延墀松从675年得封"坌"到其694年去世,达延赞松706年继其父得封"坌",至719年之后不见踪迹;727年吐谷浑小王始得封"坌"的称号,一直延续到9世纪初。可以看出同一时期被封为"坌"称号始终只有一人,先是达布王族,其后才是吐谷浑小王。[6]

汉文史籍未记载吐谷浑与吐蕃再次联姻的事件,而《吐蕃大事纪年》记载十分隐晦。《吐蕃大事纪年》727—728年条记载如下:"及至兔年。夏,赞普以政事巡临吐谷浑。……冬,赞普王庭驻于交工纳,以舅、甥(zhang dbon)之礼会见外甥吐谷浑王(vbon va zha rje)……是为一年。"杜晓峰认为,赞普以出嫁方礼仪会见坌吐谷浑王,赏赐众多吐谷浑民众以礼品,是表示他们之间和亲关系的恢复,很可能是指新的婚姻关系,同年记事中稍后记载的赏赐,可能就是为了庆祝这种关系的恢复。[7]之后,《吐蕃大事纪年》745年(鸡年)记载:"甥吐谷浑王、论·莽布支二人攻下计巴堡寨",[8]或可认为上述"甥吐谷浑王"即莫贺吐浑可汗。而据青海都兰血渭一号墓发掘报告中得到的信息,该墓墓主人或于745年前后去世,出土的随葬品有"外甥阿柴王之印"以及大量的金银器、丝绸物品,或可证明其人就是上述文献记载的莫贺吐浑可汗。①

《册府元龟》记载了附蕃吐谷浑小王第三世的信息,其人便是"吐浑王子悉弄恭"。该文献曰:(748年)"唐陇右节度使哥舒翰等击吐蕃于积石军,擒吐浑王子悉弄恭及子婿悉颊藏。"[9]此人或即莫贺吐浑可汗之子,应为前面提到的与吐谷浑王联姻的吐蕃王室女所生。上述文献说明:第一,莫贺吐浑可汗之子悉弄恭,在其父去世后的数年间被唐军擒获,他可能就是可汗在727年娶吐蕃女后所生之子,那么到748年已经约20岁,因其已经成年而出现于唐蕃战场上,故而被擒。第二,莫贺吐浑可汗不仅娶吐蕃女为妻,也将自己的女儿嫁给吐蕃或吐谷浑贵族为妻,故这次

---

① 中国社会科学院考古研究所、青海省考古研究所《青海都兰县热水墓群2018血渭一号墓》,《考古》2021年第8期;韩建华:《青海都兰热水墓群2018血渭一号墓墓主考》,《中原文物》2022年第1期。

被擒获者包括这名叫"悉颊藏"的子婿。①

因文献缺载，第三世吐谷浑小王的后续信息中断，吐谷浑王子悉弄恭是被唐朝放回继续称王，还是吐蕃另立新的吐谷浑小王，均不得而知。这为后世的吐谷浑小王世系的时断时现埋下了伏笔。

如按以上三世吐谷浑王系经历了大约60年（690—750年）来推算，那么从750年到810年的60年，吐谷浑王系大概也经历了三世。按此推算，颁布于779年前后的《桑耶寺兴佛第一诏书》和《桑耶寺兴佛第二诏书》所载的"吐谷浑王"（va zha rje），应属第四或第五代吐谷浑王。这里引出这两份诏书的段落，前者为："盟誓者：甥吐谷浑王（dbon va zha rje）、大尚论"（以下略）；后者为"在赞普赤松德赞之时，关于佛法产生年代之文书存有正副两本，系用颇罗弥书写并置于金匣之内。放在桑耶寺之宝库中……兹晓谕所辖属民、小王（rgyal phran）、吐谷浑王（va zha rje）等并诸戚论及囊论"。② 这两份文献均简单记载"甥吐谷浑王"或"吐谷浑王"，限于文献缺载因素，第四代吐谷浑王生年和逝年的信息不明。

9世纪初的《噶琼多吉英寺兴佛诏书》所载，或为第六代吐谷浑王。该《兴佛诏书》记载了墀德松赞颁行兴佛诏书时参与的众多下属的身份和名字，其中有称为吐浑可汗者，全名为：dbon va zha rje dud kyi bul zhing khud por ma ga tho gon kha gan，汉文译为"外甥吐谷浑王堆吉

---

① 从《吐谷浑大事纪年》得知，莫贺吐浑可汗曾于707、712、713年先后娶吐谷浑和吐蕃贵族之女为妃，这三次娶妃，两次娶自吐谷浑贵族之女，一次为吐蕃贵族之女。如果以吐谷浑男女以十六岁为成年的记录来看，到8世纪40年代其子女已经到婚配的年龄，故有"子婿悉颊藏"。同时，这名叫"悉颊藏"的人不可能是两唐书《吐蕃传》所载参与唐吐蕃"清水会盟"的吐蕃将领"悉颊藏"，因为从8世纪40年代到建中初年的80年代已经过去了约40年，这两个同名的人不大可能勘同。
② 巴卧·祖拉陈瓦：《贤者喜宴》（藏文），北京：民族出版社，1986年，第372页。引文参见黄颢、周润年译注：《贤者喜宴——吐蕃史译注》，北京：中央民族大学出版社，2011年，第184、185页。

布什桂波尔莫贺吐浑可汗"。[①] 其中藏文 dbon va zha rje "外甥吐谷浑王"、ma ga tho gon kha gan "莫贺吐浑可汗",因之前已有出处,无需赘述,但 dud kyi bul zhing khud por 一句殊不可解,黄颢等也只能音译为 "堆吉布什桂波尔",未能尽释其意。

近有学者将 dbon va zha rje dud kyi bul zhing khud por ma ga tho gon kha gan 中的 dud kyi 译为 "突骑施",bul zhing 译为 "贺鲁施",khud por 译为 "特勤",ma ga 译为 "女婿",于是将全句翻译为 "甥阿夏王、突骑施贺鲁施、特勤女婿统叶护可汗"。[10] 此观点似不能成立,经检索 "甥阿夏王" 即前述 "吐谷浑王",最早可以追溯到 689 年与吐蕃联姻的第一代吐谷浑小王;"突骑施贺鲁施" 应作 "突骑施贺逻施啜",651 年左右西突厥咄陆五部之一;"统叶护可汗",西突厥可汗射匮子,619—628 年在位,这三个不同时代、不同部族、不同称号的人物,[11] 不可能与 9 世纪初年吐蕃治下的吐谷浑王名号勘同。吕建福从现存土族语的读音出发,认为 "趆胡吕乌甘豆可汗" 意为 "吐谷浑英明的可汗","乌地也拔勒豆可汗" 意为 "顺昌富贵的可汗"[12],虽然亦是一种有益的探索,但似乎并未成为定论,笔者持保留意见。

之后吐谷浑王系仍然有所传承,P.t.1673《佛经残卷》(背面)记载:"王室公主与外甥吐谷浑王的牙帐……〈火急公文图记盖讫〉。"乌瑞认

---

① 巴卧·祖拉陈瓦:《贤者喜宴》(藏文),北京第 411—412 页。引文参见黄颢、周润年译注:《贤者喜宴——吐蕃史译注》,第 245 页。在哲蚌寺所藏《智者喜宴》木刻板中,原文为:dbon va zha rje dud kyi bul zhing khud por ma ga tho yo gon kha gan,阿顿·华多太先生认为拉萨版《贤者喜宴》可能是作者或抄写人在文字录入过程中漏掉了 yo。阿顿·华多太:《略论阿夏(va zha)族源》,《中国藏学》2021 年第 4 期,第 168 页。但笔者反而认为,据敦煌古藏文《吐谷浑大事记年》吐谷浑王称 ma ga tho gon kha gan,无 yo,应以为准,不排除该名号在后来的传抄过程中致误。

为或为又一个与吐蕃联姻的吐谷浑小王。① 但笔者认为尚需进一步比对，因为这一段文字有可能如乌瑞所说，反映的是吐谷浑与吐蕃的另一次联姻，也有可能是《吐谷浑大事纪年》在敦煌传抄过程中的一个片段而已。

写成于9世纪后半叶、供人识读的《蕃汉对照语汇》（P.2762）中，即以"退浑"对译"va zha"，以"退浑王"对译"va zha rje"，[13]《旧唐书》卷198《吐谷浑传》云："及吐蕃陷我安乐州（今宁夏中宁鸣沙），其部众又东徙，散在朔方、河东之境。今俗多谓之退浑，盖语急而然。"[14] 可见，"退浑"即吐谷浑。"退浑王"即吐谷浑王，此对应关系反映了当时对吐谷浑称呼的共识。"退浑王"不再冠以"㚥"（vbon）这一表示外甥的称号，反映了吐蕃在河陇的统治结束后因为失去了对吐谷浑的控制，双方已不存在之前的甥舅关系。

大约写成于唐宣宗大中十年（856年）的《张议潮变文》也提到了"退浑国"和"吐浑王"。[15] 冯培红认为，上述"退浑国"在西域东部地区，因吐谷浑亡国后，大批吐谷浑人被吐蕃迁到楼兰地区，因人数众多，这一带又被称为"退浑国"。[16] 其后，出自莫高窟的唐僖宗中和四年（884年）S.389《肃州防太都状上》亦提到"甘州吐蕃三百，细小相兼五百余众，及退浑王拨乞狸等十一月一日并往，归入（吐蕃）本国"。② 这位"退浑王"应是附蕃吐谷浑王的后裔。

综上，可以把已知的藏文文献记载的吐谷浑王（可汗）世系和名号

---

① 乌瑞曾经指出，P.t.1673是一件不完整的文书，也是一件书法练习作品，写在佛经手抄本的背面。这份文书上的"王室公主与外甥吐谷浑王"（btsan mo dang dbon va zha rjevi pho…/）可能不是赤邦公主及其子，而是以后嫁与另一位吐谷浑王的吐蕃公主和她的丈夫或儿子，时代当为8世纪末和9世纪前半叶。Uray, G. "The Annals of the'A—Z A Principality The Problems of Chronology and Genre of the Stein Document, Tunhung, vol.69, fol.84", Proceedings of the Csoma de Koros Memorial Symposium, Edited by Louis Ligeti, Budpest, 1978:573—578.

② 郝春文编著《英藏敦煌社会历史文献释录》（第二卷），北京：社会科学文献出版社，2003年，第250—251页。据唐长孺《关于归义军节度使的几种资料跋》考证，此状应书于唐中和四年。该文载《中华文史论丛》第1辑。

作一总结，列表如下：

附蕃吐谷浑王（可汗）世系、名号和在位年代一览表

第一代 va zha rje

　　吐谷浑王（689—699 年），《吐蕃大事纪年》

第二代 dbon va zha rje

　　甥吐谷浑王，又名：莫贺吐浑可汗（706—745 年），《吐蕃大事纪年》《吐谷浑大事纪年》

第三代（藏文名字不详）

　　吐浑王子悉弄恭（748 年），《册府元龟·将帅部》

第四或第五代 dbon va zha rje

　　甥吐谷浑王（779 年左右），《桑耶寺兴佛诏书》

第六代（？）dbon va zha rjo dud kyi bul zhing hud por ma ga tho gon kha gan/

　　甥吐谷浑王堆吉布什桂波尔莫贺吐浑可汗（9 世纪初），《噶琼多吉英寺兴佛誓约》

第？代 dbon va zha rje

　　甥吐谷浑王，P.t.1673《佛经残卷》

二、《噶琼多吉英寺兴佛诏书》记载的吐浑可汗名羼入了汉字切音

因为《噶琼多吉英寺兴佛诏书》所载的吐浑可汗名号读音，与伏允子大宁王顺得授的"趉胡吕乌甘豆可汗"的读音相近，故笔者推测该可汗名羼入了汉字切音。以下对各种汉文文献记载的伏允子大宁王顺所封"趉胡吕乌甘豆可汗之号"略加考证。

首先，引《通典》卷190《边防六》的一段文字说：

大唐贞观中，李靖、侯君集破灭之。伏允远遁，为左右所杀。其子大宁王顺归降，于是重建其国，封顺为西平郡王，仍加赴（原注：巨屈反）胡吕乌甘豆可汗之号，旋又为其下所杀。[17]

以上"赴（原注：巨屈反）胡吕乌甘豆可汗"一句，"赴胡吕乌甘豆可汗"为名号，"巨屈反"为汉字"赴"的切音。《旧唐书·吐谷浑传》亦曰："……封顺为西平郡王，仍授赴胡吕乌甘豆可汗。"[18]《太平御览》载："……封顺为西平郡王，仍授赴（原注：九物切）胡吕乌甘豆可汗。"[19] 原注"九物切"亦为汉字"赴"的切音，与"臣屈反"略同。《资治通鉴》卷194（635年）夏闰四月所载略有区别，作"赴故（胡）吕乌甘豆可汗"。关于此词的语原与含义，如同诺曷钵加授的"乌地也拔勤可汗"① 一样，笔者推测不外乎属于鲜卑语或突厥语之类，目前学界较少涉及，当另撰文讨论。②

综上，汉文文献所见的吐谷浑伏允子大宁王顺可汗名号连同"赴"的切音可列为下表：

赴世屈反 胡吕 乌甘豆可汗（《通典》）
趣九物切 胡吕 乌甘豆可汗（《太平御览》）
赴　　　胡吕 乌甘豆可汗（《旧唐书》）
赴　　　胡吕 乌甘豆可汗（《资治通鉴》）

---

① 《资治通鉴》卷194，唐纪10，太宗贞观九年条，北京：中华书局，1976年，第6112—6113页。"赴故吕（严："故吕"改"胡吕"）乌甘豆可汗"。
② 唯有例外的是，据《大周故青海王墓志铭》，慕容顺又称为"特丽度许符别可汗"，其意不明，待考。夏鼐《考古学论文集》，第114页；参见张维《陇右金石录》卷二，第7页上至8页下。

据此，笔者推测《噶琼多吉英寺兴佛诏书》中的吐浑王名号，系后世藏文史籍的编撰者或传抄者在"外甥退浑王"之后，录入了当时尚能见到的《吐谷浑大事纪年》中的"莫贺吐浑可汗"，以及汉文文献所载的唐朝所封吐谷浑王可汗名号中的"赳巨屈反胡昌"数字。换句话讲，即是将"巨屈反"这三个本来是注意的词录为了正文，故出现了令人费解的名号。为什么作如上解释呢？因为之前有关吐谷浑小王的记载均未见到如此长而奇怪的可汗名号。比如《噶琼多吉英寺兴佛诏书》稍早的《桑耶寺兴佛第一诏书》《桑耶寺兴佛第二诏书》两份文献中，均简单地记载为"甥吐谷浑王"或"吐谷浑王"。

以上推测如果成立，那就要探讨一下吐蕃史官接触和接受汉文文献的线索。这里首先说《通典》，《通典》一书的作者杜佑（735—812年）是唐京兆万年（今陕西西安市）人，字"君卿"，自玄宗朝入仕，历经肃宗、代宗、德宗、顺宗、宪宗数朝，官至岭南节度使、淮南节度使、检校司徒、同平章事等，宪宗元和二年（807年）封岐国公，阅历丰富，博古通今。"初开元末，刘秩采经史百家之言，取《周礼·六官》所职，撰分门书三十五卷，号曰《政典》，大为时贤称赏……佑得其书，寻味厥旨，以为条目未尽，因而广之，加以开元礼、乐，书成二百卷，号曰《通典》。贞元十七年（801年），自淮南使人诣阙献之"。[20] 此后，《通典》遂得以流布于天下。该书纪事始自传说中的唐虞止于唐肃宗、代宗时，自大历元年（766年）始撰至贞元十七年完成，历时36年，史料价值甚高。《文史通义·卷四·内篇四》曾评价说："统前史之书志，而撰述取法乎官《礼》，杜佑《通典》作焉；《通典》本刘秩《政典》。合纪传之互文，纪传之文，互为详略。"[21]

就当时唐蕃双方交往的背景，可推测八九世纪之交，吐蕃史官完全有可能通过各种渠道获得当时流行的《政典》《通典》等。吐蕃对汉文典籍的获得是很早的，据《新唐书·吐蕃传》记载，贞观年间唐蕃第一次联姻，松赞干布因对唐朝的服饰礼仪叹仰不止，故"遣酋豪子弟入国学，习《诗》《书》，又请儒者典书疏"[22]。此后的公元731年，金城公主又"请《毛诗》《礼记》《左传》《文选》各一部。制令秘书省写与之"。[23] 此后遂有《尚书》《战国策》等古藏文译本传世。[24] 有此背景，可推测到唐、蕃文化交流的一百多年之后，吐蕃的文人不仅仅能看到《五经》等典籍，其他中唐时已经撰成流行的《晋书》《隋书》《北史》《南史》《政典》《通典》等，也能通过各种渠道获得。因而9世纪初年吐蕃史官编写《噶琼多吉英寺兴佛诏书》时，对其中的吐谷浑小王的可汗名号，可能会出现照搬当时能够见到的三种文献：

1. 《桑耶寺兴佛诏书》中的 dbon va zha rje；
2. 《吐谷浑大事纪年》中的 ma ga tho gon kha gan；
3. 汉文史籍中如《通典》的"趆巨屈反胡吕乌甘豆可汗"。

即将以上三种称号连同其中的反切文字，选择性地录入当时参与盟誓的吐谷浑小王名号之中。第二种情况可能是《噶琼多吉英寺兴佛诏书》中关于吐谷浑小王，与《桑耶寺兴佛诏书》一样，只有 dbon va zha rje 的称号，没有《吐谷浑大事纪年》中的 ma ga tho gon kha gan、《通典》中的"趆（原注：巨屈反）胡吕乌甘豆可汗"，即或有也只是"外甥吐谷浑王"的注文。但是到了《贤者喜宴》成书的明代中期，已经过去了数百年，其间由于传抄致误等原因，该书作者见到的史料已经是正文与注文混在一起，难以分辨了，结果就出现了我们现在看到的这样冗长而难解的吐谷浑可汗名号。

附： 《噶琼多吉英寺兴佛诏书》所见吐浑可汗名号语源构拟表

```
    趉巨屈反胡吕              [乌 甘 豆 可 汗]     （杜佑《通典·边防》）
        ↓
     （中古读音）
   kiu Kiu K'iuət piwan iuo liwo                （高本汉《汉文典》）[25]
        ↓
     （录为藏文）
dbon va zha rje   dud kyi bul zhing khud por   ma ga tho gon kha gan   （《噶琼兴佛誓约》）
   ↑                                                    ↑
 （抄录）                                             （抄录）
dbon va zha rje（《吐蕃大事纪年》）              ma ga tho gon kha gan   （《吐谷浑大事纪年》）
```

参考文献：

[1][唐]杜佑撰,王文锦点校.通典·卷190·边防[M].北京：中华书局,1988:5166.

[2]王尧,陈践译注.敦煌本吐蕃历史文书（增订本）[M].北京：民族出版社,1992:148.

[3]杨铭.南诏王异牟寻帛书所谓"退浑王"考——兼论吐鲁番《沙州豆卢军军府文书》记载的"吐浑可汗"[J].西南民族大学学报,2023,44（7）:37-42.

[4][宋]欧阳修,[宋]宋祁撰.新唐书·卷222·南诏传[M].北京：中华书局,1975:6273.

[5]周伟洲,杨铭.关于敦煌藏文写本《吐谷浑（阿柴）纪年》残卷的研究[J].中亚学刊（第3辑）,北京：中华书局,1990:95-108.

[6]杨铭.垒达延非吐谷浑小王考辨——以敦煌本《吐蕃大事记年》为中心[J].中国藏学,2023（4）:93-103.

[7]Dotson,Brandon.*The Old Tibetan Annals:An Annotated Translation of Tibetvs First History*,Wien,2009,p.116-117.

[8]王尧,陈践译注.敦煌本吐蕃历史文书（增订本）[M].北京：民

族出版社,1992:148.

[9][宋]王钦若等编纂,周勋初等校订.册府元龟·卷358·将帅部·立功[M].南京:凤凰出版社,2017:4039.

[10]阿顿·华多太.略论阿夏(vazha)族源[J].中国藏学,2021,(4):169-170.

[11][后晋]刘昫等撰.旧唐书·卷194·突厥传[M].北京:中华书局,1975:5186.

[12]吕建福.土族史[M].北京:中国社会科学出版社,2002:111-112.

[13][日]森安孝夫.チベット語史料中に現ぉれる北方民族—DRU.GU と HOR—[J].アジア·アフ刀力言語文化研究,第14卷,1977:39-40.

[14][18][后晋]刘昫等撰.旧唐书·卷198·吐谷浑传[M].北京:中华书局,1975:5301;5299-5230.

[15]王重民等.敦煌变文集·卷1[M].北京:人民文学出版社,1957:114-115.

[16]冯培红.从敦煌文献看归义军时代的吐谷浑人[J].兰州大学学报(社会科学版),2004(1):22-30.

[17][唐]杜佑撰,王文锦等点校.通典·卷190·边防[M].北京:中华书局,1988:5166.

[19][宋]李昉撰,夏剑钦等校点.太平御览·卷794·吐谷浑[M].石家庄:河北教育出版社,1994:409.

[20][后晋]刘昫等撰.旧唐书·卷147·杜佑传[M].北京:中华书局,1975:5222-5223.

[21][唐]刘知几.文史通义·卷4·内篇四·释通[M].北京:中华书局,2013:433-434.

[22][宋]欧阳修,(宋)宋祁撰.新唐书·卷216·吐蕃传[M].北京:中华书局,1975:5232.

[23][后晋]刘昫等撰.旧唐书·卷196·吐蕃传[M].北京:中华书

局,1975:5222-5223.

[24] 王尧,陈践译注.敦煌吐蕃文献选[M].成都:四川民族出版社,1983:62;82.

[25] 高本汉著,潘悟云等译.汉文典(修订版)[M].北京中华书局,2021:303;452.

原文载于《青海师范大学学报(社会科学版)》

2024年第4期

丝绸之路青海道经过乐都地区的几条线路考述

张得祖[1]

青海道是丝绸之路的一条重要路线，它是由青海省内若干条具体路线所构成的交通网络，这一网络在不同历史时期发挥着不同历史作用。地处湟水下游的乐都"东通五郡，西蔽湟中，而西陲要地也"[1]，历来是沟通内地与青海及至西域的重要通道。远在新石器时代，这片土地上就有了交通道路的初步开辟，在其后丝绸之路青海道的开辟与发展过程中，乐都始终是这条道路上的一个重要枢纽。乐都的历史发展与丝绸之路青海道的兴衰息息相关，其境内现存的古道是丝绸之路青海道的重要历史遗存。

一、乐都—武威道

从甘肃的大河家渡口（甘肃省积石山县境）过黄河经民和县北上甘

---

[1] 张得祖，1948年生，男，汉族，青海乐都人，享受国务院政府特殊津贴专家，青海师范大学教授。研究方向：青海地方史。

肃省永登县向西南出大沙沟，从河桥驿一带过大通河进入乐都县的冰沟驿，南下羊肠子沟到老鸦城，再沿湟水河西去平安、西宁。由乐都北去的道路一般有两条。一是由冰沟驿北出大沙沟从马莲滩过大通河进入甘肃永登县，由河桥驿经连城西行至今天祝县天堂寺；或由乐都北行，顺水磨沟越乐都北山进入大通河流域，经天祝县天堂寺一带，再翻祁连山至武威南的张义堡，继续北行至武威与丝绸之路河西道衔接，此即历史上的乐都—武威道。西汉前期，匈奴常经此道与河湟羌人取得联系，并鼓动、胁迫或联合河湟羌人侵扰西汉边境。如元鼎五年（前112年），居住在河湟地区的先零羌与封养、牢姐诸种羌解仇结盟与匈奴通，合兵十余万，攻令居（今甘肃永登河桥镇）、安故（今甘肃临洮西南），并包围枹罕（今甘肃临夏）。匈奴也派军入"五原（经河套一带），杀太守"。[2]与之配合，一时声势很大。次年，汉武帝派将军李息、郎中令徐自为率军十万，入湟中平息羌乱后，又派数万人筑令居塞。令居塞起自今甘肃永登县西大通河西岸，向北又折向西沿今河西走廊延伸至今甘肃酒泉一带。西汉筑令居塞，就是为了隔断乐都—武威道上羌戎与匈奴的联系。公元4世纪末至5世纪初，乐都至武威一线，是南凉秃发乌孤等经常来往之路，居中有廉川，其位置靠大通河，是南凉的重要据点。东晋安帝元兴元年（402年），南凉王秃发傉檀由乐都发兵攻后凉吕隆于姑臧（今武威）。安帝义熙二年（406年），南凉王秃发傉檀以兴城侯文支镇守姑臧，自己沿此道搬师还乐都。同年十一月，秃发傉檀又自乐都迁都姑臧，复称凉王。义熙六年（410年），驻守由姑臧通往湟水大道的南凉右卫将军折掘奇镇据石驴山叛降北凉，傉檀怕岭南（湟水流域）有失，留大司农成公绪守姑臧，自率百官迁回乐都。另据《道宣释迦方志》记载："往古度者……大唐经年使者有三道……，其中道者，从鄯州（今乐都）东北行百余里，北出六百里至凉州（武威）。"此亦即乐都—武威道。此外，清同治年间，左宗棠掌管西北军务，因冰沟一线沟壑坍塌，路渐狭窄，加之运输量日渐增多，于是在永登河桥驿西另辟一路，即由河桥驿西边牛站大坡，经乐都芦化乡北古城、马营至白崖子，汇入乐都—西宁大道。

二、黄河古渡——乐都道

从甘肃的莲花渡（今甘肃省积石山东乡族自治县境）或临津渡（今永靖县炳灵寺附近）过黄河进入青海民和县境，顺龙支沟经总堡乡到古鄯驿，再途经巴州镇、李二堡、塘尔垣、普华寺峡门进入乐都县境，再经中坝乡、桃红营、亲仁乡、出洛巴沟（或由洛巴沟走山路经祁家山、脑庄、斜沟）至瞿昙寺，再翻山经峰堆沟至城台乡拉干驿，然后经下营乡出巴藏沟至马哈拉堡进入平安县境，西去西宁。唐贞观十五年（641年）文成公主进藏和长庆二年（822年）唐使刘元鼎入吐蕃会盟，皆取此道。1949年秋，中国人民解放军西北野战军一军三师九团部队从甘肃临夏出发，于九月一日在永靖县西乘皮筏北渡黄河，九月二日进入青海民和县，经马营至古鄯。当晚接到上级命令，由九团抽调30名干部到乐都县建立人民政权，并决定由赵海峰任乐都县委书记兼县长，孔繁萍任副县长。九月三日进入乐都县境，当晚宿营于虎狼沟中坝庄，九月四日经亲仁乡、瞿昙乡、峰堆乡的下李家、陶马家，当晚宿营于湟水南岸的深沟村。五日上午经七里店到乐都县城湟水南岸渡口乘扯船过河，受到民族爱国人士马乐天和留守的伪县政府人员及各界群众的欢迎。[3] 赵海峰同志率部所走的这条道路就是历来为人们所熟知的南路古道。

南路还有一条道，是由乐都县城西南行至瞿昙寺，再翻越南山巴燕山（即小积石山）克欠大牙壑至今化隆县城巴燕镇，南行经甘都镇（即古邯川）渡黄河至循化，再翻大力加山去河州（今甘肃临夏）；或与"河南道"相接再经今黄南藏族自治州南下四川。这条道古称乐都—邯川道。东汉明帝永平元年（58年）汉中郎将窦固、捕虏将军马武还击烧当羌豪酋滇吾，血战乐都谷，羌人撤退，汉军追击，越过阿尼吉利山（即巴燕山），在东、西邯（今化隆县甘都一带）展开大战，斩杀羌人 4600 余人，滇吾率少数随从逃脱，其余 7000 余人降汉，被迁置到三辅地区（即京兆尹、左冯翔、右扶风）。清乾隆七年（1742 年），在巴燕戎（今化隆县巴燕镇）设立由碾伯县管理的在城驿，道光三年（1823 年），又在今化隆县甘都镇工什加村设立拉扎山根驿，从而更加方便了乐都地区与化隆、循化地区的交通。这条道路一直沿用至今，成为沟通乐都、化隆两地汉、藏、回族人民经济文化交流的重要通道，现在已修筑成宽畅的乐化公路。

三、湟中道

此道沿湟水河穿越老鸦峡、大峡、小峡至西宁。前汉后将军赵充国大军平定河湟羌即走这条道。《汉书·赵充国传》记载，神爵元年（前 61 年），赵充国率军至金城渡黄河，过四望峡（今志鸦峡），夜引兵上至落都（即今乐都）。这条道虽较险峻崎岖，但作为一条捷径，历史上始终沿用不绝，而且是沟通今甘肃青海的"官道"。据张维《陇右金石录》三卷记载："老鸦峡古石刻在碾伯县东六十里峡内有大石，平面下临湟水，上倚官道，石面刻字甚多，为开元时所镌，但细小模糊，多不能辨。按此刻在道侧石壁存字甚多，有'从郭子仪者九人'七字明晰可辨。"杨应琚《西宁府新志》卷七亦载："老鸦峡古石刻，在县东六十里，峡内有大石平面，下临湟水，上倚官道。石面刻字甚多，相传为开元时所镌。余曾亲至其地，抚摩久之，因字小年远，风雨侵蚀，已模糊不能辨矣。惜哉！"另据宣统《甘肃通志》记载"老鸦峡北岸石崖上有一句石刻云：'开元二十三年镌'"。"开元"系唐玄宗年号，"二十三年"即公元 735 年。[4]《续资治通鉴》卷八十八亦载："……省章，在州之西，正为青唐往来咽喉之地，汉世谓之湟陕，唐人尝修阁道，刻石记其事"，引文中"省章"即老鸦峡，唐代曾修栈道并刻石为记。宋代也对老鸦峡道路进行过修缮和开发，《续资治通鉴长编》卷五一四记载：宋哲宗元符二年（1099年）八月，王愍"自总噶尔（宗哥，即今乐都）至邈川（今民和下川口），置流星马，开星章峡路"，星章峡即老鸦峡，说的当时由宗哥穿越星章峡到邈川，也就是说由今乐都过老鸦峡至民和的道路是畅通的，甚至还可以通过飞快的流星马。可惜，同年九月，唃厮啰部与西夏合围邈川城，"先断炳灵寺桥"，再"烧星章峡栈道"，阻断了老鸦峡的交通。[5]根据上述史料记载，途经老鸦峡的湟中古道，在唐代仍然是一条重要的官道。

　　清乾隆初年，碾伯知县徐志丙"捐俸开修大石崖"道路。《西宁府新志》记载："老鸦峡，在县东南五十里，即南北二大山之峡。湟水流其中，亦系赴皋兰捷径，傍崖行，随湟水出峡，逾享堂桥，与南大山旧路合矣。内有大小石崖，极峻折，俗谓之大小鹦哥嘴。碾邑徐令志丙捐俸开修大石崖，已平坦。小石崖人力难施，少觉艰阻。然不过数十武（古以六尺为步，半步为武），较之南大山俗名王家大山者，省二十里高下挥汗之劳矣。"对徐志丙这一善举，乾隆年间乐都诗人钱茂才作《老鸦峡》诗赞曰："曲经迂回两岸间，斜阳卸影鸟飞还。云垂峭壁青千丈，风皱奔流绿一弯。踏破丹梯崖作蹬，凿开石锁路为关。当年浪费五丁力，剑阁巉石只一般。"诗文描绘出了老鸦峡的雄险壮奇景象，表彰了徐志丙捐俸"凿开石锁"的历史功绩。清光绪六年（1880年），楚军恒营总兵王声杨主持修通老鸦峡较宽的驮道。民国八年（1919年）川口史纳开明绅士李滋庭（一说李长兴）捐麦、豆十余石，再次修整老鸦峡道。民国十二年（1923年），碾伯县长陈道生主持施工，不仅加宽了大小鹦哥嘴和一条龙路段的路基，还在路边栽上了防护栏杆。乐都文士李兰谷先生曾作诗赞念此事："提心吊胆手攀天，升降崎岖感万难。窃恐人从此际过，道生修治竖栏杆。"

　　1928—1934年，青海当局投资10余万银元，投入400余人，在大小鹦哥嘴、小鹦哥湾、骆驼掌、一条龙等路段设置了大量栈桥、护岸木笼以及木石栅栏。1932年秋，两辆载重2.5吨的福特汽车，第一次通过了老鸦峡。1935—1937年，青海省政府征集2000余民工整修老鸦峡道路，基本达到简易公路的要求。而西宁至兰州的甘青公路全线贯通，则到了解放后的1956年。

乐都境内几条纵横交错的交通古道，沟通了丝绸之路青海道上西去东来、南来北往的重要途径，是青海古代交通的重要组成部分。随着学术研究的不断深入，古丝绸之路上大量支线和辅线史料的发掘和研究，将成为我们今后的重要课题。

参考文献：

[1][清]杨应琚.西宁府新志·卷三十五[M].西宁：青海人民出版社，1988.

[2][东汉]班固.武帝纪[A].汉书·卷六[M].北京：中华书局，1962.

[3]赵海峰.乐都人民翻身纪实[A].解放青海[M].西宁：青海人民出版社，1987.

[4]郎天祥编著.老鸦城史话[M].北京：作家出版社，2011.

[5][宋]李焘.续资治通鉴长编·卷五一六[M].北京：中华书局，1995.

原文载于《青海师范大学学报（社会科学版）》
2016年第5期

分裂与重塑：吐蕃王朝灭亡前后的历史进程[①]

叶拉太[②]

引 言

纵观吐蕃史的前前后后，难免发现有许多问题有待进一步商讨解决，其中包括理论研究部分，也有基础研究部分。虽然目前吐蕃史作为一门显学广受学界注意并有大量研究成果问世，然对吐蕃时期没有一个明确而清晰的时空界定，也遗留了诸多学术问题，这使得给整个吐蕃史研究带来种种不便，基础研究与理论研究失去平衡。笔者在最近几年讲授《古藏文历史文献研读》和《藏族史》等课程时，对有关吐蕃史史料进行较为系统的梳理，从中发现一些问题尚待研究，并得出部分认识和假设，特撰此文，供学界参考。

[①] 国家社科基金重大招标项目"甘青川滇藏族聚居区藏文地方志资料搜集整理暨《多康藏族史》编纂"（17ZDA209）。

[②] 叶拉太，1979生，男，藏族，青海尖扎人，文学博士，历史学博士后，青海民族大学民族学与社会学学院教授，博士生导师。研究方向：民族史、藏学、喜玛拉雅区域史。

文中所提吐蕃概念，笔者曾结合近几年对吐蕃史的教学和研究，提出了"吐蕃赞普王朝"在概念上应分为前吐蕃时期、大蕃（吐蕃帝国）时期及后吐蕃时期三大时段的观点，试图构建更为广阔、更为灵活的吐蕃史研究时间范畴①。其中，前吐蕃时期、大蕃（吐蕃帝国）时期可称作"吐蕃赞普王朝"时期，后吐蕃时期作为"吐蕃"概念延伸的时期也应当予以考虑，并要从吐蕃史的整体性来阐释文献记载之"吐蕃时期"。事实上，历史上"吐蕃"之时间概念用以广义和狭义来理解较为妥当。广义上的吐蕃指第一代吐蕃赞普聂赤赞普登位（约前5世纪）至13世纪初萨迦派掌权统领全蕃的时段，狭义上的吐蕃仅指吐蕃赞普王朝时期，即前吐蕃时期及统一的吐蕃王朝（大蕃）时期，这种时段分析也主要是基于吐蕃历史进程的考虑。事实上，历史时期"吐蕃"概念的时间范围如上述所论，应包括松赞干布之前雅隆悉补野王朝政权及达磨吾东赞被杀后赞普后裔所建立起来的各地方政权，时间跨度也应相当漫长。正如弟吴贤者所言"前神王时代，中鼎盛王朝，后分裂时期"[1]，这正是吐蕃历史分段的最恰当概括，基本迎合了笔者三段论的观点。

一、吐蕃赞普王朝灭亡时间

一般藏文史书记载称吐蕃赞普王朝灭亡于达磨吾东赞时期，但经我们仔细推敲吐蕃赞普王朝末期有关古藏文历史文献及分治割据时期成书的相关史料发现，吐蕃赞普王朝灭亡之时间当在贝科赞赞普时期，也即是贝科赞被杀之后当即吐蕃赞普王朝灭亡时间，灭亡之原因也直接与此

---

① 参见叶拉太：《吐蕃地名研究》，人民出版社2012年版，第22—35页；叶拉太：《历史时期"吐蕃"概念的时段分析》，《思想战线》2013年第2期。

时平民暴动[①]有关。

公元9世纪40年代起，吐蕃政治中心风云突变，内庭崩裂，吐蕃王室陷入激烈的争权夺利之中，不久达磨赞普二子卷入内乱分裂两派，双方为争夺王位各不相让，继而发生内战。实际上，吐蕃赞普王朝灭亡有一个较长的过程，达磨赞普被杀成为导火索，继而"两王妃争执"[2]，最终导致"欧松、云丹间的内讧"[3]，王室内部的斗争伴随东部边地守卫将领的相互讨伐，最后是平民暴动。《月亮王系》载："统一国土分立两朝，两王妃争夺权力，致使蕃区陷入极度混乱状态"[4]，说明吐蕃赞普王朝分裂的始作俑者为达磨赞普两王妃，后来两位王子长大，渐变成他们之间的矛盾，斗争从暗变显。群龙无首的吐蕃在公元9世纪60年代起发生大规模平民暴动，这就起了连锁反应，事变接二连三，争战不休，陷入一片混乱。统一而强大的法令及制度的废除，使历千年而建立起来的吐蕃赞普王朝迅速瓦解，政权机构日趋瘫痪，驻扎于边疆的吐蕃军队、移民及所占领区的贵族将领们惊慌失措，有的自立，有的归附唐朝。

后期藏族史家普遍认为欧松赞普在拉萨的权力争夺中失败而逃亡山南雅隆一带，再从雅隆逃至后藏。但按《太阳王系》的说法，欧松在王室内部斗争中失败后退居吐蕃开山之地山南雅隆一带，仍以赞普自居，其执政后期的统治范围囊括整个多、卫、藏三地，表明上重新统一了吐蕃全境。他的后半辈子基本都在雅隆度过，于33岁薨于雅隆庞达[5]。这一记载证明欧松赞普并非从雅隆逃往后藏被杀，而一直坚守在山南雅隆地方，直至被达孜聂氏家族杀害。笔者认为欧松失去绝对优势后直奔雅隆有其特殊的战略及政治考虑，因雅隆是吐蕃赞普先祖建立赞普王朝的最初根据地，具有重要的象征意义，这从各赞普墓葬选在雅隆琼结这一事上能够说明。欧松一方败逃后藏，实际上应在贝科赞时期。可见，贝

---

① 多数学者将藏文"vbang gyen log/vbang keng log"译为"平民起义"，其实不然，该词译作"平民暴动"较为妥当。

科赞出生地应为山南雅隆地方。后来，这一带不断受到拉萨云丹一方的威胁，遂又逃离雅隆至后藏，再与云丹方对抗。

新近发现的藏文史书材料基本都将吐蕃赞普王朝灭亡时期定在了贝科赞赞普时期（dpal vkhor btsan，893—905—923），尤其是有关阿里的史料基本都持这种观点。纵观早期藏文史料分析，这种说法值得探讨，有很强的说服力。《月亮王系》称"祖贝科赞时期，国力衰退，势力锐减，从而使国家分裂导致灭亡"[1]，认为灭亡时间当在贝科赞执政时期。《弟吴宗教源流》中有"聂赤赞普至贝科赞赞普阶段为中兴盛时期"[6]的记载，此处"中兴盛时期"指的是吐蕃赞普王朝时期，说明统一的吐蕃末代赞普为贝科赞，灭亡时间为贝科赞时期，并非达磨吾东赞时期。

贝科赞被杀后，二王子分治疆土，太子赤扎西孜巴贝（gcen khri bkra shis brtsegs pa dpal）统治娘堆江孜一带，即后藏地区，次子吉德尼玛衮（gcung skyid sde nyi ma mgon）直上阿里，另寻出路，最后在阿里立足，建立了阿里王朝。

吐蕃赞普王朝灭亡原因很多，是诸多社会、政治、宗教问题交互影响所致，但仔细分析发现，实际上吐蕃赞普王朝最终灭亡的最直接、最主要原因仍然与平民暴动有关。15世纪阿里史学家古格班智达扎巴坚赞在其《拉喇嘛益西沃广传》中认为，割据政权的相继建立和平民暴动是吐蕃赞普王朝灭亡的两大原因[7]。

吐蕃赞普王朝灭亡后，除了部分军民留居不返外，吐蕃势力基本退出河陇西域等地，吐蕃逐步失去了几百年向外扩张所占领的实际控制区。9世纪中叶至10世纪初，"整个吐蕃境内王室分裂，军阀、贵族混战，奴隶平民造反，社会充满了战乱和暴力，社会生产、文化各方面都遭受了极大的破坏和损失，到处是伤痕累累，一片萧条。"[8] 之后，藏族社会逐渐趋于安宁，吐蕃王室后裔先后建立起了多个地方割据政权，并大多

---

① 《月亮王统世系史》，藏文手抄本，无页码。

致力于传佛弘法的宗教活动，没能像他们先祖一样在政治上有所作为，直至13世纪，元朝将吐蕃地区纳入其政治版图，才结束了藏族历史上四百年的分治割据时期，藏族社会也进入了一个全新的历史时期。

二、吉德尼玛衮创立阿里赞普王系及"阿里三围"之形成

吉德尼玛衮的身世在相关文献记载中有较多模糊之处，一直存有疑点，但《太阳王系》给我们提供了详细的史实材料。据《太阳王系》推断[9]，吉德尼玛衮生于891年，于918年来到上部阿里地区，923年筑城开始收复象雄，949年薨于阿里境内。

从史书记载分析，吉德尼玛衮在后藏活动时期已经跟象雄地区亲赞普一方贵族有联系。从文献记载看，是因收到象雄贵族琼邦达仁木（khyung spung stag ring mo）之书信而决定西行。经过周密部署后，吉德尼玛衮带随行人员50人马前往阿里，并在内外迎合下打败象雄聂希王李辛恰（gnyav shur gyi rgyal po li byin khya），占领杂让城（tsa rang gi mkhar）及普兰下部地区，周边部众纷纷前来归顺，继而颁布法令，建立政权。920年，到普兰、古格等地进行军事活动。921年至922年，以武力收复阿里。随后，在吉德林（skyid sde gling）兴建两座小型佛殿，复兴佛法。923年重修尼松城（sku mkhar nyi gzung）为王城，娶没庐氏科迥为妃，阿里三地基本归顺[10]，正式建立"阿里赞普王朝"。

吉德尼玛衮在位后期，将阿里三地分封给三个王子，各辖一地，逐渐形成阿里三围。据史书记载，吉德尼玛衮娶格希尔扎西赞之女没庐氏科迥，生有贝吉衮、扎西衮、德祖衮三子。后，阿里分封给三王子，长

子贝吉衮得到玛尔域为封地[①]，三子德祖衮得到格郭河以上、般孜贡以上[②]之嘎尔夏及桑嘎尔等地为封地，多波及芒等遂成为其属民。后兄弟俩不和，继而发生战争，扎西衮出面调停，划噶尔夏和桑嘎尔为兄贝吉衮之属地，玛尔域为弟德祖衮属地。次子扎西衮封地为东耶茹河以上、西格郭河以下之古格、普兰尼松城、卓措姆三地、嘉及尼玛、巴尔噶及邦朗、荣韦之卓那突尔拉吉巴以上等地[11]。由此可见，阿里王朝由吉德尼玛衮所建，在他执政时期，阿里王朝为"上部统一赞普王朝"，以吐蕃王朝继承者自居，其建政历史被史书称"上部形成似冠帽之赞普王法"[12]。之后形成的阿里三围，是吉德尼玛衮分封疆土所致，并非自然成型，是划分政区的必然结果。阿里三围在不同历史著作中记载不一，但据上述文献记载，阿里三围起初为玛尔域拉达克、噶尔夏和桑嘎尔、古格三地，后发生变化，由玛尔域、古格－普兰、芒域构成，即历史上的拉达克王国、古格王国和贡塘王国。"玛尔域""古格－普兰""芒域"是地域名称，而"拉达克""古格"和"贡塘"为政权之名。

据新材料分析，吉德尼玛衮三子当政的阿里三王国鼎立时期，阿里地区接连发生小规模的兴佛运动，虽影响有限，但过程极为重要，持续不断，为后来拉喇嘛益西沃进行大规模佛教复兴运动奠定了基础。

三、"灭佛"概念的相对含义

吐蕃赞普王朝的衰亡直接导致了藏传佛教前弘期的结束，究其原因，虽有不少政治、社会因素和复杂的政教矛盾，但主要是平民暴动所致。

---

① 即拉达克
② 应为"般孜贡以下"。

从藏传佛教发展史来看，前弘期和后弘期是一种相对和具有特殊所指的藏传佛教史分期概念，是以卫藏中心一带僧伽戒律传承中断作为坐标而建立的概念分析学说。佛教在卫藏销声匿迹，但在西部阿里、东部多康地区依然流传延续，香火并未完全中断。

吐蕃赞普王朝衰亡后，两位王子及其子孙们各霸一方，各据一地，互不统属。大致情况如下：欧松之孙扎西热巴衮后裔在雅隆建立雅隆觉吾赞普王朝；欧松的另一后裔吉德尼玛衮几经周折以阿里为基地建立上部赞普政权，后分封三地，三个王子分别建立拉达克（起初由长子贝吉衮建立，后变为三子德祖衮辖地）、古格（次子德祖衮建立）、桑嘎尔（初由三子德祖衮建立，后成为长子贝吉衮之属地）三个地方性赞普王朝，阿里三围由此形成[①]；欧松支系赤德在青藏高原东北部建立宗喀赞普王朝（唃厮啰政权），史称"下部形成似鞋脚之赞普王法"[13]。云丹及其后裔起初占了优势，控制了吐蕃政治中心吾茹地方，建立拉萨赞普王朝，但后来只统治了拉萨—桑耶一带，其余大部地区均由欧松后裔控制。因没有出现一位像前贤赞普那样雄才大略、有政治远见的赞普，使他们的统治也仅限于小范围，没有形成能够重新统一整个青藏高原及其周边区域的极具活力的王朝政权，均以尊崇佛教、大力弘法自居，逐渐形成几大封建领主家族（赞普王室后裔）兼管政教两权的局面。

西部阿里作为吐蕃王朝正统世袭王朝赞普所居之地，有其特殊的历史地位和政治社会生态。当时的阿里并非像后期文献所载那样处于"黑暗佛教时期"。由于吐蕃赞普王朝兴盛时名门望族在此地传播佛法和未受中心地带动乱影响的原因，此时仍然处于一种佛光仍未熄灭、佛事仍未中断的非常时期，部分上层人士的努力持续不断，传佛活动以小规模、小范围形式继续进行。这一传承在阿里"三衮"赞普时期亦有延续，有

---

① 对吉德尼玛衮分封三子的地域名称及热巴衮、德祖衮谁是次子谁是三子等情况，藏文各史书记载不一。有的史书认为阿里三围为拉达克（由长子热巴衮建立）、古格（由次子德祖衮建立，后从中分立出布让王朝、亚泽王朝）、亚泽三国。

祖拉康（佛殿）被不断地维修或重建，甚至有新建祖拉康的情况，拉喇嘛益西沃执政前期的种种历史事件即能说明这点。

早在吐蕃赞普王朝时期，没庐氏（vbro）家族的努力使佛教从吐蕃宫廷传至象雄。《智者喜宴》载赤松德赞妃没庐氏赤杰莫赞信仰佛教的情况。赤杰莫赞后来出家为尼，并在上部象雄地区建立教规，开始传播佛法[14]。实际上，没庐氏家族祖籍为象雄，是象雄地区古老贵族之一，赤杰莫赞在象雄兴佛立规，并非一时之决定，是有其特殊的家族情结和政教考虑。阿里普兰县发现的赤祖德赞时期佛教造像石碑也同样记载没庐氏家族在象雄地区从事佛事活动的事情，如该碑文刻有"没庐氏赤赞扎衮布杰为一切无数有情同心祈愿"[15]的内容，说明此碑中所提祈愿主角也属于没庐氏。

所以，阿里一带在吐蕃赞普王朝时期即已存在佛教基础和信教群众，该地佛教并非在益西沃时期突然兴起。阿里王朝开国赞普吉德尼玛衮刚到阿里不久，就娶没庐氏科尔迥为赞姆王妃。据史料推断，阿里王室家族推崇佛教和与没庐氏家族联姻这两件事情并非只是偶然巧合，是有一定的政治社会背景和前期佛教基础。

另据史书记载，赤松德赞赞普颁布兴佛证盟诏书后，抄写了十余份分别寄送各地行政官员让其遵照执行，其中就提到象雄地方长官的名字[16]，表明这份政令已经送达象雄地区，兴佛活动即已在象雄开展。

敦煌古藏文文献也出现"神子达磨赞普至，贤侄欧松赞期间，概说佛教得发展"的内容①，说明欧松时期佛教传承并未完全中断，总体上仍然处在平稳发展阶段，只是后来的平民暴动直接把吐蕃王室建立的佛教信仰体系被破坏罢了，并最终中断了藏传佛教前弘期戒律传承。藏文史书《赞普世系略史》称欧松于842年达磨赞普被杀四个月后继位，随即欧松和云丹皈依了三宝[17]。这一记载正好也证明了上述推断。《智者喜宴》

---

① 敦煌藏文文献 P.T.840。

亦有类似的记载，说仍有部分不严格遵守清规的修行者在吐蕃从事佛事活动[18]。藏文史书《太阳王系》称贝科赞赞普曾经从拉隆·贝吉多杰处接受过药师佛灌顶[19]，并按先祖所立之法"以教治国"。这一与一般史书不同的记载目前虽然无法用其他史料佐证，但也应予以关注。

《太阳王系》曰贝科赞于863年出生在雅隆庞塘（或称庞达）地方[20]，13岁时父王欧松亡，18岁即880年登赞普位，31岁（893年）时在后藏被聂氏人所杀[21]。贝科赞执政时期"国政不及先帝，但仍拜佛传法"，在娘堆地区兴建如孜之祖拉康（myang stod rtsis kyi gtsug lag khang）等八座佛殿，出资抄写《大般若经》等佛教经典，颁布兴佛证盟诏书（chos gtsing kyi dbu snyung bor）[22]。后贝科赞与其他两兄弟（dge vkhor btsan dang gyung drung vkhor btsan）不和，发生争战，从而卫藏大乱，疆土分裂[23]。

《拉喇嘛益西沃广传》称益西沃从后藏聘请比丘云丹仁钦达（gnas brtan yon tan rin chen）和江曲森格（byang chub seng ge），修建多座俱三藏之寺院[24]，这也基本能证明益西沃立法兴佛之前后藏地区已经有持戒僧人的影子，此事肯定与当时佛教在卫藏境内残存的事实有关，最起码在后藏亦是如此。

又据《拉喇嘛益西沃广传》的记载，益西沃时期阿里地方的苯教受到打压和限制，甚至受到来自佛教徒和赞普王室的种种迫害。赞普政府强行将意志坚强的苯教徒烧死，大量苯教经典或被焚烧、或被封存，只许保留象征性的少量苯波教。如有违规者则严惩不贷，除了当事人外，近亲人员也要接受惩罚[25]。从中可知，阿里王朝时期佛苯之间的斗争已白热化，佛教实力因有其强大的赞普王室后盾而迅速崛起，并在王室的支持下强有力地回应苯教的反抗，致使苯教在阿里无立锥之地，逐渐退出历史舞台。

四、从"赞普王朝"到"喇嘛王国":
分治割据时期藏族社会历史之转型

吐蕃赞普王朝灭亡后,吐蕃随即进入"分治割据时期"(sil buvi dus),赞普后裔所建地方割据政权相继出现,政治动乱加社会变革使吐蕃在较短时间内迅速发生社会转型,而这一转型在很大程度上是一种自下而上的内部转型,具有很强的历史意义和实践价值。吐蕃赞普王朝时期佛教虽有大规模传播,但一直都是伴随赞普王室的强力护持和行政干预,并未得到底层社会广泛的接受和认同,直至王朝灭亡,佛教基本是上层人士的"工具性宗教"。

吐蕃赞普王朝覆灭后,吐蕃进入长时间的战乱和割据状态,政治秩序迅速瓦解崩溃,社会结构急剧发生变化,导致藏族进入完全有别于吐蕃赞普王朝的历史时期。纵观吐蕃赞普王朝灭亡至后吐蕃时期历史进程,发现吐蕃社会发生转型的原因主要有二:一是世俗化在政治主权上的地位逐渐消失,政治世俗化和政治社会化失去价值认同;二是佛教社会的全新建构和政教二层社会结构之再塑造。两种因素的交错导致吐蕃发生巨大社会转型,开启了持续不断和旷日持久的佛教化运动,藏族社会由此导入宗教化进程。实际上,这从分治割据以来藏族历史书写的叙述方式及表达内容可窥一斑。自佛教复兴以来,藏族史家们热衷于佛教化的历史叙事,用佛教的观念构建自己的历史,这不仅是历史叙事传统的大转变,更是一种藏族社会转型之直接结果。之所以这样,是因为藏族自吐蕃赞普王朝灭亡后进入一种"喇嘛王国"的特殊历史时期,并且这一趋向一直延伸至近代,故历史叙事也只能与佛教的传播和复兴有关,纯粹世俗化的历史叙事传统基本中断。

分治割据时期的藏族社会转型有其特殊的历史背景和文化复兴影

子，政治上支离破碎，失去自控能力，文化上却自我重建且蒸蒸日上，不过这是一种单向的宗教文化复兴和重建运动，整个运动缺乏人文思想的批判和世俗价值的追求。但无论怎样，藏族社会自此进入一个剥去世俗化的具有浓厚佛教色彩的新阶段，其转型呈现以下特点：

1. 各种社会思潮异常活跃。统一王朝的崩溃导致强权政治的失败，王法无法约束民众，佛教的民间复兴又从一个侧面助兴各种思潮的泛滥。吐蕃王朝时期，除了赞普授权允许流传的佛教经典之外，不能私自翻译和传播佛典，致使密宗后二续（瑜伽部和无上瑜伽部）尤其是无上瑜伽部基本没有翻译成藏文。但随着乱世时代的开启，这一约束自动废除，从而自组译团，随乱翻译者不绝。这一结果是一把双刃剑，既有助于文化的繁荣，又会导致内容之泛滥。但不管怎么讲，此时佛教思想异常活跃，各自另立门户，逐渐形成各种教派，佛教文化的兴盛活跃局面随之形成。

2. 贵族政治逐渐形成。分治割据时期出现的吐蕃贵族，很多都有吐蕃赞普王朝时期贵族之血统，在民间有很大的号召力。他们的号召力一是来自高贵的血统，二是来自他们对佛教的虔诚服务。自吐蕃王朝崩溃以来，贵族势力加入治国、兴佛活动，贵族阶层与赞普后裔之间逐渐形成某种政治联盟，从而助兴政教二层的社会结构之生成。

3. 迅速趋向佛教化社会。统一王朝的灭亡和割据势力的形成，出现两种发展趋向：一是苯教势力受到持续打压，佛教独统局面日益凸显；二是佛教深入人心，被社会底层完全认同，成为藏族文化的主流，佛教化社会结构基本定型。

4. 僧侣贵族的出现。一般来讲，僧侣阶层是出世人群，不追求名利，不注重世俗权利和物质。但由于种种原因，佛教史上僧侣拥有世俗权力和物质财富的实例较多，在藏传佛教史上亦是如此。据诸多藏传佛教史书记载，因阿里著名高僧大译师仁钦桑波（958—1055年）对佛经翻译及佛教复兴做出卓越贡献，古格赞普王室特意向仁钦桑布供奉豁卡封地，成为藏族历史上第一位拥有私人庄园的高僧，僧侣贵族由此出现，这为政教合一在涉藏地区的广泛出现提供了条件。

5. 谿卡制（庄园制）的初步形成。"谿卡"（gzhis ka）为藏语音译，意为庄园。贵族阶层的形成是谿卡制出现的前提，各类贵族拥有世袭的私人谿卡，并逐渐成为封建领主，与佛教结盟的藏族贵族体系由此而成。该时期贵族一方面扶持佛教，供养僧侣，与赞普后裔相互缔结；另一方面加强自身权利的构建，把自己变为一方之主，而这种权利的构筑是以佛教的利用相伴。

6. 基本完成藏传佛教本土化。吐蕃赞普王朝时期的佛教是印度、西域及中原佛教的直接引进和照搬继承，并没有与吐蕃本土文化进行有机结合，流行阶层在上层社会。到了分治割据时期，佛教在沉寂了近百年时间后，逐渐复兴起来，并被整个社会所接纳和吸收，与原有宗教苯教发生碰撞、对话、相互交融而全方位渗透到藏族文化的方方面面，带有吐蕃本土色彩的藏传佛教亦即形成。到公元12世纪左右时，佛教在吐蕃的本土化已基本完成。

7. 出现政教合一制的雏形。政教合一制是古代藏族特有的政治社会制度，其形成演变有一个非常漫长的过程和复杂的政治文化背景，经过几百年的发展变化，最终被确立下来。而这一制度正是因为阿里王朝的建立而得到实施和巩固，并得到普遍认可。此问题将在下面讨论，在此不赘。

五、拉喇嘛：赞普喇嘛

拉喇嘛即为神圣赞普喇嘛，其特殊名称具有强烈的深层政教含义。传统藏文史书一般认为，拉喇嘛益西沃至晚年完全放弃世俗政治权利，不顾挽留，把王权托付给其兄长，净身出家。史家们也将他视为放弃世俗名利的典范广为宣传。不过，由于分治割据时期藏族史记载的混乱和矛盾，笔者对此说法一直心存怀疑，此处定有问题尚在。新近发现的藏文文献正好印证了笔者之揣测，并有力回答了这一问题。据《拉喇嘛益西沃广传》所引几份敕令和法敕，基本能肯定他既是赞普，又是喇嘛，身兼双重身份，行使着政教合一职权，从而出现了后吐蕃时期特殊的政治体制：政教合一制。有研究者已经对拉喇嘛益西沃执政理念作了分析，认为益西沃是"西藏后世的政教合一制的真正开创者和实践者"[①]。益西沃在执政期间颁布了《兴佛弘法大诏书》（chos kyi bkav shog chen po），这些诏书可以理解为他的执政宣言[26]。他把"宪法"分解为"教法"和"政法"，提出与"国法"相对应的"教法"概念，并付诸实施。

益西沃出家并不能理解为一般意义上的出家为僧么简单，而应该理解为他把教权设计为最高权威，确立教法在政治治理中的指导和中心地位，再将政治辅之，形成以教主统治民众的执政模式。益西沃既是最高决策者和当权者——圣神赞普（lha），又是宗教领袖——上师喇嘛（教主 bla ma），身兼双职，全面掌握政教两权。

拉喇嘛益西沃执政时期的尊名为赤德松祖赞（khri lde srong gtsug btsan）。藏文史书对他当政期间有不同的称谓，如"丈松德"（drang srong lde）、"扎西拉德赞"（bkra shis lha lde btsan）、"赤松德松赞"（khri srong lde srong btsan）。益西沃当政期间出家，被尊称为"拉喇嘛"（lha bla ma），还有"赞普阿阇黎"（btsan po a tsa ra）、"吐蕃圣神赞普喇嘛"（bod kyi lha btsan po slob dpon）、"威德赞普益西沃"（dpal lha btsan po ye shes vod）等称谓。这些名称基本以"赞普+喇嘛"模式冠之，有其特殊含义和所指。因此，需谨慎对待这一冠名的用意。"拉"（lha）应是圣神赞普之意，吐蕃赞普王朝时期普遍用之，只能专用于赞普本身，

---

① 黄博：《兴佛改制：益西沃时代古格王国政教合一制析论》，《藏学学刊》第8辑，2012年。详见黄博著《10—13世纪古格王国政治史研究》，社会科学文献出版社2021年版。

"喇嘛"（bla ma）为教授或佛教领袖，故不能将"拉喇嘛"译作"天喇嘛"和"神喇嘛"。

实际上，在多康区域发现的吐蕃王朝时期石刻文献中也出现"赞普菩萨"（btsan po byang chub sems dpav）等称号，但这只是凿刻石碑的佛教徒对赞普的一种尊称，并没有任何政教合一之具体含义，与分治割据时期的上述称谓不可同论。

赤德松祖赞或益西沃的身世有诸多未解之谜，但发现于阿里的材料能够解开部分重要的谜题。据可靠材料分析，赤德松祖赞生于947年，986年与兄柯热共商治国方略，986年兄弟俩达成一致，同意将"以教治国"作为治国之策，随即于987年颁布政教二法证盟诏令（lugas gnyis kyi yi ge;khrims yig chen mo）。989年出家为僧，取名益西沃。995年颁布"乌普新法"（wi phug gsar khrims），正式迈入政教合一制时期，996年始建托林寺，1004年竣工并举行开光仪式。1019年逝世于托林寺[27]。

据此可知，益西沃并非像后世史家所称那样死于异教徒手中，而是自然死亡。《拉喇嘛益西沃传》也明确记载益西沃后半辈子一直居在托林寺，或闭关修行，或讲经说法[28]。在他出家作为喇嘛（教主）身份统驭政教两权后，基本住在托林寺，致力于复兴佛教的运动，以教治政，直至逝世。事实上，后期敏感的部分史家也曾经质疑过益西沃死于葛逻禄狱中之说法的可靠性，如五世达赖曾借用列钦·更噶尖参的观点认为此说不大可信，说身为圣神赞普，益西沃的后半辈子不可能这么不幸①。

据《拉喇嘛益西沃传》记载，在他执政初期，阿里恰巧处于佛教"黑暗时代"，除了盛行苯教外[29]，吐蕃佛教徒没有共同的行为标准，各凭己意，各行其是，教法互混。在此背景下，阿里出现如阿佐十八班第（ardzovi ban dhe bco brgyad）胡作非为的行为[30]，把佛陀说教断章取义，妄自

---

① 转引自五世达赖阿旺洛桑嘉措：《西藏王臣记》（藏文），民族出版社1988年版，第81页。

揣测经论，接近外道，同时又盛行邪密[31]。在此情况下，益西沃拨乱反正，整治佛教，发表文告，破除邪法，起到整顿作用。

据当时的情况，益西沃执政初期在后藏上部颁布政令以"国法"治政，后在普兰立"教法"，大力弘扬佛教，后再次颁布法令，创立以教治国的"政教二法"体系。这在《拉喇嘛益西沃广传》中有明确记载："此前在后藏噶贝舍一地制定以世俗法为主的法典，后又在普兰乌普颁布法令，以教法为宗，德哇热杂等君臣共一百零八人剃度出家。此时国内有乱，在古格噶德硕囊共商大法，在香宁林制定国法。"[32] 其他藏文文献中出现的"乌普新法"，定是此处普兰乌普颁布的较为完善的法典，内容应包括教法。而"旧法"（bkav khrims rnying pa），应是后藏制定的以世俗法为宗的初期法典。另外，相关文献中的"教法敕令"（chos kyi yi ge）、"新法"（khrims yig gsar pa）、"新颁布之小法"（gsar du byung bavi khrimg bu chung）等概念，也均与此时段阿里王朝进一步走向政教合一制度的历史进程有关。

也有学者认为拉喇嘛益西沃时期的政治制度实为一种政教分离的治政理念之产物，益西沃的出家标志着他把政治权利彻底放弃，净身出王宫，严持教权，而王权则让给兄柯热，在同一政权内实行政治、宗教分而治之的政策，这一观点在藏族学者藏语学界尤为普遍。不过，从分治割据以来的吐蕃政治社会转型之结果来看，笔者更倾向于上述政教合一之观点。

另外值得一提的是，据古格班智达扎巴坚赞的说法，公元10世纪左右益西沃当政时期阿里三围的人口为10万人左右[33]，此为补充。

结　语

本文探讨了吐蕃赞普王朝灭亡至后吐蕃时期历史进程中的重要历史事实，其中部分为史家"定论"部分，部分为学术遗留问题。吐蕃史研究中最为致命的问题，一是利用后期藏文佛教史书诠释政治史，二是仅靠汉文史料解释吐蕃史的缺载部分，尤其是遇到吐蕃赞普王朝灭亡前后的史实部分，更为如此。回避这种问题的办法，是尽可能搜集和分析一手资料，注重语文学的谨慎考证和利用。有鉴于此，笔者首先通过文献学考证《太阳王系》等部分珍贵史料，分析其史料价值，并与吐蕃赞普王朝灭亡前后的古藏文历史文书进行比对研究，确定其可靠性。在此基础上，作一些粗浅的探索性研究，冒昧提出上述论断，希望引起吐蕃史研究专家们的兴趣，正确与否，恭请方家批评指正。

参考文献：

[1][6] 弟吴贤者.弟吴宗教源流（藏文）[M].拉萨：西藏藏文古籍出版社,1987:216;354.

[2][3][4][5][10][11][19][20][21][22][23] 古格班智达扎巴尖参.太阳王系和月亮王系（藏文）[M].拉萨：西藏人民出版社,2014:137;137;165;137;140-149;147-148;137;138;139-140;138;138-139.

[7][24][25][27][28][29][30][31][32][33] 项智多杰编.拉喇嘛益西沃传及注释（藏文）[M].拉萨：西藏人民出版社,2013:18;27;11-12;12-33;30-31;10;10;542;19.

[8][9] 才让.吐蕃史稿[M].兰州：甘肃人民出版社,2007:231;231.

[12][13][14][18] 巴俄·祖拉陈瓦.智者喜宴（藏文）[M].北京：民族

出版社,2006:227;227;184;276.

[15] 次仁曲杰.新发现之普兰观音碑研究[J].雪域文化(藏文版),1994（1）.

[16] 高瑞.吐蕃古藏文文献诠释（藏文）[M].兰州：甘肃民族出版社,2001:141.

[17] 恰白·次旦平措主编.赞普世系略史[M]//西藏史籍五部(藏文),拉萨：西藏藏文古籍出版社,1990:68.

[26] 黄博.兴佛改制：益西沃时代古格王国政教合一制析论[J].藏学学刊,2012（8）.

原文载于《青海师范大学学报（社会科学版）》
2024年第3期

魏晋十六国经略河湟探赜[①]

杨荣春[②]

魏晋以降，中原动乱，北方少数民族纷纷南下，进入民族大交融、大冲突时期。从四世纪初至五世纪中叶，匈奴、羯、鲜卑、氐、羌等少数民族相继建立各自政权，其统治也相继进入河湟地区。"河湟"是黄河与湟水的并称，亦泛指黄河及其支流大通河、湟水河之间的广阔地域（主要位于今青海省东部农业区）。河湟地区战略地位重要，严耕望曾言："河湟地区为中国中古时代西通羌浑、西域，西南通吐蕃、天竺之交通枢纽，诸凡使臣之往还，军事之进退，与夫僧徒商侣之进出，多取途于此。"[1](P497)为此，曹魏、西晋加强对河湟的经营，十六国的前凉、前秦、后凉、后秦、南凉、西秦、北凉等政权先后深入经略河湟或在河湟展开角逐。

---

① 青海省社科规划重点项目"多卷本《青海通史》"（19006）。
② 杨荣春，1976年生，男，汉族，河北沧州人，历史学博士，青海师范大学历史学院副教授。研究方向：西北民族史、敦煌吐鲁番学。

一、曹魏对河湟的经略

汉代为经营河湟，而设置了西平亭，并在此基础上置西平郡（今青海西宁市城中区一带）。关于西平郡城修筑的时间和地点，《水经注》将其时间确定在"黄初中"，地点则是"凭倚故亭，增筑南、西、北三城，以为郡治"[2](P49)。所谓"故亭"，即西汉时修筑的西平亭。东汉末年，群雄割据，河湟之地为边章、韩遂所占据。建安十九年（214年），征西将军夏侯渊受命经略陇西，败韩遂，初定河湟，置西平郡。

东汉时河湟地区历多次羌人起义，汉廷几经平定，至曹魏时呈现一片户口离散、城乡凋零的悲惨景象。曹魏采取稳定河湟、安抚诸羌的政策，承袭东汉的郡县体制，在河湟地区设置西平郡，又以邹岐为凉州刺史，管理河西诸郡，西平郡即是其辖郡之一。西平郡仍沿东汉末年从金城郡析置时的建置，郡治西都，辖西都（治今青海西宁市城区）、临羌（治今青海西宁市湟中区多巴镇新城）、安夷（治今青海海东市平安区）、破羌（治今青海海东市乐都区东南）四区。同时，金城郡（郡治允吾）领有的允吾（治今青海民和县马场垣乡下川口村）、白土（治今青海民和官亭镇鲍家古城）及浩亹（治今青海门源县浩门镇）三县在河湟地区。

曹魏初，西平右姓麹氏时而起事反魏。黄初二年（221年），麹演联合张掖张进、酒泉黄华、武威颜俊起兵以拒邹岐，武威的卢水胡也乘机叛魏，河西大扰，平定麹氏就成了稳定河湟的关键。时金城太守、护羌校尉苏则遂率军平叛，诱杀麹演，破卢水胡，河西平定。黄初三年（222年），凉州卢水胡治元多等反，西平豪强麹光率诸羌又乘机起兵杀西平郡守严苞反魏，并"欲以羌胡为援"。时凉州刺史张既派军先平卢水胡，继又传檄诸羌，使之钞击麹光，并许以"能斩贼帅送首者，当加封赏"[3](P477)，羌人遂斩麹光来降。苏则、张既先后平定麹演、麹光之乱后，即着手修筑了西平郡城。魏明帝太和元年（227年），西平麹英又叛，"杀临羌令、西都长，遣将军郝昭、鹿磐讨，斩之"[4]（P92）。曹魏讨平麹英，西平形势稍定。经过曹魏对西平麹氏几次起事的平定后，河湟多年无事，社会稳定。太和二年（228年），"明帝以凉州绝远，南接蜀寇，以（徐）邈为凉州刺史，使持节领护羌校尉"[5]（P739）。当时，凉州统领金城、西平、武威、张掖、西郡、酒泉、敦煌、西海等八郡。徐邈在其任内，大兴水利，修整盐池，"务农积谷，立学明训，进善黜恶"[6]（P2244），实施一系列兴修水利、发展农业、振兴地方经济的举措，使河湟地区一时出现了"家家丰足，仓库盈溢，……风化大行，百姓归心"[7]（P740）的良好局面。

二、西晋对河湟的经略

西晋对河湟诸羌的管理上仍袭曹魏旧制，以"护羌校尉为凉州刺史"[8]（P747）。由于河湟诸羌部落，在两汉、曹魏时期不断东移，秦州辖境已是诸羌主要分布地区，故以秦州刺史一度领护羌校尉。《晋书·地理志上》"秦州"条载："秦州，……魏始分陇右置焉，刺史领护羌校尉。"[9]（P435）又《晋书·马隆传》载："太熙初，封（马隆）奉高县侯，加授东羌校尉。积十余年，威信震于陇右。"[10]（P1556）此"东羌校尉"，正是针对秦州地区诸羌而置。河湟诸羌、鲜卑等少数民族首领间的相互攻杀，加之西晋地方官吏对少数民族的歧视与压迫，致使"稍因忿恨，杀害长吏，渐为边患"[11]（P2549），反抗当地官吏压迫屡有发生。太康元年（280年），羌人轲成泥攻占西平、浩亹，杀督将以下三百余人，以至于"西平荒毁"。为此，西晋遣平虏护军、东羌校尉、西平太守马隆，"将所领精兵，又给牙门一军，屯据西平"[12]（P1556）。马隆进兵西平，讨之。马隆在西平"积十余年，威信著于陇右"，羌胡"畢隆之政，不敢为寇"[13]（P1556）。特别是马隆在河湟地区令"诸为奴婢亦皆复籍"[14](P154),解放奴婢为编户齐民,为恢复河湟社会秩序和发展农业生产作出了积极的贡献。

西晋在河湟的经营建置,仍然承袭曹魏旧制,设西平郡,"统县四,户四千。西都、临羌、长宁、安夷"[15](P433)。其中,长宁县(治今青海大通县长宁镇)为西晋新置。西晋在区划上对西平郡东部地区进行调整,将原金城郡辖六县改为五县,"统县五,户二千。榆中、允街、金城、白土、浩亹"[16](P433)。其中,白土县及浩亹县部分地区在河湟。西晋时期,由于全国的短暂统一,河湟地区相对稳定,农业和畜牧业经济得到一定恢复和发展。

晋永宁元年(301年),安定大族张轨出任护羌校尉、凉州刺史。永嘉二年(308年),西平太守曹祛割据西平,发动"湟中之乱",曹祛联合陇西内史张越、酒泉太守张镇,合谋欲逐张轨而代之。西晋遂令张轨诛除曹祛,张轨命其子张寔率尹员和宋配带步骑三万进讨西平曹祛,曹祛惊恐,逃出西平。同时,张轨署从事田迥和王丰率骑八百从姑臧西南出石驴(今祁连山扁都口),进据长宁,以阻断曹祛退路。曹祛遣部将麹晃拒战于黄阪(今青海大通北川),曹祛率部向东突围,张寔出浩亹战于破羌,"斩祛及牙门田器"[17](P2224)。张轨平定曹祛湟中之乱,进一步控制了河湟。建兴元年(313年),晋愍帝进封张轨为西平郡公。张轨采取奖励农桑、兴办学校、选拔人才和铸钱币等一系列措施,使包括河湟在内的地方经济文化得到进一步的发展。

三、十六国诸政权对河湟的经略

(一)前凉对河湟的经略

前凉是由原西晋凉州刺史张轨以河西之地为主建立的一个区域性政

权。前凉在经略河湟上，先是对河湟区划进行调整，以加强对河湟地区的经营。《晋书·地理志》载：

> 张茂分武兴、金城、西平、安故为定州。张骏分武威、武兴、西平、张掖、酒泉、建康、西郡、湟河、晋兴、广武合十一郡为凉州。兴晋、金城、武始、南安、永晋、大夏、武成、汉中为河州。[18]（P434）

前凉张茂、张骏时期的定州、凉州、河州所辖郡县互有重合，其中西平、湟河、晋兴、金城郡部分辖县都不同程度地包括了河湟地区。尤其是前凉张骏，是位非常有作为的国主，史称他：

> 有计略。于是厉操改节，勤修庶政，总御文武，咸得其用。远近嘉咏，号曰积贤君。自轨据凉州，属天下之乱，所在征伐，军无宁岁。至骏，境内渐平。[19]（P2237）

前凉为进一步经略河湟而设置河州。张骏趁后赵石勒入侵长安之际收复河南地，"张骏二十一年，以州界辽远，分置河州，以禹贡'导河积石，至于龙门'，积石州界，故曰河州"[20]（P988-989）。张骏设立河州后，以此作为抵御后赵的重要防线，也为前凉进一步经营河湟奠定了基础。

西平郡，治西都。前凉沿西晋仍置西平郡，为凉州所属，下辖西都、临羌、长宁、安夷四县。前凉张轨时期有西平太守曹祛、赵彝；张玄靓时期有西平太守卫缉；张天锡时期有西平太守赵凝。

西河郡，治乐都（今青海海东市乐都区）。前凉分西平郡置西河郡，《晋书·五行志》："张重华在凉州，将诛其西河相张祥。"[21]（P905-906）西河郡下辖乐都、破羌二县。破羌，汉置，西晋废，前凉复置，《晋书·张轨传》张寔征西平太守曹祛，"寔诡道出浩亹，战于破羌"[22]（P2224）。

晋兴郡，治晋兴（今青海海东市民和县川口镇一带）。前凉分西平郡置晋兴郡，《元和郡县图志》"鄯州"条载："晋永宁元年（301年），张轨分西平郡置晋兴郡。"[23]（P991）张天锡时期有晋兴太守彭和。晋兴郡下辖晋兴、枹罕、永固、临津、临鄣、广昌、大夏、遂兴、罕唐、左南等十县。晋兴县，据《水经注·河水》湟水："东迳破羌县故城南，……湟水又东南迳小晋兴城北，故都尉治。阚骃曰：允吾县西四十里，有小晋兴城也。"[24]（P50）其中的晋兴县、左南县在黄河以北的河湟地区。

湟河郡，治黄河城（今青海省海东市化隆县群科古城）。前凉张骏时期分西平郡置湟河，《十六国疆域志·前凉》载："张骏分置湟河郡，属凉州。"[25]（P309）前凉有湟河太守氾曼，英藏敦煌文书第1899号《敦煌氾氏人物传》载：

氾曼者，晋时凉人也。……凉恒王崩，张祚篡位。抚军张瓘兴义于枹罕，移檄郡国，郡国多应之……征补理曹郎中、禁中监，后为湟河太守，民夷歌德。[26]（P182）

湟河郡在西平郡之南，辖湟河、邯川二县。《水经注·河水注》白土城西有湟河城："河水又迳石城南，……河水又东迳黄河城南，西北去西平二百一十里。"[27]（P43）此黄河城，即湟河。邯川，《元和郡县图志》载："本前凉张天锡于此置邯川戍，后魏孝昌二年于戍城置广威县。"[28]（P994）又《水经注·河水注》："河水又东北迳广违城北，……河水又东迳邯川城南。"[29]（P43）

广源郡，治长宁。前凉张天锡时期分西平、晋兴置广源郡，《元和郡县图志》载："张天锡以晋兴、西平二郡辽远，分为广源郡。"[30]（P991）广源郡似在西平郡和晋兴郡连接处析置，下辖长宁县。张轨伐曹祛，"别遣从事田迥、王丰率骑八百自姑臧西南出石驴，据长宁。"[31]（P2223）前凉张祚为"长宁侯"；张天锡被张祚封为"长宁王"。

金城郡，治金城。前凉时金城郡属河州，领榆中、允吾、金城、白土、浩亹、破羌六县，其中河湟地区有白土、允吾、浩亹、破羌四县。白土，《晋书·张轨传》载张天锡征李俨，使"游击将军张统出白土。"[32](P2250)允吾，《水经注·河水注》浩亹水"又东流注于湟水，……又东迳允吾县北"[33](P50)。又《元和郡县图志》广武县："允吾故城，在县西南一百六十里。"[34](P988)《水经注·河水注》湟水"又东迳允吾县北，……湟水又东迳允街县故城南，汉宣帝神爵二年置，王莽之修远亭也"[35](P50)。浩亹，《晋志·地理志》记晋金城郡领有浩亹县。[36](P433)破羌，《晋书·张轨传》张寔征曹祛，"寔诡道出浩亹，战于破羌。"[37](P2223)

前凉升平二十年（376年），前秦兵临姑臧，张天锡面缚出降，前凉亡。河湟地区也随之并入前秦。

（二）前秦对河湟的经略

前秦是氐人苻氏建立的民族政权。前秦兼并前凉后，开始着力经营河西和河湟，设凉州和河州，以梁熙为凉州刺史，领护羌校尉，驻姑臧；以李俨为河州刺史，镇武始。前秦建元三年（367年），苻坚以彭越为凉州刺史镇枹罕，又姜宇为凉州刺史。此时，金城郡和晋兴郡属河州，西平郡属凉州，辖县依前凉旧置。

河州，苻坚又以李辩（李俨子）为河州刺史，兼领兴晋太守，镇枹罕。苻坚又以毛兴为都督河秦二州诸军事、河州刺史，镇枹罕。建元二十一年（385年），苻丕以毛兴为河州牧。

西平郡，苻丕封苻冲为西平王，西平郡属凉州，领西都、临羌、长宁、安夷四县。

金城郡，前秦任用前凉官吏，使之为前秦苻氏效力，原前凉西平太守赵凝转任金城郡太守。金城郡领允吾、榆中、允街、金城、白土、浩亹六县，其中河湟地区有白土、允吾、浩亹三县。

晋兴郡，前秦王猛、杨安进枹罕，与张天锡将杨遹战于晋兴县东。晋兴郡领晋兴、枹罕等县。

前秦延初元年（394年），前秦苻登被部将姚兴所杀，太子苻崇"奔于湟中，僭称尊号，改元延初[38]（P2954）。苻崇在湟中登基后立足未稳，又受到西秦乞伏乾归的攻逐，苻崇逃奔到旧将杨定处，并与杨定率众两万攻乾归，终为乾归所败，苻崇、杨定皆战死。前秦亡。

（三）后凉对河湟的经略

后凉为氐人吕光创立。吕光原为前秦将军，为苻坚所遣远征西域，后返回凉州入姑臧，自称凉州刺史、护羌校尉。所以，后凉是由前秦派生的。后凉麟嘉元年（389年），吕光自称"三河王"，自将兵渡过湟水，击败南羌彭奚念部，势力伸展到河湟地区。

后凉尽有前秦属地，承袭前秦、前凉旧制，其地方行政建置上废止多州制，仅设凉州，为此大力扩充增置郡一级建置，《十六国疆域志》曰：

后凉所统郡县大略兼张氏所析之五州而凉州外不闻别建州号，则诸郡并统于凉州，可知其前后以旧郡为主，所分新郡各分附于下，凡统旧郡六，增置郡二十一，又新置郡四，新改郡一，护军三。[39]（P341）

此时位于河湟地区的西平、西河、乐都、湟河、浇河、三河、金城诸郡均属凉州，后凉在河湟增置郡县，也是为进一步经营河湟。

西平郡，治西都，承前凉所置。《晋书·吕光载记》载："光西平太守康宁自称匈奴王，阻兵以叛，光屡讨之，不捷。"[40]（P3057-3058）又《资治通鉴》记此事为晋孝武帝太元十二年（387年）十月。这说明，至少在386年吕光自称"凉州牧"时，后凉统治势力就已进入河湟地区，康宁即出任后凉西平太守。麟嘉二年（390年），凉王吕光"以沮渠罗仇为西宁太守。"[41]（P344）至后凉龙飞二年（397年），"吕光杀其（沮渠蒙逊）伯父西平太守罗仇"[42]（P2203），由390年至397年后凉辖有西平郡，以沮渠罗仇为西平太守。后凉西平郡下辖西都、临羌、长宁、安夷四县。

西河郡，后凉承前凉所置。《元和郡县志·陇右道上》载："后凉吕光改西平郡为西河郡。"[43](P991)《晋书·吕光载记》称"西河乐都"，亦证后凉置西河郡。吕光龙飞二年（397年），"太常郭麐反叛，……西河太守程肇谏"[44](P2091)。这说明，从前凉至后凉，均置西河郡，《元和郡县志》记载有误。

乐都郡，治乐都城，后凉新置。"乐都"，源出于汉代之"落都"或"洛都"，音同字异。东汉永平初，有马武等击烧当羌败于"雒都谷"，亦名"洛都谷"。乐都，盖因"洛都谷"而得名。《水经注·河水》曰："湟水又东，迳乐都城南。"[45](P50) 又南凉进攻后凉，"乌孤进攻（龙支堡），……乐都太守田瑶、湟河太守张祼、浇河太守王稚皆以郡降"[46](P3480-3481)。又《晋书·秃发乌孤载记》载"光遣将军窦苟来伐，战于街亭，大败之。降光乐都、湟河、浇河三郡，岭南羌胡数万落皆附之"[47](P3142)。可见，后凉增置乐都郡，以田瑶为乐都太守。乐都郡下辖乐都、苕藋二县。

湟河郡，郡治黄河城，后凉承前凉旧置。据《资治通鉴》载："吕光西平太守康宁自称匈奴王，杀湟河太守强禧以叛。"[48](P3381) 此事记为后凉太安二年（387年）。这说明，至少在太安元年（386年）吕光自称"凉州牧"时，就以强禧为湟河太守。继此，后凉又以宗燮为湟河太守。《晋书·秃发傉檀载记》载："敞父燮，吕光时自湟河太守入为尚书郎。"[49](P3148) 龙飞三年（398年），后凉湟河太守张祼以郡降南凉，自此后凉势力退出湟河郡。后凉相继有强禧、宗燮和张祼三位湟河郡太守，也可见后凉统辖湟河郡大致十三年（386—398年）。

浇河郡，郡治浇河城（今青海海南州贵德县河阴镇），后凉太安元年（386年）吕光新置。《十六国疆域志·后凉》载："浇河郡，《图经》吕光置浇河郡，《后凉录》浇河太守王稚。"[50](P186) 龙飞三年（398年），后凉浇河太守王稚以郡降南凉秃发乌孤。自此后凉势力退出浇河郡，后凉统辖浇河郡大致十三年（386—398年）。

三河郡，郡治白土（今青海海东市化隆县东南），后凉太安元年（386

年）吕光新置三河郡，领白土、左南二县。《资治通鉴》胡三省注曰：

> 吕光得凉州，自号三河王，此郡盖光置也。贤曰：三河，谓金城河、赐支河、湟河，此郡当置于汉张掖、金城郡界。[51](P3453)

后凉龙飞三年（398年），"光荒耄信谗，杀尚书沮渠罗仇、三河太守沮渠麹粥。"[52](P3061)可见，后凉统辖三河郡大致11年（386—397年）。

金城郡，郡治允吾。后凉承前秦置金城郡，领左南、白土、允吾、鹯武、浩亹、允街六县。其中河湟地区有白土、允吾和浩亹三县。

另外，后凉在河西走廊设置的临松、祁连、番禾三郡的辖地达到河湟地区（今青海海北州祁连山南麓一带）。

（四）北凉对河湟的经略

段业于397年被沮渠氏拥立"凉州牧、建康公"，创立北凉。北凉天玺二年（400年），沮渠蒙逊杀段业，继立北凉。又据《读史方舆纪要》载："蒙逊盛时，西控西域，东尽河湟。"[53](P141)可见，北凉疆域辽阔，东囊括河湟。关于北凉对河湟的经营，除西平郡、乐都郡、湟河郡、浇河郡等仍沿后凉旧置外，还新置湟川郡。

湟河郡，郡治黄河城，北凉承后凉旧置。北凉玄始二年（413年），"（沮渠蒙逊）以殿中将军王建为湟河太守"[54](P661)。玄始四年（415年），"（乞伏）炽磐攻克沮渠蒙逊湟河太守沮渠汉平"[55](P3124)。同书《沮渠蒙逊载记》载：

> 炽磐率众三万袭湟河，汉平力战固守，遣司马隗仁夜出击炽磐，……炽磐乃执之而归。[56](P3197)

西秦据湟河郡。直至429年乞伏氏西秦败亡，北凉又重新进据湟河郡。

又据《北魏房文姬墓志》载：

> 夫人讳文姬，清河清人也。祖晷，沮渠氏尚书左丞。父沮渠吏部郎中、湟河太守恩成之次女，河东裴敏之外孙。[57](P18)

墓志主房文姬其父房恩成当为沮渠牧犍时期的湟河太守，祖父房晷为北凉沮渠蒙逊尚书左丞，这与《晋书·沮渠蒙逊载记》记载相符合。由此推测，北凉至少在429—439年是统辖湟河郡。

湟川郡（今青海海南州贵德县席芨滩一带），北凉新置。玄始二年（413年），南凉湟河郡太守秃发文支"据湟川来降蒙逊"，北凉据湟川郡。而后蒙逊"署文支为镇东将军、广武太守、振武侯，成宜侯为振威将军、湟川太守"[58](P661)。按洪亮吉考证湟川郡，"盖蒙逊分湟河郡所置"[59](P331)。

乐都郡，北凉承后凉旧置。北凉承玄二年（429年），"河西王蒙逊伐秦，秦王暮末留相国元基守枹罕，迁保定连"[60](P3810)。西秦相国元基已由乐都退守枹罕（今甘肃临夏一带），而秦王暮末也被迫迁保定连（今甘肃临夏东南）。据此，乐都郡当为蒙逊所据，至少在429年之前北凉已据乐都郡。另《魏书·沮渠蒙逊传》载："初，牧犍之败也，弟乐都太守安周南奔吐谷浑。"[61](P22209) 这是439年北魏伐凉攻占乐都，说明北凉至少在429—439年是统辖乐都郡。

西平郡，北凉承后凉旧置。承玄二年（429），"秦出连辅政等未至西平，河西王蒙逊拔西平，执太守麹承"[62](P3806)。北凉据西平郡。太守麹承，当为西平大族麹氏。又见《张略墓志》记载：

> 惟大代皇兴二年（468年）岁次戊申十一月癸卯朔十三日乙卯，凉故西平郡阿夷县凌江将军、万平男、金昌白土二县令、东宫记室主簿、尚书郎、民部、典征西府录事户曹二参军、左军府户曹参、领内直、征西镇酒泉后都护留府、安弥侯、常侍、口南公、中尉、千人军将张

略之墓。[63](P48)

据此，罗新、叶炜先生疏证："张略是从北凉入魏的，墓志所记张略历官封爵，应当都得自北凉。张略籍贯属西平郡阿夷县，阿夷当作安夷（今青海海东市平安区），音近致讹。"[64](P48) 由此，北凉统辖过西平郡。

浇河郡，治浇河城，北凉承后凉旧置。承玄元年（428年），"秦商州刺史领浇河太守姚潜叛，降河西"[65](P3798)。这时，姚潜降沮渠蒙逊，北凉据浇河郡。另见《故城阳康王元寿妃之墓志》载："妃姓麴，沮渠时扬列将军浇河太守麴宁孙之长女。"[66](P52) 北凉浇河太守，加扬列将军。太守麴宁，当为西平大族麴氏。又据《北魏张猛龙碑》载：

〔君〕讳猛龙，字神冏，南阳白水人也。……祖兴宗，伪凉都营护军、建节将军，饶（浇）河、黄（湟）河二郡太守。[67](P143)

墓志中"伪凉"当指北凉，志主张猛龙祖张兴宗为北魏灭凉后归魏的原北凉沮渠牧犍浇河郡太守。可见，北凉至少在 428—439 年统辖浇河郡。

沮渠蒙逊立国后，为进一步经营河湟，对河湟地区的鲜卑诸部进行征讨。《晋书·沮渠蒙逊载记》记载："（沮渠蒙逊）遣辅国臧莫孩袭山北虏，大破之。"[68](P3193) "北山虏"即是北山鲜卑。沮渠蒙逊又两次攻伐卑和虏、乌啼虏，据《晋书·沮渠蒙逊载记》记载：

蒙逊西如苕藋，遣冠军伏恩率骑一万袭卑和、乌啼二虏，大破之，俘二千余落而还。[69](P3196)

"乌啼虏"，即居于金山之西的乌啼鲜卑。而"卑和虏"，即乙弗鲜卑（居青海湖西北沿岸）。《资治通鉴》记载此事为义熙九年（413年）。又据同书卷一二九"沮渠蒙逊载记"记载：

> 蒙逊西祀金山，遣沮渠广宗率骑一万袭乌啼房，大捷而还。蒙逊西至苕藋，遣前将军沮渠成都将骑五千袭卑和房，蒙逊率中军三万继之，卑和房率众迎降。遂循海而西，至盐池，祀西王母寺。[70]（P3197）

《资治通鉴》记载此事为义熙十三年（417年），至此沮渠蒙逊降服乌啼、卑和二房。由此来看，沮渠蒙逊多次用兵出征周边民族部落，主要是攻打北山、思盘、乌啼、乙弗等鲜卑部落。沮渠蒙逊出兵一万，甚至多至三万征乌啼、卑和二房，其中"循海而西"的"海"即今青海湖，可知鲜卑的强大、部众甚多。蒙逊征卑和房后，祭祀西王母寺，"寺中有玄石神图，命其中书侍郎张穆赋焉，铭之于寺前"[71]（P3197）。据此，北凉统治又到达了青海湖一带。

由上所述，北凉经略河湟地区分为两个时段，从413年至415年北凉主力攻南凉进入河湟，占据湟河郡，新置湟川郡以稳住阵脚。415年南凉为西秦所灭，河湟地区尽为西秦所据，北凉退出。从429年北凉进入河湟连克西秦数城，占据湟河、乐都、西平、浇河等郡，北凉又进一步征讨卑和、乌啼等鲜卑诸部，将统治延伸至青海湖北岸，直至439年北凉灭亡。

（五）西秦对河湟的经略

西秦为鲜卑乞伏氏所创，定都勇士城（今甘肃榆中县东北）。西秦太初十三年（390年），西秦为后秦灭国。西秦更始元年（409年），乞伏乾归重新称"秦王"，改元"更始"，西秦复国。在此后的两年中，西秦不仅恢复了原来的疆域，还不断向四周扩张，开始与南凉争夺河湟地区。至永康三年（414年），西秦攻占南凉都城，原南凉所辖河湟之地部分归并西秦。西秦对河湟区划进行调整，置河州、凉州、沙州、商州等四州及西平、浇河、乐都、湟河、三河、晋兴、金城等七郡。

河州，治枹罕。西秦永康元年（412年），置河州，下辖金城郡、三河郡。另，置北河州，治枹罕。北河州的设置，是因枹罕羌酋彭奚念降西秦后而置，以彭奚念为刺史。

三河郡，治白土。更始三年（411年），西秦攻克南凉三河郡，承南凉旧置，领左南县、白土县。据《资治通鉴》载："乞伏炽磐攻南凉三河太守吴阴于白土，克之，以乞伏出累代之。"[72]（P432）西秦以乞伏出累为三河太守。

凉州，治乐都。《十六国疆域志·西秦》载："永康三年（414年），炽磐以（乞伏）谦屯为凉州刺史，镇乐都。永康四年（415年），以（乞伏）连虔代之。"[73]（P432）又记"共领旧郡二，新置郡四"[74]（P432），其中地在河湟地区为西平郡，以及金城郡、晋兴郡部分属县。

西平郡，治西都。永康三年（414年），以秃发赴单为西平太守。乞伏慕末时，以麹承为西平太守。领西都、临羌、长宁、安夷四县。

金城郡，治金城。金城郡的允吾、白土两县部分地区属河湟地区。

晋兴郡，治浩亹。西秦曾以王基为晋兴太守。晋兴郡的浩亹县部分地区属河湟地区。

沙州，治乐都。西秦永康七年（418年），西秦灭南凉后置沙州，以乞伏木弈干为沙州刺史，镇乐都，领湟河、乐都二郡。以上的沙州与凉州，治所均在乐都，出现了重叠。西秦建弘八年（427年），又以麹景为沙州刺史，移镇西平。

乐都郡，治乐都。永康三年（414年），西秦乘南凉秃发傉檀西征乙弗部之际，"（乞伏炽磐）率步骑二万袭乐都。秃发武台凭城距守，炽磐攻之，一旬而克"[75]（P3124）。西秦占据南凉都城乐都。乐都郡，承南凉旧置，领乐都、安夷二县。

湟河郡，治黄河城。永康四年（415年），乞伏炽磐攻克沮渠蒙逊湟河太守沮渠汉平，以左卫匹逵为湟河太守。[76]（P3124）辖县无考。

商州，治浇河。建弘九年（428年），"炽磐商州刺史领浇河太守姚潾叛降河西，炽磐以焦尚代潾。……以姚潾遥领商州而守浇河也"[77](P434)。商州本应领敦煌而置，但却遥领于浇河。

浇河郡，治浇河城。永康三年（414年），承南凉置浇河郡，领县不可考。

西秦征讨河湟地区鲜卑诸部。永康七年（418年），在青海湖一带游牧的乙弗鲜卑部两万户在首领乌地延率领下降西秦。建弘三年（422年），西秦征西将军孔子攻破契汗部秃真于罗川（今青海湖东），秃真率数千骑西走，其别部树奚率5000户降西秦。西秦为加强对乙弗、契汗部（居青海湖东一带）的控制，"以折冲将军乞伏是辰为西胡校尉。筑列浑城于汁罗以镇之"[78](P3744)。

西秦在河湟的行政建置比较复杂和混乱，因势而设，又随势而改，这种情况与当时纷乱的政治形势是分不开的。尤其州一级的建置有实领、虚领和遥领三种形式，河州与北河州两州一度同治于枹罕，商州本应领敦煌而置，但却遥领于浇河，所以一些郡县隶属关系长期以来难以理清。西秦在行政建置出现这种现象的重要原因，是乞伏氏企图以分州郡的方式，来笼络被征服的各族上层，扩大西秦统治范围，故随意性较强。

（六）南凉对河湟的经略

南凉是湟水流域的鲜卑秃发氏建立的政权。386年，秃发乌孤即位，"务农桑，修邻好"[79](P3141)，建立良好的内部和外部环境，以发展经济，增强实力。乌孤在政治方面施行绥抚政策，大力吸收汉文化，稳定占领地区。东晋太元十五年（390年），乌孤率众南下，进入湟水流域。次年，乌孤征服了河湟的乙弗部（居青海湖西北沿岸）和折掘部（居湟水北大通河下游一带），从而在河湟立住了脚跟。同年，秃发乌孤"遣其将石亦干筑廉川堡以都之"[80](P3144)。又《资治通鉴》胡三省注曰："乙弗、折掘二部，皆在秃发氏之西。廉川在湟中。"[81](P3422) 廉川堡（今青海乐都东北连城）作为南凉在大通河、湟水流域的政治中心，东凭黄河，西依西平，南达浇河，北窥姑臧，进可攻，退可守，这也是魏晋十六国民族政权首次在河湟地区设立的都城。从此，秃发氏以廉川堡为根据地，推动秃发氏由部落联盟进而建立起封建性质的南凉王国。

南凉太初元年（397年），秃发乌孤在廉川堡自称大单于、西平王。同年（397年），秃发乌孤"曜兵广武，攻克金城郡"[82]（P3142）。南凉收金城郡后"分任守宰镇安夷、西平、湟河、浇河、岭南、廉川、浩亹诸地"[83]（P3487）。调整河湟地区的区划建置。太初二年（398年），乌孤攻夺金城，袭取允吾以西之地，控制了广武，又进军河湟东部地区扫除后凉势力，将后凉岭南五郡①之地据为己有。时湟水流域羌人梁饥进兵攻西平，西平人田玄明求援乌孤，乌孤意识到"梁饥若得西平，保据山河，不可复制"[84]（P3480）。遂发兵击溃梁饥，据西平并以西平大族田玄明为西平太守。进而，乌孤再战梁饥于龙支堡（今青海民和县南），梁饥只身败逃至浇河。又后凉"乐都太守田瑶、湟河太守张祧、浇河太守王稚皆以郡降"[85]（P3480-3481），杨轨亦率众数千户来归，于是"岭南羌、胡数万落皆附于乌孤"[86]（P3481）。南凉控制了河湟地区。

太初三年（399年），乌孤迁都至乐都，据《资治通鉴》载：

> 武威王乌孤徙治乐都，以其弟西平公利鹿孤镇安夷，广武公傉檀镇西平，叔父素渥镇湟河，若留镇浇河，从弟替引镇岭南，洛回镇廉川，从叔吐若留镇浩亹，夷、夏俊杰，随才授任，内居显位，外典郡县，咸得其宜。[87]（P3487）

由此，南凉建立起以东、西、南三面的湟河郡、西平郡、浇河郡屏障，以乐都为都巩固后方，从而确立了对湟水流域的统治。

---

① 岭南五郡，是指洪池岭（在今甘肃武威南）以南的广武、湟河、洪河、乐都、西平王郡。

太初三年（399年），秃发乌孤坠马而亡，其弟秃发利鹿孤即位武威王。建和元年（400年），利鹿孤大赦其境内，改元建和，迁都西平。同时，安国将军鍮勿崘力谏利鹿孤曰：

且首兵始号，事必无成，陈胜、项籍，前鉴不远。……宜置晋人于诸城，劝课农桑，以供军国之用，我则习战法以诛未宾。[88]（P3513）

利鹿孤采纳其建议，内修政事，劝课农桑，国势渐盛，但他所接受鍮勿崘胡汉分治的落后主张，为南凉以后的发展埋下了隐患。同年（400年），南凉据晋兴郡，治晋兴（今青海民和县川口镇一带），《资治通鉴》载："（乞伏乾归）乞降于武威王利鹿孤，利鹿孤遣广武公傉檀迎之，宾于晋兴。"[89]（P3513）据此，西秦乞伏乾归降南凉，利鹿孤宾于晋兴，说明至少是在400年，晋兴郡为南凉所辖。又《资治通鉴》载："其臣屋引阿洛以告晋兴太守阴畅，畅驰白利鹿孤，利鹿孤遣其弟吐雷帅骑三千屯扪天岭。"[90]（P3513）可见，南凉又以阴畅为晋兴太守。建和二年（401年），利鹿孤采纳史暠的意见，以西平硕儒田玄冲、秦陇士人赵诞为博士祭酒，开馆延士，举办儒学。

南凉弘昌元年（402年），利鹿孤病卒，秃发傉檀即位，"僭号凉王，迁于乐都，改元曰弘昌"[91]（P3147）。弘昌三年（404年），秃发傉檀出师伐北凉，掠马三千匹、羊三万只献于后秦，姚兴大悦，拜傉檀为使持节、都督河右诸军事、车骑大将军、领护匈奴中郎将、凉州刺史，镇姑臧，南凉进入鼎盛。据《十六国疆域志·南凉》载其建置："凡统旧郡十三，增置郡一，护军一，县可考者五十。"[92]（P355）领有武威、武兴、番禾、西郡、昌松等凉州五郡；原有的乐都、西平、湟河、浇河、广武等岭南五郡；另，晋兴、三河、金城三郡；邯川（今青海化隆甘都）护军。其领域大致东自金城以西，永昌之东，北到腾格里沙漠，南至青海以南同仁一带，东南至青海循化，西南到青海湖东北，覆盖整个河湟地区。

南凉连年对外用兵，国力虚耗，南凉嘉平四年（411年），秃发傉檀退出姑臧，统治区域退缩到河湟地区，更逢湟水流域久旱不雨，其境内连年庄稼歉收，兵食不给，百姓骚动，饥馑非常严重。此时四邻北凉、吐谷浑、西秦乘机攻掠南凉分割领土。同年（411年），北凉"伐南凉，围乐都。三旬不克；南凉王傉檀以子安周为质，乃还"[93](P3644)。同年（411年），吐谷浑树洛干乘乱出击，夺取浇河，"吐谷浑树洛干率众来伐，傉檀遣其太子武台距之，为洛干所败"[94](P3154)。吐谷浑据有浇河郡。

嘉平五年（412年），西秦乞伏乾归派世子炽磐渡河西进，攻南凉战于岭南，"乞伏炽磐攻南凉三河太守吴阴于白土"[95](P3650)。南凉又失三河郡。

嘉平六年（413年），北凉沮渠蒙逊先败秃发傉檀于若厚坞（今青海乐都附近），再败之若凉（今青海乐都境），并乘胜围乐都。北凉又攻南凉湟河郡，"南凉湟河太守文支以郡降于蒙逊"[96](P3659)。南凉又失湟河郡。

嘉平七年（414年），南凉统治区域进一步收缩，仅剩西平、乐都二郡及晋兴郡、广武郡部分地区。同年（414年）五月，契汗、乙弗等部皆叛南凉，为摆脱困境傉檀决意西征乙弗，以掳掠牛羊来维持生计，为此邯川护军①孟恺谏曰：

今连年饥馑，南逼炽磐，北逼蒙逊，百姓不安。远征虽克，必有后患；不如与炽磐结盟通籴，慰抚杂部，足食缮兵，俟时而动。[97](P3666)

傉檀不为所动。西秦乞伏炽磐乘虚来攻南凉乐都，一旬即破，随之西平诸城皆降西秦。

纵观魏晋十六国诸政权对河湟的经略，河湟作为西北的政治、军事、

---

① 护军，魏晋十六国在边疆民族地区领护部落、氏族，兼保卫边疆的长官，其不仅掌该地的军权，还掌一方行政事务，是一种特殊的军政合一的地方建制。

经济和交通战略要地，各政权统治者对于河湟的经略自然是随着河湟地区复杂的民族形势以及魏晋十六国各政权间的战和关系变化而不断调整改变。更重要的是，曹魏、西晋、前凉、前秦、后凉、后秦、南凉、西秦、北凉等政权对河湟的经略，在河湟地区建都城、置郡县、设护军，发展经济和农业，开发建设了河湟，传承传播中原政治文化制度，稳定少数民族，更进一步加强了各民族的交往交流交融。

余 论

魏晋十六国时期，除上述曹魏、西晋，以及前凉、前秦、后凉、北凉、西秦和南凉等政权先后进入河湟并进行统治经营外，还见有后秦、西凉和大夏等政权也涉及河湟。

后秦在南凉秃发傉檀归降称臣的六年中，虽领有河湟东部郡县，但仅是名义上的，实质上是被南凉秃发氏牢牢控制。东晋义熙二年（406年），秃发傉檀复称凉王，后秦在河湟的统治宣告结束。

西凉虽在河西走廊称雄一时，但其势力始终未达河湟地区。西凉虽名义上置有十八郡，其中有许多侨置郡，如武威、武兴、张掖三郡都设在敦煌南端的子亭镇（今甘肃肃北县党城湾东南），是用来安置一万三千户的"南人"流民而设置的。还有为数不少设置在河湟地区的遥领郡，"氾德瑜为宁远将军、西都太守；以张靖为折冲将军、河湟太守；索训为威远将军、西平太守"[98]（P2259）。其中，西都、河湟、西平在河湟地区，皆为南凉、北凉、西秦所控，并不为西凉据有。西凉此举仅仅是为封赏臣僚或优待功臣所设的空衔，或是扩大其疆域，或是虚张声势，"以招怀东夏"[99]（P2259）而已。

大夏的势力也一度进入河湟。元嘉三年（426年），北凉邀大夏攻西秦，夏攻西秦苑川（今甘肃榆中县东北），夏主赫连昌遣镇南大将军呼卢古、车骑大将军韦伐攻西秦，转入河湟攻西秦沙州刺史出连虔于湟河，"又攻西平，执安西将军库洛干。"[100]（P3789）由此，大夏攻击西秦进入河湟地区，只是在湟河郡、西平郡掳掠民户而去，并未实际经略过河湟。

参考文献

[1] 严耕望．唐代交通图考[M]．上海：上海古籍出版社,2007．

[2][24][27][29][33][35][45][北魏]郦道元著,陈桥驿校证：水经注校证[M]．北京：中华书局,2007．

[3][4][5][7][晋]陈寿．三国志[M]．北京：中华书局,1959．

[6][14][46][48][51][60][62][65][72][78][81][83][84][85][86][87][89][90][93][95][96][97][100][宋]司马光．资治通鉴[M]．北京：中华书局,1956．

[8][9][10][11][12][13][14][15][16][17][18][19][20][21][22][23][24][31][32][36][37][38][40][47][49][52][55][56][58][69][70][71][75][76][79][80][82][88][91][94][98][99][唐]房玄龄．晋书[M]．北京：中华书局,1974．

[23][28][30][34][43][唐]李吉甫．元和郡县图志[M]．北京：中华书局,1983．

[25][39][41][50][59][73][74][77][92][清]洪亮吉．十六国疆域志[M]．上海：商务印书馆,1958．

[26] 王仲荦．敦煌石室地志残卷考释[M]．上海：上海古籍出版社,1993．

[42][61][北齐]魏收．魏书[M]．北京：中华书局,1974．

[44][宋]李昉．太平御览[M]．石家庄：河北教育出版社,2000．

[53][清]顾祖禹．读史方舆纪要[M]．北京：中华书局,2005．

[54][58][清]汤球．十六国春秋辑补[M]．北京：中华书局,1985．

[57] 赵君平．邙洛碑志三百种[M]．北京：中华书局,2004．

[63][64] 罗新,叶炜著．新出魏晋南北朝墓志疏证[M]．北京：中华书局,2005．

[66] 赵超. 汉魏南北朝墓志汇编 [M]. 天津：天津古籍出版社,2008.

[67] 毛远明. 汉魏六朝碑刻校注（第五册）[M]. 北京：线装书局,2009.

原文载于《青海师范大学学报（社会科学版）》

2024 年第 1 期

唐代入竺求法僧与吐蕃泥婆罗道[1]

梁霞[2]

佛教自汉以来传入中国，东来弘法和西行求法的僧人，穿梭往返于中印之间，促进了中印之间佛教文化交流。至唐代，因中西交通的发展，唐代国力的强盛，对外交流的需要，唐代中外文化交往更为频繁和活跃。随着吐蕃的兴起，吐蕃先后与泥婆罗[3]、唐朝和亲，使得蕃尼道和唐蕃道得以畅通，内地经吐蕃，至泥婆罗到印度的另一条国际通道——吐蕃泥婆罗道随之畅通，成为中印文化交流的新通道。

近些年，此条交通线路再度引起学者们的关注，从唐朝长安到印度的交通主动脉，有泥婆罗、迦湿弥罗以及今不丹、锡金、察隅诸地区通衢，

---

[1] 国家社会科学基金一般项目："丝绸之路青海道沿线多元文明互动中的佛教与文化认同研究"（18BZS169）。
[2] 梁霞，1978年生，女，汉族，青海门源人，历史学博士，青海师范大学副教授。研究方向：隋唐史。
[3] 泥婆罗（Nepala）：南亚古代国家，又译"尼波罗""尼华罗""尼人剌"等，今称尼泊尔（Nepal）。古代领土主要包括今加德满都所在的尼泊尔谷地一带（参见：周伟洲、王欣主编：《丝绸之路辞典》，陕西人民出版社2018版，第140页）。

其中以泥婆罗道者为多。有学者将此通道称为吐蕃路（道）[①]、泥婆罗道[②]、吐蕃泥婆罗道、唐梵路[③]、蕃尼道[④]、吉隆道[⑤]、吐蕃丝绸之路[⑥]等。对于此交通通道的开通、发展、路线走向，以及沿线历史遗迹等方面的研究，取得了较丰硕的成果。通过唐宋时期沿此道赴印求法僧人行迹，可对吐蕃泥婆罗道有更进一步的认知。

一、唐代经吐蕃泥婆罗道入竺求法僧

公元7世纪初，吐蕃王朝兴起，贞观八年（634年）吐蕃遣使至唐求和亲，至贞观十五年（641年）唐蕃和亲，自唐京师长安至吐蕃的道路——吐蕃道由此畅通。而公元639年，吐蕃与泥婆罗和亲，泥婆罗赤尊公主嫁吐蕃赞普，取道芒域（吉隆沟）进入吐蕃。至此，从唐朝长安出发至吐蕃、尼泊尔和中印度的道路开始通畅，成为唐初以来中印双方使节往来、文化交流的重要国际通道。

---

① 参见：[日]足立喜六：《大唐西域记的研究》二册（法藏馆，1942）；范祥雍：《唐代中印交通吐蕃一道考》，《中华文史论丛》1982年第4辑，上海：上海古籍出版社1982年版，第195—227页；[日]长泽和俊著：《丝绸之路史研究》，钟美珠译，天津：天津古籍出版社，1990年；多杰才旦：《关于丝路吐蕃道的交通路线问题》，载《传统文化与现代化》1995年，第4期；张钦：《唐代吐蕃道与中印佛教文化交流》，西北大学硕士学位论文，2014年。

② [日]足立喜六：《唐代的泥婆罗道》，《支那佛教史学》第3卷第1号，1939年。

③ 陈楠：《唐梵新路与西域求法高僧》，《民族史研究》第十三辑，2016年，第3—21页。

④ 参见霍巍：《蕃尼道上的考古发现》，《中国西藏》（中文版），1999年第1期；霍巍：《吉隆文物古迹与蕃尼道上古代中尼文化交流的若干问题》，《西藏研究》2000年第1期；王邦维：《唐初的中尼交通：资料的再审视》，《藏学学刊》2019年第2期；熊文彬：《蕃尼古道及其历史作用》，《中国藏学》2020年第1期。

⑤ 唐代和唐以前吐蕃通往泥婆罗的主干道和出境口岸即为"吉隆道"，由此将"蕃尼古道""泥婆罗道""泥婆罗·吐蕃道"也以其出山口岸作为标志，统称为"吉隆道"。参见：霍巍：《宋僧继业西行归国路经"吉隆道"考》，《史学月刊》2020年第8期。

⑥ 张云著：《吐蕃丝绸之路》，南京：江苏人民出版社2017年版，第137页。

唐代高僧道宣的《释迦方志》，大约成于高宗永徽年间(650—655年)，其中的《遗迹篇》记述了由唐朝经陆路到印度的东、中、北三条通道，北道和中道即传统的西域道。东道是唐代新开辟的通道，本文称为"吐蕃泥婆罗道"，是从长安出发，经青海入吐蕃、尼泊尔到中印度的国际通道[①]。这条道路虽然艰险，但比传统的西域道要近捷得多。

随着吐蕃泥婆罗道的畅通，经此道的中印佛教文化交流兴盛起来，很多僧人往返印度均经行此通道。自唐朝贞观十五年（641年）以后，西行入竺求法僧人，大多选择吐蕃泥婆罗道至天竺。据《大唐西域求法高僧传》等记载，唐代经吐蕃泥婆罗道赴泥婆罗、印度的求法僧侣有14人，包括玄照、道希、师鞭、玄太、玄恪、道方、道生、末底僧诃等，其中有几位来自朝鲜半岛的僧人，详见表1。

表1 唐代经吐蕃泥婆罗道入竺求法僧表

序号	僧人	籍贯/国属	赴印时间	僧人行迹
1	玄照	太州仙掌	贞观十五年（641年）之后；麟德二年（665年）	贞观中，到吐蕃，蒙文成公主送往北天。在天竺游学14年之久，被唐帝降旨召回，重诣两天，玄照，再经吐蕃而返。高宗麟德年间，复奉敕往，再经吐蕃赴印，后因道路拥塞无法返回，病逝于庵摩罗跛国。
2	玄恪	新罗	贞观十五年（641年）之后	贞观年间，玄照第一次赴印时偕行，相随至天竺，遇疾而卒。
3	道生	并州	贞观（627—649年）末年	道生取泥婆罗道，经过吐蕃到中天竺学法。停住多载。后赍经像返归，行至泥婆罗遇疾而卒。
4	慧轮	新罗	麟德二年（665年）	麟德二年，奉敕作为玄照侍者西行，同赴天竺，游历留学，义净游印时尚存，年向四十。
5	师鞭	齐州	麟德二年（665年）	玄照第二次赴印时偕行，随玄照赴天竺，遇疾卒于庵摩罗跛城王寺。

---

① 具体路线的记载可参见：[唐]道宣撰：《释迦方志》卷上（遗迹篇四），范祥雍点校，中华书局2011年版，第10—11页；[宋]志磐著，释道法校注：《佛祖统纪校注》卷33，上海古籍出版社2012年版，第328页。

续表

序号	僧人	籍贯/国属	赴印时间	僧人行迹
6	末底僧诃	京师（长安）	麟德二年（665年）或乾封元年（666年）	与师鞭偕行，经泥婆罗道同赴印。归途经泥婆罗，遇患身卒。
7	道希	齐州	永徽六年（655年）	道希经泥婆罗道抵达天竺，周游诸国，瞻仰圣迹，留学那烂陀寺，因病卒于庵摩罗跛国。
8	道方	并州	不详	经尼婆罗道赴天竺求法，留学大觉寺，得为主人经数年。数年后又返回泥婆罗于今。
9	玄会	京师（长安）	不详	从北印度入迦湿弥罗国，后南游至大觉寺，游历巡礼。经陆路返回，到泥婆罗国不幸而卒。
10	玄太	新罗	永徽年间（650—655年）中	永徽年间，取泥婆罗道，经吐蕃、泥婆罗而到中印度。返途中，在吐谷浑遇道希法师，后返回唐，莫知所终。
11—12	吐蕃公主奶母之二子	不详	不详	在泥婆罗国，吐蕃公主奶母之子，初并出家，后一归俗住大王寺。
13	僧伽跋摩	康国	显庆年间（656—661年）	年少时来长安，显庆年间奉敕与使人（王玄策）相随，礼觐西国，送佛袈裟至泥婆罗国，复经吐蕃尼婆罗道。
14	悟真	新罗	建中二年（781年）至贞元五年（789年）间	建中二年（781年）入唐，向惠果和尚学习秘法。后经吐蕃至中天竺求《大毗卢遮那经》梵夹。贞元五年（789年），携带梵夹从原路返回时，不幸卒于吐蕃境。

资料来源：[唐]义净著，王邦维校注：《大唐西域求法高僧传校注》，中华书局1988年版；佚名：《大唐青龙寺三朝供奉大德行状》，《大正藏》第50册，No.2057，第295页中。

表1所见玄照行迹，据《大唐西域求法高僧传》记载：玄照"杖锡西迈，挂想祇园。背金府而出流沙，践铁门而登雪岭。漱香池以结念，毕契四弘；陟葱阜而翘心，誓度三有。途经速利，过睹货罗，远跨胡壃，到土蕃国。

蒙文成公主送往北天，渐向阇阑陀国"[1]。玄照初次赴印路线类同于玄奘出行时所经路线，经流沙到铁门，再至中亚吐火罗（今阿富汗北部）之后，原本南下即可抵达天竺，但玄照却向东折行至吐蕃，在吐蕃受文成公主关照，并护送至北印度。玄照赴印的具体经行路线，从吐蕃至西域的路线有学者称其为"麝香之路"①，或称为吐蕃中道——食盐之路，并认为经行此道的除玄照一行外，还有隆法师、信胄以及大唐三僧等人。② 玄照第一次返程时，"路次泥波罗国，蒙国王发遣，送至土蕃。重见文成公主，深致礼遇，资给归唐。于是巡涉西蕃，而至东夏。以九月而辞苦部，正月便到洛阳，五月之间，途经万里"[2]。应是经行吐蕃泥婆罗道，得到文成公主再次资助，更重要的是五个月时间便回到洛阳，可见此道的近而便捷。第二次赴印的具体路线记载不详，或依旧取吐蕃泥婆罗道，后准备返程时因西域道和吐蕃道均受阻，而未能返回唐朝，辗转游历于印度，后因病卒于中印度。

二、唐代西行求法僧所经行吐蕃泥婆罗道

（一）吐蕃泥婆罗道的优势

义净所著的《大唐西域求法高僧传》，记载了贞观十五年（641年）至武后天授二年（691年）近50年间57位僧人（含义净）赴印度求法

---

① 孙晓岗认为：在中印交通中还存在一条西接丝绸之路，东连吐蕃泥婆罗道的交通路线，其走向大致是，先至犍陀罗国，再逆印度河至于勃律国，转而向东，经过羊同国，然后东行至于古时闷域，亦称苾域之地，翻越喜马拉雅山口，进入泥婆罗国，最后达于中印度的摩揭陀国。认为，玄照赴印路线即经行此路。参见孙晓岗：《玄照法师求法印度经行路线考》，[日]茂木雅博主编《敦煌学与中国史研究论集》，甘肃人民出版社2001年版，第253—257页。

② 参见：王小甫著：《唐、吐蕃、大食政治关系史》，北京大学出版社1992年版，第21—22页，第36—37页。

和游历的事迹，除去路线不明者，在可确知经陆路赴印的19位僧人中，有6人经西域道至印度；13人取吐蕃道至印度或返回内地[①]。

通行障碍少。与确知经海路赴印求法的位僧人相比，上述经吐蕃道赴印求法或返国的内地僧人比较少，但时间非常集中，主要在贞观十五年（641年）至麟德年间（664—665年）。显然，这主要是因为唐初这段时期唐蕃关系比较亲善。只要得到吐蕃政府许可就好，通行少了很多阻碍。而经行西域道时，历经西域国家众多，各不统属，需要很多通过沿途各国的允准，给予通关文书才能通行。不仅旅途时间长，而且山川艰险，旅程充满未知和险远。

路程短而少险阻，"唐梵相去万里，此为最近而少险阻"[②]，这是唐初僧侣和官方使臣选择蕃尼道最主要的原因。如贞观十七年（643年）三月，唐使臣李义表从长安出发，送天竺使返国，同年十二月抵达摩伽陀国，只用了不足10个月的时间。而贞观年间大唐僧人玄照自中天竺归国，"以九月而辞苦部，正月便到洛阳，五月之间，途经万里"[3]。此道虽然也多艰难险阻，但与其他路线相比路程却大大缩短，可以说是一条捷径。据《大唐西域求法高僧传》王邦维注：《旧唐书》卷196上《吐蕃传》，吐蕃至长安不过八千唐里[③]。据《安多政教史》记载："自圣域金刚座向北，据说经百由旬[④]，有具祥萨迦大寺。"[4] 圣域金刚座，就是中天竺菩提伽耶（大觉寺），释迦牟尼证觉成道之地，距离后藏的萨迦大寺距离由旬左右，那么总计相当于1200公里，从萨迦岛逻些距离593公里，那么菩提伽

---

① 参见：[唐] 义净著，王邦维校注：《大唐西域求法高僧传》附录一"求法僧一览表"，中华书局1988年版，第247—252页。
② 参见：[宋] 志磐著，道法校注《佛祖统纪校注》卷33，上海古籍出版社2012年版，第328页。
③ 参见：[唐] 义净著，王邦维校注：《大唐西域求法高僧传》卷上，中华书局1988年版，第28页注（三九）。
④ 古印度长度单位，一由旬约合一十二公里许。参见[清] 智观巴·贡却乎丹巴绕吉著：《安多政教史》（上册），吴均、毛继祖、马世林译，青海人民出版社2017年版，第6页注释③。

耶到逻些是 3600 里左右①。

虽然青藏高原同样险阻南行，但是与西域道相比较而言，此条新道还是便捷得多，僧人、使臣、商旅络绎于道。季羡林先生曾评论说："在短时间内这样多的人走泥婆罗道，是空前的，也是绝后的。"[5]他们投身绝域，舍身求法，携回大量佛教典籍，丰富了内地的佛教文化，推进了中国佛教的发展。同时，部分西行求法僧人也将中国汉译的经论带到印度，在印度留下唐碑，可以视为"佛教倒流"，促进了中印之间的佛教文化交流。

（二）吐蕃泥婆罗道的险阻

虽说吐蕃泥婆罗道"近而少险阻"，是唐初入竺求法僧和官方使臣王玄策等多选择此道而至印度的主要原因。但是，吐蕃泥婆罗道畅通时间较短，学界大多认为，唐高宗咸亨元年（670年），吐蕃在青海大非川大败唐军，唐蕃关系恶化开始，吐蕃道闭塞或关闭，再未开通。

此条道路的关闭或许与唐蕃关系恶化、道路阻绝有关，但其利用率的减少，还要考虑到另一个因素。"近而少险阻"也仅是相对而言，此条通道依旧充满艰难险阻，沿途地广人稀、气候恶劣，有高山峻岭，甚至在吉隆峡谷，有十三飞梯、十九栈道、末上加三鼻关等险要之处，沿途甚至还有贼寇。而且，从经行此道入竺求法僧的往来行迹来看，甚至有不少僧人卒于此道。取吐蕃泥婆罗道者，主要在泥婆罗或吐蕃因疾或不幸而卒，如道生、末底僧诃、玄会和悟真，见表2。

---

① 参见：陈楠：《唐梵新路与西域求法高僧》，《民族史研究》第十三辑，2016年，第3—21页。

表2　西行入竺求法僧卒于吐蕃泥婆罗道者

求法僧	卒于吐蕃泥婆罗道情况	地点/原因
末底僧诃	与师鞭偕行，经泥婆罗道赴印，留学信者寺。归途经泥婆罗，因疾而卒。	泥婆罗/因疾而卒
道生	取尼婆罗道到中天竺，在那烂陀寺学法。后赍经、像返归，行至泥婆罗遇疾而卒。	泥婆罗/因疾而卒
玄会	游历天竺。经陆路返回，到泥婆罗国不幸而卒。年仅三十。	泥婆罗/卒因不详
悟真	贞元五年（789），从长安出发，经陆路往中天竺国求法，得《大毗卢遮那经》梵夹余经，返至吐蕃时身殁。	吐蕃/卒因不详

资料来源：（唐）义净著，王邦维校注：《大唐西域求法高僧传校注》，中华书局1988年版；佚名：《大唐青龙寺三朝供奉大德行状》，《大正藏》第50册，No.2057，第295页中。

据《大唐西域求法高僧传》记载，吐蕃泥婆罗道"有毒药"之说。义净谓："泥婆罗既有毒药，所以到彼多亡。"[6] 在此道兴隆之际，求法僧经此道时，亦有僧人卒于中道，有道生遭疾而卒，末底僧诃遇患身死，玄会到泥波罗国不幸而卒，甚至到贞元年间的悟真归途中到吐蕃身殁。

日本学者足立喜六解释说，"是因为高山地区低气压，有毒矿物、毒瓦斯等原因所致"[7]。季羡林先生没有细究，"'毒药'指的是什么东西？我们不清楚。"[8] 而梁启超认为，"吐蕃路，初唐时，因文成公主之保护，曾一度开通。……故永徽、显庆以后，吾国人经尼波罗者，辄被毒死，此路遂复闭矣。"[9] 认为吾国人经泥婆罗者被毒死，所以此条道路关闭。但足立喜六在其《唐代の泥婆罗道》中又认为："有原因不明的称作La-dug的风土病，在这里（吐蕃道）死得很多。义净说：'泥婆罗既有毒药，所以到彼多亡'。近世旅行家也把这原因归之于毒草、矿石、低气压等。我想这是在极峻的高原上长途旅行而伴随的一种风土病吧[①]。"认为这是一种风土病。而范祥雍认为，此假定似与末底僧诃、玄会之死因不合，缘于二人皆从印度至泥婆罗，非经过西藏高原而来的。[10] 日本学者长泽和俊则认为：从炎热的印度一转移到尼泊尔，好像有不少人患了此地的风土病（估计是疟疾），有众多的人在归途中病逝于泥婆罗。道生、末底僧诃、玄会等人皆在其列[②]。而于赓哲则认为这是高山病，"尼泊尔位于喜马拉雅山南麓，海拔很高，肯定经常有外来者因高山病死亡。所以才强调'到彼多亡'。又，吐蕃人也把高山反应当作中毒。"[11] 并认为，青藏高原地理经常表明某某地"有烟瘴"，多种史籍多记载青藏高原有"瘴气"，这也就是高原反应。[12]

从贞观年间至显庆年间，入竺求法僧玄照和随行侍者，使者王玄策和康国僧人僧伽跋都曾安全经行，玄太还曾两度经行，自己返程至吐谷浑时，遇到西行的道希法师，"复相引致，还向大觉寺"[13]，并且再度平安返回。吐蕃泥婆罗道路途遥远、沿途气候变化莫测，但是，从内地长安至甘肃、青海，再到吐蕃，其间路程地形逐步抬高，海拔慢慢升高，身体有逐步适应的过程。而在低海拔的印度生活一段时间，从印度返回途经泥婆罗时，泥婆罗位于喜马拉雅山南麓，海拔很高，海拔瞬时升高，身体难以很快适应，不少僧人因高原（山）反应而亡，所以强调"到彼多亡"。

（三）吐蕃泥婆罗道的拥塞不通

很多学者认为，吐蕃攻陷唐朝西域羁縻州，并且在青海大非川大败唐军，唐蕃交恶，此后吐蕃道闭塞或关闭。唐高宗麟德年中，玄照奉敕

---

① ［日］足立喜六：《唐代の泥婆罗道》，《支那佛教史学》第3卷第1号，1939年。转引自：范祥雍：《唐代中印交通吐蕃一道考》，《中华文史论丛》第4辑，上海古籍出版1982年，第227页注释28。
② 参见［日］长泽和俊：《丝绸之路史研究》，钟美珠译，天津古籍出版社1990年版，第543页。

第二次入印，完成使命准备回国时，"但以泥波罗道土蕃拥塞不通，迦毕试途多氏（原注"言多氏者，即大食也）捉而难度。"[14]"泥波罗道土蕃拥塞不通"，范祥雍根据《大唐西域求法高僧传》的记载，考证了大非川战争对吐蕃通道的影响，认为玄照是在麟德（664—665年）中复奉敕往印度，而义净在咸亨二年（671年）自南海附舶赴天竺，玄照与义净在那烂陀相遇，这时玄照正望归东夏，但"泥婆罗道吐蕃拥塞不通"，即告知义净吐蕃通道拥塞不通。又想从北道迦毕试回国，正值大食国崛起，也不能通过。"稽其时间皆在七世纪中后期，中亚地区不靖，道路难行，足证《求法高僧传》记载的正确。由此可以判定吐蕃道的关闭在咸亨元年（670年）大非川战役之时或其明后年，这是出于政治变化之故。"[15]霍巍也认为，大非川战争后从此唐蕃间发生直接冲突，导致蕃尼间的通道"吉隆道"关闭。[16]

依据史籍，在唐高宗显庆五年（660年）以来，唐蕃关系复杂化并出现裂痕，吐蕃禄东赞当国，因吐谷浑内附唐朝，吐蕃发兵袭击吐谷浑，"以吐谷浑内附故"，唐蕃关系便已经出现裂痕。至高宗咸亨元年（670年），吐蕃攻陷唐朝西域羁縻州，"入残羁縻十八州，率于阗取龟兹拨换城，于是安西四镇并废。"[17]唐蕃交兵于大非川（今青海共和县境内），"仁贵退屯大非川，吐蕃相论钦陵将兵四十余万就击之，唐兵大败，死伤略尽"[18]。咸亨年间，"吐蕃曾攻陷安西四镇，且于青海大非川大败唐军，此时，经由吐蕃往来各道为之壅塞，自是意料中事。所谓'迦毕试途多氏捉而难度'，则与大食东侵进程有关。"[19]大食又向东入侵扩张，由是西域道不通亦是意料中事。因此，玄照、慧轮一行因道阻而无法返程，辗转流离于印度各寺院中，玄照法师"虽每有传灯之望，而未谐落叶之心"[20]，带着无法回国弘法的遗憾，最终病卒于中印度。而因此道与西域道受阻，不少求法僧人或卒或失踪于归途，如无行、智弘、道琳等，或滞留于印度无法归唐，如玄照、慧轮一行。

随着唐蕃交战，此条通道一度拥塞不通。而随着南海交通线的兴起，唐高宗麟德年间起，求法僧人选择南海道西行者甚众。吐蕃泥婆罗道沟通中印间交通的地位和重要性已经下降，已非主要的中西交通通道。

三、唐后期至宋吐蕃泥婆罗道的持续利用

唐中后期以来，虽然唐蕃再度和亲与会盟过，但是对于此通道的使用记载较少，甚至怀疑此通道在唐中后期处于闭塞状态。但在一些汉、藏史籍中，仍能梳理出一些此通道的记载。《宋高僧传》中记载，来自印度的高僧善无畏东来大唐时，"路出吐蕃，与商旅同次"[21]，虽并非确定取道吐蕃泥婆罗道来大唐。但途经吐蕃至大唐长安。唐建中二年（781年），新罗僧人悟真入唐，至长安青龙寺向惠果和尚学习秘法，后从长安出发赴中天竺求《大毗卢遮那经》梵夹，至贞元五年（789年），携带梵夹从原路返回时，不幸卒于吐蕃。[22]悟真往返均路行吐蕃，说明吐蕃道还是能继续通行使用的。

又据藏文文献资料《青史》《玛尔巴传》等记载，咸亨元年以后，还有印度僧人经蕃尼道至内地弘法，赤松德赞时期还迎请寂护、莲花生来吐蕃弘法，皆取道吐蕃泥婆罗道。赤德祖赞时期，唐天宝十三载（754年），吐蕃赞普曾派遣桑希（sang-shi）等4人赴汉地求取经籍，后又派桑希和巴赛囊等率领规模更大的30人组成的使团赴内地求取佛经，学习戒律，迎请汉僧。[23]唐德宗时，赤松德赞再次派使臣到唐朝请汉僧，"初吐蕃遣使求沙门之善讲者，至是遣僧良秀、文素，一人行，二岁一更之"[24]。据法藏伯希和P.T.4646敦煌汉文禅宗文献《顿悟大乘正理决》载，贞元年间，吐蕃"请汉僧大禅师摩诃衍等三人"前往吐蕃，将汉地禅宗传入了吐蕃。显然，这些僧人都是经行吐蕃泥婆罗道往来。

到宋代，高僧释志磐在《佛祖统纪》中，也对中国通往印度的三条

道路进行了详细记载，其中就对自吐蕃至泥婆罗、印度的吐蕃泥婆罗道也有记载。其中云：

> 东土往天竺有三道焉，由西域度葱岭入铁门者路最险远，玄奘法师诸人所经也；泛南海达诃陵至耽摩梨底者，路差远，净三藏所由也；《西域记》云："自吐蕃至东女国、尼婆国、弗粟特、毗离邪为中印度，唐梵相去万里，此为最近而少险阻"，且云：比来国命率由此也。[25]

文中所言的"三道"，包括了西域道、南海道和吐蕃泥婆罗道。最后所引《西域记》记载的"自吐蕃至东女国、尼波罗、弗粟特、毗离邪"至中印度这条路，即"吐蕃泥婆罗道"，是这三条通道之中"最近而少险阻"。可见，在宋代这条道路仍被宋人所熟知，因其"最近而少险阻"而加以持续利用。

宋初，太祖大规模派遣僧人往印度求法，乾德二年（964年）僧人行勤等一行一百五十多人，赴印求法，继业即在其中。宋朝范成大所作的《吴船录》记载，言有一僧人"继业三藏……乾德二年（按：《宋史·天竺传》作四年），诏沙门三百人（按：《宋史·天竺传》作一百五十七人），入天竺求舍利及贝多叶书……至开宝九年（976年），始归寺。"[26] 又详细记载了继业等人经行路线，"业自阶州出塞西行，由灵武、西凉、甘、肃、瓜、沙等州，入伊吾、高昌、焉耆、于阗、疏勒、大食等诸国，度雪岭至布路州国。"[27]《宋史》对于继业等人去程记载较详，即传统的西域道。其返程路线，据《吴船录》有记载："又至拘尸那城及多罗聚落。逾大山数重，至尼婆罗国。又至磨逾里，过雪岭，至三耶寺。由故道自此入阶州。"[28] 对继业西行返程路线，王邦维[29]和霍巍[30]曾进行过详细考证，经考证认为继业归国路线利用了唐初开通的经过西藏西南磨逾里（即芒域)①的"吉隆道"(即吐蕃泥婆罗道)到桑耶寺,然后经唐蕃故道进入阶州,原路返回开封,认为"唐蕃道即使是在唐蕃之间时战时和、关系最为紧张的时期,官方和民间以宗教为纽带的交往也从未中断过"②。直到宋初对于往来汉地的使者和僧人似乎并未完全封闭。[31]明代仍然作为官道使用,十一、二世纪时,西藏僧人前去尼泊尔、印度求学的也都经行此道,甚至直到18世纪,"吉隆道"仍然是中尼之间的主要通道之一。[32]

结　语

唐初以来,新辟的中西交通通道吐蕃泥婆罗道曾兴盛一时,即长安经西藏、尼泊尔去印度的路线。唐贞观年间以来,唐与吐蕃交好,"近而少险阻"的吐蕃泥婆罗道,成为唐初中印官方主要国际通道,众多西行求法僧也大多经行吐蕃泥婆罗道而入竺,呈现出官方使节和佛教僧侣频繁经此通道往返中印的繁荣景象。

吐蕃泥婆罗道路途虽短,但道路依旧险阻,不少求法僧人卒于中道。而唐初也是西北地区政局动荡的时期,随着唐蕃战争,吐蕃道阻塞。自唐麟德年间以来,中西交通路线发生了重大转变,在此之前由唐入印以陆路为主,此后海上通道逐渐兴盛,逐渐取代了陆路丝绸之路,成为中

---

① "磨逾里"是指芒域地区,今西藏日喀则西南部以吉隆为中心的区域。参见:霍巍《宋僧继业西行归国路经"吉隆道"考》《史学月刊》,2020年第8期,第25—31页。
② 霍巍认为:"继业归来时仍然能够利用'吉隆道'返回,可能有两个方面的原因:一是由于吐蕃王朝的崩溃,政治格局发生变化,新兴的地方割据势力(此时吉隆应属阿里古格王朝统辖)对于这条传统官道的掌控有所放松。二是由于此时西藏僧俗两众对于汉地佛教僧人的西行求法活动给予了支持与合作,作为民间的宗教文化交流实际上一直没有中止。"并认为,宋代以后,西藏和印度、尼泊尔僧人利用"吉隆道"往来于藏地的记载也有不少。直到18世纪,"吉隆道"仍然是中尼之间的主要通道之一。(参见霍巍《宋僧继业西行归国路经"吉隆道"考》,《史学月刊》2020年第8期,第25—31页。)

印乃至中西主要交通道路。又因南海交通的畅达,使得传统西域通道、吐蕃道不再受到青睐,经由陆路求法者日渐稀少。但根据唐后期至宋初入竺求法僧行迹可知,吐蕃道并未完全封闭,此通道不仅促进了唐蕃文化交流涵融,也促进了中印文化交流。

参考文献:

[1][2][3][6][7][13][14][20][唐]义净著,王邦维校注.大唐西域求法高僧传校注·卷上[M].北京:中华书局,1988:9-10;10;10;59;60;43;11;11.

[4][清]智观巴·贡却乎丹巴绕吉著.安多政教史·上[M].吴均,毛继祖,马世林译.西宁:青海人民出版社,2017:3.

[5]季羡林.中印文化关系史论文集[M].北京:三联书店,1982:274.

[8]李南编.季羡林学术著作选集·佛教[M].北京:新世界出版社,2016:111.

[9]梁启超.中国印度之交通[M]//佛学研究十八篇.北京:商务印书馆,2017:141.

[10][15]范祥雍.唐代中印交通吐蕃一道考[C]//中华文史论丛·第4辑,上海:上海古籍出版,1982:195-227.

[11][12]于赓哲.唐代疾病、医疗史初探[M].北京:中国社会科学出版社,2011:121;122-125.

[16]霍巍.大唐天竺使出铭及其相关问题的研究[J].东方学报·第66册,1994:257.

[17][宋]欧阳修等撰.新唐书·卷二一六上·吐蕃传[M].北京:中华书局,1975:6076.

[18][宋]司马光撰,[元]胡三省注.资治通鉴·卷二〇一,高宗咸亨元年八月[M].北京:中华书局,2011:6364.

[19]王小甫.唐、吐蕃、大食政治关系史[M].北京:中国人民大学

出版社,2009:95.

[21][宋]释赞宁撰.范祥雍点校.宋高僧传·卷二·唐洛京圣善寺善无畏传[M].北京:中华书局,1987:19.

[22]佚名.大唐青龙寺三朝供奉大德行状[Z]//大正藏·第50册,No.2057:295b.

[23]巴色朗著.巴协(藏文)[M].北京:民族出版社,1980:5-8.

[24][宋]王钦若等编.册府元龟·卷980·外臣部请求[Z].北京:中华书局,1960:11513.

[25][宋]志磐撰,释道法校注.佛祖统纪·卷三三[M].上海:上海古籍出版社,2012:328.

[26][27][28][宋]范成大撰,孔凡礼点校.范成大笔记六种[M].北京:中华书局,2003:204;204;206.

[29]王邦维.峨眉山继业三藏西域行程略笺释[J].南亚研究,1993(02):36-40.

[30][31][32]霍巍.宋僧继业西行归国路经"吉隆道"考[J].史学月刊,2020(08):25-31.

原文载于《青海师范大学学报(社会科学版)》

2022年第5期

下编

青藏高原艺术文化研究

六世班禅进京前后的藏传佛教建筑艺术交流及影响

陈立健[①]

　　藏族地区严格意义上的佛教建筑最早出现在吐蕃时期。15世纪以后，随着格鲁派大型经院式寺院建筑群的出现，藏族寺院建筑在形式、格局上发展成为庞大复杂的经院式建筑群，寺院不仅行使着宗教职能，还渗透到政治和社会文化生活的各个层面。随着清政府的大力推崇和引导，出资建造和修缮不少藏传佛教寺院，藏传佛教的建筑艺术也随之大规模传入中原和蒙古、辽宁、甘陕等地区，主要分布在北京、承德、五台山、沈阳、呼和浩特、多伦等地，在新疆的蒙古族聚居区也有不少影响，甚至在江南和沿海一带也有不少的传播和影响。藏传佛教寺院建筑特点为规模庞大、功能齐全。大的藏传佛教寺院一般是以主体建筑为中心环绕分布众多从属建筑共同组成的建筑群，一般按学经的不同分为若干个扎

---

① 陈立健，1971年生，男，汉族，青海贵德人，中国藏学研究中心副研究员。研究方向：藏传佛教与民间信仰。

仓（学院），按功能可分为措钦[①]、扎仓、佛殿、拉让[②]、康村、灵塔殿、佛塔、辩经场、印经院等建筑，寺院建筑的结构形成了"措钦——扎仓——康村"和经堂内的转经道从内部向外部逐步扩大的分布格局。在藏族地区，宗教建筑风格以山寺合一的寺院建筑模式最具特色，主要以拉萨地区的布达拉宫、哲蚌寺、甘丹寺、日喀则地区的扎什伦布寺等为代表；在内地则以皇家城廓式（或宫殿式）的藏传佛教寺院模式为典型，主要以北京地区的皇家寺院雍和宫、西黄寺、香山昭庙、承德地区外八庙的普陀宗乘之庙（又称"小布达拉宫"）、须弥福寿之庙（又称"扎什伦布寺"）等为代表。

在藏族地区，地位显赫的寺院，往往依山势而巧妙构建，坐落在日喀则城西尼玛山南坡的扎什伦布寺就是其中的代表之一。扎什伦布寺始建于1447年9月，是由一世达赖喇嘛根敦珠巴为纪念去世的经师喜绕僧格大师，聘请藏族和尼泊尔工匠在日喀则精心制作了一尊高达2.7米的释迦牟尼镀金铜佛像，为了安放此佛像，又花费12年时间建造了措钦大殿，也就形成了扎什伦布寺最初的样子。扎什伦布寺全称为"扎什伦布巴吉德钦却唐南巴杰巴林"，意为"吉祥宏图资丰福聚殊胜洲"，简称"吉祥须弥"之意。1600年后，第四世班禅罗桑·确吉坚赞任主持并担任该寺第十六任法台期间，进行了大规模扩建，奠定了该寺现今的主体建筑结构和布局，并使扎什伦布寺成为了历辈班禅的驻锡地，同时班禅世系也成为该寺终身法台。[1] 英国人塞缪尔·特纳1783年被东印度公司派往出使日喀则时这样描述他第一次见到的扎什伦布寺："只不过要旅行大约10英里的路程，但我们手持火把，骑上马背，在太阳升起的时候到达扎什伦布。如果一个地方的壮丽可以被任何外在的因素强化的话，没有什么能比初升的阳光照射到数量众多的鎏金华盖和四角尖塔

---

① 即藏传佛教寺院的大经堂。
② 指寺院活佛及其属从居住的院落。

上所形成的辉煌壮丽更美妙的了。此处所呈现出的景色的美丽和辉煌令人称奇，效果有点类似魔术的瞬间辉煌，它在我的脑海里留下了永远无法抹去的印象。"[2] 作者被扎什伦布寺整体的建筑在初升太阳光照射下的场景所震撼，对这一宏伟高大壮观的藏传佛教建筑群留下了极为深刻的记忆。而印度人萨拉特·钱德拉·达斯1881年在参观扎什伦布寺时也同样对宏大建筑群发出赞叹："落日的光辉照在这座寺庙的殿堂及佛塔的镀金的尖顶上，构成一幅极为迷人的画面。"[3] 1907年2月，著名瑞典考古探险家斯文·赫定在日喀则住了七个星期，拜访了九世班禅，并参加了扎什伦布寺的辩经法会和庆祝藏历新年的各种活动，"赫定与随从换上最漂亮的礼服，骑上骏马穿过摩肩接踵的香客来到了气势不凡的扎什伦布寺。赫定被安排到一处视线极好的位置，从这里，他可以看到来自拉达克、不丹、锡金、尼泊尔以及蒙古的香客在隆隆法号中向班禅叩拜，戴着面具的喇嘛在舞蹈中所举行奇特的宗教仪式。"[4] 由此可见，发展到20世纪初期的扎什伦布寺在藏族和蒙古族地区以及周边国家佛教徒中重要的影响力。现在的扎什伦布寺占地面积15万平方米，整个寺院沿山势逶迤蜿蜒而筑，长达3000余米，楼房经堂坐北朝南依次递接，建筑结构造型多与拉萨市的布达拉宫相仿。扎什伦布寺还有一座西藏其他寺院不多见的殿堂"甲纳拉康"，意为"汉佛堂"，里面珍藏着历代皇帝赠送的名贵瓷器、金银器皿、纺织品等诸多礼物，最早的有唐代的九尊青铜佛像，相传是文成公主带到西藏的；还有元代的绿度母铜像，清代朝廷赐给班禅世系重达16.5斤的汉、满、藏三文金印等。甲纳拉康的偏殿，为清代驻藏大臣与历辈班禅的会晤场所，挂有清乾隆皇帝身穿袈裟、手端法轮的画像，并立有清道光皇帝的牌位。这些都与布达拉宫所藏珍宝极为相似。

乾隆四十四年（1779年），六世班禅大师一行进京为乾隆皇帝祝贺七十寿辰，六月十七日六世班禅大师率领甘丹、哲蚌、色拉三大寺堪布喇嘛及随行人员、马队2000多人从扎什伦布寺出发，历经一年又一月余，于乾隆四十五年（1780年）七月抵达承德。我们不妨用瑞典考古探险家斯文·赫定承德旅行的描述来看一下其在20世纪30年代对承德的认识："承德建有清代诸皇帝的避暑山庄。这座城市是奉两个皇帝（康熙帝和乾隆帝）之命辟建的。价值连城、壮丽无比的众多建筑使承德焕然一新。……它成了信仰的中心，变为一个色彩斑斓、殿塔林立的寺庙之城。在远离内地的边塞前哨建有这样的城市，本身就有着重要的政治作用。"[5] 为迎接六世班禅一行，乾隆皇帝安排了隆重的接待礼仪，并谕令理藩院对六世班禅由西藏启程后的沿途各项事宜作了详细的部署。同时，早在乾隆四十三年（1778年）的十二月初九日，为接待六世班禅大师还在承德兴建了位于承德避暑山庄北，东临普陀宗乘之庙的须弥福寿之庙，"以备我佛驻锡"；在北京的藏传佛教寺院雍和宫内改建了两座灰瓦顶楼，即班禅楼和授戒殿（后改称"戒台楼"），这两座楼成为六世班禅在雍和宫讲经、礼佛和休息的重要场所。承德须弥福寿之庙在建筑风格、规模和布局以及殿堂外观等都刻意在模仿扎什伦布寺，虽映射着藏式但不是道地的藏式风格，藏传密宗建筑造型严格意义上说应算作："在内地仿建的藏式样建筑"①。为建此庙耗费了大量的人力与物力，同时清廷还向六世班禅大师提前告知此寺的修建过程，彰显对六世班禅大师的恭敬。从外观来看，须弥福寿之庙占地面积虽小，但效法同是承德外八庙的普陀宗乘之庙，两者皆有金顶，特别是须弥福寿之庙北端建有七层琉璃宝塔，宏伟气势不在普陀宗乘庙之下。[6] 而普陀宗乘之庙始建于乾隆三十二年（1767年），乾隆三十六年（1771年）竣工，历时4年，是乾隆皇帝为了庆祝自己六十大寿仿照西藏布达拉宫而建的，所以又被称作小布达拉宫。斯文·赫定先生第一次到承德对普陀宗乘之庙的第一印象是："雄伟，而且富有魅力。虽然现在（1930年）它的光辉不再，很多佛堂出现了坍

---

① 华汉旅、赵向东：《略论藏传佛寺建筑的变异化型态》，古建设计网（http://www.hhlv.net）；另参见龙珠多杰：《藏传佛教寺院建筑文化研究》，中央民族大学博士学位论文，2011年5月，第36页。

塌的征兆，也有不少松柏被无情的大兵用斧头砍倒；然而，其线条所显示的力感，建筑物所体现出来的磅礴气势和迥异的情趣，却经受住了劫难而得以保存。我陶醉在无与伦比的美感之中，在中国文化鼎盛时期最为崇高的纪念物前，唯有肃然屹立。"[7] 斯文·赫定先生对于这一组藏传佛教建筑群的评价如此之高，在建筑群整体感上遭受些破坏和出现衰败迹象的情况下，仍然深深震撼于雄伟庞大的气势和无与伦比的美感，认为是中国文化鼎盛时期的经典宗教建筑代表作，于是想把代表普陀宗乘之庙最高建筑水平木制的万法归一殿（斯文·赫定称之为"都纲殿"）拿到国外去展出。① 1930年元旦期间，斯文·赫定分别与中国古物保护协会的主席以及北大校长进行协商，希望能够采取向政府与古物协会捐赠保护文物的方式换取以南京政府的名义向斯德哥尔摩、芝加哥两地捐赠藏传佛教寺庙，但迟迟未得到南京政府的答复。由于当时的政局是冯玉祥和阎锡山联合反对蒋介石，加之也有人反对将藏传佛教寺庙卖给外国人，斯文·赫定与随行的人商定复制两座藏传佛教寺庙，复制的样本大家一致推举热河② 普陀宗乘之庙的万法归一殿。经人介绍，斯文·赫定认识了梁启超先生的长子中国著名古建筑学家梁思成先生，在梁思成先生的陪同下，1930年6月斯文·赫定等一行前往承德进行考察，在热河省主席的授权下，可以自由测量、绘图、照相，斯文·赫定一行对普陀宗乘之庙万法归一殿集中体现藏传佛教寺院精髓的建筑进行考察，斯文·赫定聘请梁思成先生负责测量万法归一殿的各种数据，指导该殿的复原工作。[8] 这一复原的普陀宗乘之庙万法归一殿至今还保留在美国的博物馆中。当时，斯文·赫定与梁思成先生签订合同，由梁先生复制万法归一殿，

---

① "我们受美国的委托，要把这一佛殿精确地仿造出来。"见［瑞典］斯文·赫定著，于广达译《帝王之都——热河》，第17—18页。
② 热河，省会承德市，是民国时期行政区划的省份之一，1914年2月划出，1955年7月30日撤销。位于目前河北省、辽宁省和内蒙古自治区交界地带。包括今河北省的承德地区、内蒙的赤峰地区、辽宁的朝阳、阜新地区。

该建筑的所有构建都在中国完成,计划1931年春天运往美国安装。为此,梁思成先生制作精美的1∶10的万法归一殿模型,原本是送给美国工人在组装时做样本用的,但斯文·赫定先生对此爱不释手,很快说服梁先生留下这件万法归一殿模型作品,作为瑞典斯德哥尔摩人种科学博物馆的一件精美建筑作品予以展出。

在京城郊外的香山,仿大昭寺样式的昭庙[①]在寺碑中也证实该寺是为班禅大师驻夏而建,香山的昭庙和承德的须弥福寿之庙都建有一座七层琉璃塔,相同的样式、结构、风格反映出二者之间的修建目的关联性,昭庙是在北京香山静宜园内仿建西藏拉萨最早也是最负盛名的寺院;而在承德建造仿西藏六世班禅大师驻锡地扎什伦布寺的须弥福寿之庙,这些都是为了表达对六世班禅喇嘛从远地而来为国政传盛"黄帽之教法"(即藏传佛教格鲁派的教法)的高度赞赏。在昭庙的御制诗文碑上明确写到,此庙即是为六世班禅大师而建。二座寺庙大致是在同一时间段,即乾隆四十四年开始修建,并在六世班禅大师抵达北京之前修葺完毕。乾隆四十四年(1779年)七月二十二日,六世班禅一行到达承德与乾隆帝会面;九月初二,一行抵达京城,都有盛大的欢迎场景。九月初二当天就到了西黄寺,在此多次讲经弘法,僧俗信众纷至沓来顶礼膜拜。六世班禅在京城的另一个重要讲经礼佛场所是如今北京最大的藏传佛教寺院雍和宫。在雍和宫院内法轮殿东侧有一座二层阁楼式建筑,其中的楠木佛龛内供奉着一尊做工精细、形象庄严慈悲的银质镏金佛像,即是第六世班禅大师像。西黄寺和雍和宫皆是当年六世班禅大师在京城重要的讲经说法以及休息之地,此后,成为中央政府和蒙藏地区联系的纽带和桥梁。而雍和宫内这座供奉六世班禅的阁楼被称为"班禅楼"。当年六世班禅大师从九月二日抵京至同年十一月二日圆寂,在两个月的时间里,共有六次莅临雍和宫。

---

① 香山昭庙汉文称为"宗境大昭之庙"。

乾隆四十四年（1779年）十一月二日，六世班禅大师因染天花，医治无效，在西黄寺圆寂。此事震惊朝野。乾隆皇帝辍朝一日，命京城所有佛寺诵经49天，为班禅超度。为悼念六世班禅，颂扬其伟大功绩，乾隆皇帝还命造办处制造了两尊银质鎏金六世班禅像，一尊供奉于故宫乾隆皇帝自己修行藏传佛教场所雨花阁西配楼班禅影堂中，一尊供奉于雍和宫班禅楼内。此六世班禅大师像头戴桃形帽，身着法衣，面部慈祥，右手当胸，作说法印。此像造型饱满、圆润，极好地表现了班禅大师慧性澄圆、佛学精深和为祖国统一、民族团结而不懈努力的伟大形象。同时，以七千两黄金造金塔一座，供养大师法体，次年春，运回日喀则的扎什伦布寺。乾隆皇帝为了纪念六世班禅大师，特命在他生前住过的西黄寺西侧，敕命建造六世班禅大师的衣冠塔供人瞻仰，即现在还坐落在西黄寺中宏伟的"清净化城塔"，并将其所用的衣冠经卷等物安放于塔内。寺内有清高宗御制的用汉、满、蒙、藏四种文字书写的碑文。乾隆帝亲书《清净化城塔记》，对其一生作出了高度的评价。雍和宫还藏有纸本墨拓六世班禅大师唐卡，为纪念六世班禅，每年农历十一月初一日，僧众要在西黄寺和雍和宫诵《六世班禅功德经》和《平安经》，缅怀这位爱国爱教的宗教领袖。

结 语

有清一代，由于清廷的大力推崇和扶持，新建和修复的藏传佛教寺院建筑遍布藏传佛教的主要传播和影响的区域，在京城地区藏传佛教就有30多座；承德也有12座[①]；五台山地区也发展到藏传佛教和汉传佛教

---

① 其中的罗汉堂、广安寺、普乐寺因一直未设藏传佛教僧人而归于内务府管理。

平分秋色的局面；内蒙古的归化城（呼和浩特）、多伦诺尔（今内蒙古多伦县）因集中众多的寺院成为漠南蒙古藏传佛教中心,乌兰巴托（库伦）地区修建的庆宁寺成为漠北的藏传佛教中心,在新疆伊犁修建的普化寺也成为新疆的藏传佛教中心；另外辽宁的沈阳、阜新和陕西的西安以及甘肃的临洮、岷县等地也都有不少藏传佛教寺院分布；并在今河北境内的清东陵、清西陵修建隆福寺、永福寺两座单独的满族藏传佛教寺院,各额设满族僧人 20 名。另外, 乾隆皇帝于 1777 年为六世班禅大师一行进京一事, 还专门往青海塔尔寺派遣工匠, 从皇库赐银钱财物, 为塔尔寺的拉让吉祥新宫（包括达赖、班禅行宫）敕建了宫墙、五华门、木制小型玲珑的牌坊, 并赐名"永慧宫"。这些建筑完全按照清宫式样建造, 五华门上的大象头部式的出昂斗拱与雍和宫和青海瞿昙寺大殿建筑上的斗拱十分相似。[9] 这说明当时清廷对六世班禅大师进京的重视程度, 当时在涉藏地区重要寺院进行了相应建筑的修建和增修活动。

本文以六世班禅大师进京所涉及的相关藏传佛教寺院和建筑的叙述为主, 简单涉及了日喀则的扎什伦布寺、北京雍和宫、西黄寺、香山昭庙、承德外八庙的普陀宗乘之庙和须弥福寿之庙等建筑文化交流和影响, 希望抛砖引玉, 有更多人能关注于这方面的文化艺术交流。

参考文献：

[1][3] 宫蒲光, 洛松次仁主编. 西藏日喀则建筑与工艺美术 [M]. 北京：中国藏学出版社, 2006:11;13.

[2][英] 塞缪尔·特纳. 西藏札什伦布寺访问记 [M]. 苏发祥, 沈桂萍译. 拉萨：西藏人民出版社, 2004:166-167.

[3][印度] 萨拉特·钱德拉·达斯. 拉萨及西藏中部旅行记 [M]. 陈观胜, 李培茱译. 北京：中国藏学出版社, 2004:47.

[4][8] 李军, 邓淼. 走进中国西部的探险家斯文·赫定 [M]. 北京：中

国民族摄影艺术出版社,2002:109-110;204-206.

[5][7][瑞典]斯文·赫定.帝王之都——热河[M].于广达译.北京:中信出版社,2008:2;16.

[6]王晓晶.六世班禅进京史实研究[M].北京:民族出版社,2013:165.

[9]拉科·益西多杰.高原古刹塔尔寺[A].青海史话[M].西宁:青海人民出版社,2004:89-90.

原文载于《青海师范大学学报(社会科学版)》
2014年第1期

青藏高原东缘地区"道歌"艺术溯源及其流变

李言统 马茹芳

一、问题缘起:"小宝卷"与"道歌"

目前,在青藏高原东缘地区的甘肃河西武威流行着一种说唱艺术,被当地人俗称为"道歌",它被武威市文化研究者赵旭峰先生命名为"小

---

① 全国哲学社会科学重点项目:"土族'嘛呢经'的搜集、整理及研究"(19AZJ007)。
② 李言统,1975年生,男,汉族,青海民和人,文学博士,韩山师范学院文学与新闻传播学院教授。研究方向:民俗学、民间文学。
③ 马茹芳,1974年生,女,回族,青海民和人,韩山师范学院继续教育学院副教授。研究方向:中国少数民族经济与文化。

宝卷"并编辑成《凉州小宝卷》①一书,逐渐被学人注意。书中辑录的 51 卷小宝卷,其中《康熙宝卷》,内容较长,除为故事性的宝卷外,其他都是内容比较短小的韵文体民间说唱的辑录。这些比较短小的韵文说唱中,像《正月里(十二月)念佛》《五更修行》《熬茶》《哭五更(一)》《葫芦经》《十二月拜佛》《货郎卖道》《十二炷明香》《枣儿经》《五更词》《十二月学道》《哭五更(二)》《百字真经》《五个茶碗》《老母赏花》《十二月修行》《九品莲花》《观音菩萨降谕》《十盏灯》《度世船》《五更月儿词》《观三姑娘修行》《织手巾词》《十二上香》《香山修行词》等,存在于青藏高原东缘地区流行的嘛呢经文本中,很多内容大同小异。

　　该书中辑录的这些所谓的小宝卷,除了《康熙宝卷》外,其他内容在民间均被称为"道歌子"。而作者在此使用"小宝卷"的称谓,此前学界并无此说法,编者通过依附宝卷之名来彰显"道歌"内容的想法显而易见。关于"道歌"被称为小宝卷的问题,在该书的序中,武威市文联副主席冯天民认为:"小宝卷,又称'道歌子'。相对大宝卷而言,它只是宝卷中的微型和短篇,十分短小精炼。唯其短小,它更容易念唱、记诵和传布。更容易为广大听众接受和喜闻乐见。小宝卷大多是正式念唱大宝卷之前的序曲和引子,有时也在念唱大宝卷中间休息时穿插进行,但也有约到一起专门念唱小宝卷的,这就是小宝卷的专场了。可见人们对小宝卷的喜爱和兴趣也是情有独钟的。截至目前,在武威大宝卷编印刊出的已有几部,但小宝卷却仅此一部(50 卷),这正是它的珍贵和独

---

① 《凉州小宝卷》一书中辑录的小宝卷目录为:《贫和尚》《正月里(十二月)念佛》《五更修行》《熬茶》《哭五更(一)》《老母哭皇台》《十绣黄莲花》《葫芦经》《五更坐禅》《高高山上点明灯》《十二月拜佛》《八卦歌》《逍遥歌》《货郎卖道》《十二炷明香》《三藏五更修行》《枣儿经》《五更词》《十二月学道》《哭五更(二)》《百字真经》《五个茶碗》《老母赏花》《十二月修行》《九品莲花》《观音菩萨降谕》《八瞧词》《八方词》《五更回头》《吃斋词》《白鹤词》《聂婆婆修行》《十盏灯》《度世船》《桃树儿词》《十二时辰上舟词》《五更月儿词》《金藏花修行词》《观三姑娘修行》《十样好》《青牛词》《织手巾词》《道情源流歌》《五根树解》《三十六不得》《十二月采茶》《杨柳经》《十二上香》《香山修行词》《康熙宝卷》等。

特之处。"[1]张掖市社科联副主席任积泉先生说:"这是武威的赵旭峰老师起的名字。所谓小宝卷就是老百姓将某部宝卷中好唱的一段当歌唱,也叫"道歌子"。这些段落后来被单独收集起来形成的集子。由于这些段落与宝卷有关联,故名。实际上这已经不是真正的宝卷了!"①

　　上述论述皆已阐明,辑录成册的这些所谓的小宝卷,在民间实谓"道歌子",是"道歌"的俗称。小宝卷的称谓,实际上是编者编辑该书时,为了流播的方便,借用"宝卷"的名头第一次使用的一种称谓,而"道歌"是流传在这一地区源远流长的民间说唱艺术。书中内容虽然比较复杂,但其中包含的佛道义理及思想,都是通过通俗易懂、民间喜闻乐见的内容和形式进行渲染,以达到感化人心、皈依宗教思想的效果。如《贫和尚》一文,四句一唱段,共有九段:

贫和尚倒有一个降龙马
终朝每日常洗涮
一步踏千里,站下永不动
回来了拴在双林树下

贫和尚倒有一个破草帽
终朝每日脑后头飘
风来吹不动,雨来淋不透
明幌幌赤沙沙放大光明

贫和尚倒有一个龙头拐
终朝每日手中拐

---

① 2018年7月9日,笔者通过微信询问张掖市社科联副主席任积泉先生:"当地老百姓有称呼小宝卷的吗?这个名称是怎么来的,谢谢您!"文中摘录为任老师的答复。

立起来顶住天，放下担过海
这拐杖能拨动天地主宰

贫和尚倒有一条黄丝带
金银装着两大块
说起来般般有，要你拿出来
丝带里裹的是乾坤世界

贫和尚倒有一双破草鞋
十个脚指头露出来
上山不沾泥，下山尘不带
这草鞋能扇起玉皇爷的神风来

贫和尚倒有一个看家狗
终朝每日庄村里守
每天庄村守，六贼躲着走
这狗儿咬天下恶人无个对手

贫和尚倒有一个破砂锅
三个石头悬支着
添了三担水，下了三颗米
锅里煮的是菩提娑婆诃

贫和尚倒有一个象牙床
古佛请到床中央
吃着婆婆米，口内念弥陀
唱的是皈依大道歌

贫和尚倒有一个破衲袄

终朝每日身上包

每天要修补，夜里身上盖

这衲袄能躲过阎君的地狱灾[2]

这是《凉州小宝卷》开卷第一篇，唱述的是一位和尚皈依佛门、修成正果，通过"口唱皈依大'道歌'"来向人间宣示佛教思想。再如《五更拜佛》：

一更里拜佛月儿东

拜佛者念经

先拜上南海的观世音

再拜者师尊

二更里拜佛月儿中

打坐者参禅

师父给我把道传

意马儿牢拴

三更里拜佛月儿南

结跏儿真果

口儿里念的是无字经

正好儿用功

四更里拜佛月儿西

一呼者一吸

一呼一吸头三宣

法轮儿常转

五更里拜佛月儿落

谁人儿比我

跳出苦海到极乐

逍遥儿快乐 [3]

其中渗透着拜佛修行、脱离苦海的佛教思想，虽然没有玄妙深奥的佛教教义和义理的阐释，但这些通俗化的表述，都是佛教民间化的表现。还有《五更修行》《观三姑娘修行》《十二炷明香》等是这一种文化内容的表现，在当地民众传唱比较广泛。

这种现象表明，以上所谓的"道歌"说唱与青藏高原东缘地区的嘛呢经文本应该是同一种文化类型的流变，是一种大文化类型的亚文化表现。但这两种亚文化类型，都地处青藏高原东缘的河西和河湟，二者分布地域毗邻，但中间有高大雄伟的祁连山脉阻隔，按照文化传播的基本规律，这两种文化之间相互发生影响的可能性很小，但都受到民间教派宝卷的影响深刻，都保持了佛教信仰的文化底色。因此，地处河西的已然称为"道歌"，发展到河湟的，与藏传佛教结合紧密，就演变成嘛呢经，但都是佛教文化民间化之后在不同地域形成的亚文化类型。其内容可视为是唐以来流行的证"道歌"的一种余绪或流变。

二、"道歌"溯源及后世流变

历代文献中，关于"道歌"的最早记载，源于《永嘉证道歌》，这是唐代高僧永嘉玄觉开悟后，在广东曹溪见惠能禅师并得到他的印证开悟后的心得精华，经由他妹妹静居法师整理成《永嘉证道歌》，后世多称《证道歌》，其以通俗语言宣扬永嘉禅观，"咏播天下"，声誉卓于《永嘉集》，在中国禅宗史上具有重要地位 [4]。全诗274句，为长篇杂言形式，文字通俗，阐扬禅理，唐宋时广为流传。每句大部分为七字，共267句1817

字,为古乐府诗体裁,四句或六句一解,总五十四解,揭示其悟境之要旨。《永嘉证道歌》是禅宗史上第一篇以歌辞形式说道的作品,是中国文学史上禅宗传道歌辞的开山之作。所开创的"三三七体"传道歌辞,引起五代、两宋禅僧的大量模仿,对禅文学贡献巨大。它的出现,无论在中国佛教史上,或是在中国诗歌史上,均有着较为重要的意义。[5]虽然其篇幅甚巨,可能因其全讲抽象的佛理,《全唐诗》并未收入。直到1992年陈尚君辑校《全唐诗补编》,才将其收入中册。

关于证"道歌"的产生经过,在元释念常撰《佛祖通载》(卷第十三)载:

(甲寅)二年十月十七日。永嘉玄觉禅师示寂。姓戴氏。卯岁出家。博贯三藏精天台止观圆妙法门。与东阳策禅师偕谒六祖。师至振锡绕祖三匝。祖曰。夫沙门者具三千威仪八万细行。大德自何方而来生大我慢。师曰。生死事大无常迅速。祖曰。何不体取无生了无速乎。师曰。体即无生了本无速。祖曰。如是如是。

师乃具威仪参礼。须臾告辞。祖曰。返太速乎。师曰。本自无动。岂有速耶。祖曰。谁知非动。师曰。仁者自生分别。祖曰。女甚明得无生之意。师曰。无生岂有意耶。祖曰。无意谁当分别。曰分别亦非意。祖曰。善哉善哉。少留一宿。时谓一宿觉。及回学徒奔萃。着证道歌一篇。梵僧传归天竺。彼皆钦仰目为东土大乘经。又着禅宗悟修圆旨十篇及观心十门。并盛传于世。

(乙卯)三月八日。玄宗遣礼部郎中张洽。赍诏诣当阳山。起沙门一行赴阙。行以再命不许辞赴之。有旨安置光泰殿。帝数访以安国抚民之要。行启陈无隐。[6]

玄觉,温州永嘉(今浙江温州)人。俗姓戴,字明道,少年时即出家于温州龙兴寺,宋代赞宁《宋高僧传》卷八称其"总角出家,髫年剃发,心源本净，智印全文，测不可思，解甚深义"，"兄宣法师者，亦名僧也，并犹子二人，并预缁伍。"[7] 据《祖堂集》载，玄觉以孝著称，养其母、姊于寺，因有谤言，不能"观得"。死后有歌行记颂流传，"皆是其姊集也"[8]。所以《宋高僧传》称他"一门归信，连影精勤"。玄觉初学天台宗学说，与天台宗师左溪玄朗有深交，"精天台止观圆妙法门"后往韶州曹溪谒禅宗六祖慧能，顿有所悟，勉留一宿而去，时称"一宿觉和尚"。回温州后学者辐凑，声名大噪。"著《证道歌》一首，及《禅宗悟修圆旨》，自浅之深。庆州刺史魏靖辑而序之，成十篇，目为《永嘉集》，并行于世。"[9] 自从《景德传灯录》《宋高僧传》等佛教典籍将玄觉所创建的永嘉禅观列为慧能南宗禅的别支后，玄觉的佛学思想深受佛教史研究者的重视。

《证道歌》产生后，便播及佛教起源地天竺，并命名为佛教经典《东土大乘经》，广为传颂，可见《证道歌》的影响力之大。佛教在唐代社会颇为盛行，更加速了它的传播，尤其《佛祖历代通载》载当朝皇帝的崇信和礼遇，"玄宗遣礼部郎中张洽。赍诏诣当阳山"，为玄觉禅师安置光泰殿，"数访以安国抚民之要"，迅速抬升了玄觉的宗教地位，成为显赫的佛教人物，其《证道歌》也成为大家争相传诵和效仿的佛教经典。

其实，《证道歌》的迅速传播与唐代信佛的社会风气关系密切。有唐一代，佛、道二教间的斗争一直很激烈。唐高祖和唐太宗置道教于佛教之上，武则天为了取唐建周，又把道教贬在佛教之下，唐武宗为了打击极度膨胀的佛教寺院的经济势力，下令灭佛，唐宣宗即位后，又立即扶持佛教。其中以禅宗为代表的佛教，结合中国社会的实际，简化了教义和修行方式，吸收儒家的一些思想因素，增添世俗宗法色彩，逐渐从外来宗教转化为具有中国特色的宗教。这一时期，由于帝王崇佛，僧人到处讲经说法，并通过俗讲、壁画、雕塑和诗歌等方式传播佛教，促使佛教广泛传播。

如唐贞观十九年（645年）正月廿四日，玄奘从天竺回到长安，数十万群众争相出迎，摩肩接踵，道途阻断，以至人不能行。玄奘当日无法进城，只得暂住郊外驿馆。是夜，京都人通宵不寐，候于道旁，等待次日一睹大师风采。次日，从长安西郊至朱雀大街20余里路上，人挤得水泄不通，更有无数瞻仰者散花举香，敬礼相迎，盛况空前。一连五天，京都四民停业，欢闹庆贺。[10] 可见自唐以来，佛教得到上层统治者的推崇后发展迅速，社会的信佛基础及其民众的崇佛热情高涨，以至到唐玄宗时，佛教禅宗和密宗得到很高的礼遇和崇信。因此像《证道歌》这样的佛学经典一经产生，便传播开来，受到民众的追捧。在崇佛的社会风气和民众的热情追捧下，《证道歌》的传播和影响更加迅速，并在此基础上产生《乐道歌》《悟道歌》等。唐代北宗禅僧仁俭，世称腾腾和尚。曾作《乐道歌》，一作《了元歌》：

修道道无可修，问法法无可问。违人不了色空，智者本无违顺。
八万四千法门，至理不离方寸。不要广学多闻，不要辩才聪隽。
识取自家城郭，莫漫游他州郡。烦恼即是菩提，净华生于泥粪。
若有人求问答，谁能共他讲论。不知月之大小，不知岁之余闰。
寅期用粥充饥，斋时更飧一顿。今日任运腾腾，明日腾腾任运。
心中了了总知，且作佯痴缚钝。[11]

仁俭曾奉诏入内殿，进"道歌"体短歌19首。武则天览而称善，令写歌辞传布天下。

《全唐诗》载吕岩《鄂渚悟道歌》：

数篇奇怪文入手，一夜挑灯读不了。晓来日早才看毕，不觉自醉如恍惚。恍惚之中见有物，状如日轮明突屼。自言便是丹砂精，宜向鼎中烹凡质。凡质本来不化真，化真须得真中物。不用铅，不用汞，还丹须向炉中种。玄中之玄号真铅,及至用铅还不用。或名龙,或名虎,或号婴儿并姹女。[12]

经过唐代历任皇帝和得道僧人的推崇,发端于《证道歌》的各种"道歌"体经典不断涌现并传播开来。在《证道歌》的基础上,不断丰富和演绎,形成了诸如"证道""乐道""悟道"等"歌行偈颂"的"道歌"体,并以口耳相传的方式流传,"播人唇吻"。

宋代时佛教思想更加活跃,佛教节日盛行。北方先后有契丹、党项、女真、蒙古等少数民族建立强大的政权,西南地区有段氏建立大理国,皆与宋王朝鼎足而立,分土而治,致使佛教的思想和信仰沿袭前代的基础上,在民间任其发展,各民族之间的交往和融合也进一步加剧,佛教的信仰也逐渐呈现出多元化的特征。元代僧人释知讷在《证道歌注》序中说道:《证道歌》至北宋时期便风靡民间,人人受持,"往往乳儿灶妇亦能钻仰此道,争诵遗章断稿"[13]。宋释惠洪《冷斋夜话》卷十记载亦表明,《证道歌》的影响亦播及异域:

大通禅师[①]言:吾顷过南都,谒张安道于私弟,道话一夕。安道曰:景德初,西土有异僧到都下,阅《永嘉证道歌》,即作礼顶戴久之。译者问其故,僧曰:"此书流播五天,称《真丹圣者所说经》,发明心要者甚多。"又问大律师宣公塔所在:"吾欲往礼谒。"译者又问:"此方大士甚众,何独求宣公哉?"曰:"此师持律,名重五天。"[14]

《宋高僧传》卷十九载:

释封干师者。本居天台山国清寺也。剪发齐眉布裘拥质。身量可七

---

① 神秀(606? —706),俗姓李,汴州尉氏(今河南尉氏)人。隋末出家,唐高祖武德年间在洛阳受戒。五十岁时嗣禅宗五祖弘忍,历六年,升为上座僧。弘忍卒后,移住江陵当阳山玉泉寺,开禅宗北宗一派。卒谥大通禅师。

尺余。人或借问。止对曰随时二字而已更无他语。乐独春谷。役同城旦。应副斋炊。尝乘虎直入松门。众僧惊惧。口唱道歌。时众方皆崇重。及终后于先天年中在京兆行化。[15]

《宋高僧传》卷第十六：

释常达，……四众知归，诸方慕化，其洁白鹤鹭如也。咸通十二年，合郭僧民请绍四众教诲。或游遨峒牧，或啸傲海壖，不出林麓，动经数载。虽贵士单车诣门，莫得而见。于七五言诗追用元和之体，著青山履道歌，播人唇吻。[16]

还有，如宋代普庵禅师释印肃①做的《颂证道歌·证道歌》：

摘叶寻枝我不能，和根拔出示众生。
只这菩提本无树，撩天映岳碧层层。[17]

至元代，全国信奉佛教的格局又发生了变化。随着蒙古族入主中原，藏传佛教开始盛行并受到朝廷重视。元朝初年设置总制院掌管全国佛教，至元二十五年（1288年）改称宣政院。在江南地区，曾设诸路释教都总统所掌管佛教。就全国而言，信徒最多、流传最广的还是唐宋以来的佛教各派，其中禅宗的曹洞、临济两家势力最大。同时从佛教派生的白云宗、白莲教等教团，在中原和南方都拥有较多的徒众。由于白莲教信徒可以娶妻生子，在家出家，在民间下层影响很大。[18]佛教除汉族信奉外，

---

① 释印肃，号普庵，俗姓余，袁州宜春（今属江西）人。生于宋徽宗政和五年（1115年），字印肃，27岁礼寿隆贤法师落发为僧，28岁受甘露大戒于宜春城北开元寺。次年入湘，访沩山牧庵法宋禅师而省悟，绍承禅宗临济之法绪，为临济法系第13代祖师。39岁时，领使贴往慈化寺，主慈化寺"自此弘誓，开化人天"。《颂证道歌·证道歌》是他的作品之一。

畏兀儿人、党项人、女真人、契丹人都信奉。这种宗教上的大一统政策，本是同源的佛教文化在不同民族之间发生交流和融合，像汉族中比较盛行的"道歌"艺术自然而然也传播到蒙古族信众当中，并加以改造，直到明清之际的文献中出现时，呈现出"道歌""倒剌"等音同词异的混杂的现象。

明朝，有龙门派第十一代刘一明（1734—1821年），号悟元子，山西曲沃（今闻喜县东北）人。出家后，云游晋、陕、川、甘一带，遇龛谷老人传丹术以后，隐甘肃榆中县栖云山修炼，并著书立说，所写丹书被辑为《道书十二种》，流传颇广，成为清代内丹学一大家。所著《会要集》中，收入"证道歌"一首：

我我我，何处躲，杳杳冥冥有真形，休认识神为正果。他他他，在那家，恍恍惚惚藏宝物，莫在一己作生涯。龙龙龙，性最凶，变化无端人难测，出海水涨禾田冲。虎虎虎，甚威武，癫狂不定起烈风，离山即便人遭苦。铅铅铅，光无边，纯粹至精黍米大，根于父母未生前。汞汞汞，最易动，见火则飞渺无踪，孤守此物入土洞。快快快，寻法界，天根月窟产金丹，余二非真尽捏怪。休休休，早回头，急访明师求口诀，莫待风波坏了舟。[19]

可见，证"道歌"发展到明朝，从永嘉证道歌发展成为僧人修行悟道传道的一种特殊文体，对后世文人产生了很大影响。清黄宗羲《明儒学案》（卷五十八）东林学案一载：

或问佛氏大意，曰："三藏十二部，五千四百八十卷，一言以蔽之曰：'无善无恶。'试阅七佛偈，便自可见。"曰："永嘉《证道歌》谓：'弃有而着无，如舍溺而投火。'恐佛氏未必以无为宗也。"[20]

《明儒学案》（卷四十七）诸儒学案中一：

昔官京师，逢一老僧，漫问何由成佛，渠亦漫举禅语为答，"佛在庭前柏树子"。意其必有所谓，为之精思达旦，揽衣将起，则恍然而悟，不觉流汗通体。既而得《证道歌》读之，若合符节。自以为至奇至妙，天下之理莫或加焉。后官南雍，圣贤之书，未尝一日去手，潜玩久之，渐觉就实，始知前所见者，乃此心虚灵之妙，而非性之理也。[21]

及至明代章回体小说《女仙外史》载：

道姑说："我不信。且待我唱个道歌，看解得解不得？"便敲着渔鼓唱道：平生一剑未逢雷，况值兴亡更可哀。蛮女犹能气盖世，贞娘何事志成灰？中原劫火风吹起，半夜鼙声海涌来。自有嫦娥能作主，一轮端照万山开。飞娘听他唱得有些奇怪，就道：飞口何不唱修行的话，却唱这样感慨的诗句呢？"道姑顺口道："只为娘子心中感慨，我这道情也不知不觉地唱出来了。"[22]

这里，"道歌"便与道情混为一谈了。收录在《凉州小宝卷》中的"道情源流歌"即是一例。在此且不论"道歌"对民间说唱道情的影响或道情对"道歌"的继承和发扬，但"道歌"的发展和影响由此可见一斑。

至明代，"道歌"经过元代蒙古族的吸收和改造，变成了一种融合汉蒙文化的说唱和曲种，其内容和表演形式也发生了很大变化。在汉文文献中出现了"倒喇"，或作"捣喇""倒剌"等的音译词，如朱有燉《美姻缘凤月桃源景》杂剧第四折[倘秀才]曲："他道'倒喇'是歌一曲。"[23]汤显祖《牡丹亭》传奇第四七出《围释》，"老旦"扮北朝（指蒙古）"天使"，"净"扮金人溜金王，"丑"扮溜金王娘娘，"贴"扮通事（翻译）。剧中"（老旦作看丑介）倒喇，倒喇！（丑笑介）怎说？（贴）要娘娘唱个曲儿。

(丑）使得。"[24] 直到明万历年间，民众对这种说唱并不陌生，用夹杂蒙古语的歌曲，制造一些喜剧效果，时人称之为"胡歌野语"。

明沈德符《万历野获编·俗乐有所本》载：

都下贵珰家作剧，所用童子名"倒剌小厮"者，先有敲水盏一戏，甚为无谓。[25]

明清之际，周亮工《书影》卷七载：

今京师阉宦，畜童子为斛斗、舞盘诸杂戏者，谓之倒喇。[26]

后来，"道歌"已成为宫廷杂戏的统称，"畜童子为斛斗、舞盘诸杂戏者，谓之倒喇"，而演出这种戏剧的艺人专门称为"倒剌小厮"，有敲水盏等乐器伴奏，演变成歌、乐、舞为一体的戏剧剧种。

直到乾隆年间，宫廷宴集"回部集"中有"倒剌"一项。《钦定皇舆西域图志·回部乐伎附》说：

按，回部乐伎有倒剌、都庐、承盌、转碟诸戏，而绳技尤工。每富献岁、灯筵获供。[27]

据《清史稿·乐志八》"回部乐"云："高宗平定回部，搜其乐，列于宴集之末，是为回部乐技。"[28]

明清以后，"道歌"这一说唱曲种并没消亡，随着汉地移民、战争、经商、屯田等方式，被带到西北地区，在青海、甘肃、西藏等地，以不同的方式存活下来，流传至今。

三、"道歌"的地方化传承

目前甘肃陇西汉族地区,"道歌"依旧流传,它是当地一种富有地域文化特色的艺术形式,是集歌、韵白为一体,并以管弦乐、打击乐为伴奏的综合艺术,在民间宗教活动时较为常见。曲目繁多,韵调悠扬,演唱时主要有鱼鼓、尖板(玉板)、笛子、二胡、四叶瓦等乐器伴奏。曲调统一、句式押韵,歌词口语化,以颂神祈祷、劝人行善、积善修德为基本内容,多为赶庙会时善男信女唱诵。流传曲目有:《十二时烧香》《八仙贺寿》《韩湘子渡林英》《观世音劝善》《五更拜佛》《丁郎刻木不忘娘》等。

如《十月怀胎》:

父同天来母同地,天地父母恩义深,唐朝有个目连生,至今流传怀胎经;凡民侧耳细心听,听我一一说分明,昔日有个目连生,一头担母一头经;担经在前母背后,担母在前背了经,连经带母横担起,路旁树木两边分;我母怀我十个月,我担我母十八春,左肩担得肉皮烂,右肩担得血淋淋;请问灵山多少路? 十万八千还有余,慢说十万八千路,再有多少也要行……[29]

《十月怀胎》形象生动地描述了母亲十月怀胎的艰辛和哺乳的艰难。文字简单朴实,主题鲜明,来劝化人们母恩难报,要孝敬父母,牢记母亲喂养的艰辛。陇西"道歌"主要在佛教和道教传统节日期间由善男信女诵唱,场面热闹,气氛浓郁。"道歌"所唱的内容是在佛、道教诵经、做法事的基础上演变和改进而成,曲调委婉,速度较慢。歌词以方言和口语化居多,演唱起来朗朗上口,便于记忆、传播。目前陇西县家官殿祖师庙香火旺盛，香客流量大，也是信众进行宗教活动的场所之一，"道歌"演唱活动盛行。[30]

"道歌"艺术随着藏传佛教的盛行，在涉藏地区也得以流行。演唱"道歌"遂成为历代藏传佛教高僧大德所重视并擅长的佛教文化传播方式和宣教手段。比较著名的有西藏僧人米拉日巴的"道歌"演唱，流传至今的《米拉日巴道歌集》里，曾收录了米拉日巴所作"道歌"500余首，民间的说法则是他"留下了十万歌颂"。如：

来世之时有安乐，
周遍不可思议呵；
你若符合菩萨心，
能得最先之教义。[31]

为了宏扬佛教教义，扩大佛教势力，达到利益众生的目的，米拉日巴吸收了许多善男信女，教导修行之道，其中涌现了日琼巴、塔布拉杰等许多闻名的弟子。《米拉日巴道歌》便是他在言传佛教教义时，采用民歌形式宣唱人生无常、世事轮回等的佛教思想。结构多采用多段体的"鲁体"民歌的格律，每首段数不定，少则三四段，多则二三十段。形式灵活自然，利于表达思想内容，人民群众也喜闻乐见，易唱易记，朗朗上口。

后弘期的藏族佛教文化里，以米拉日巴"道歌"为代表的一类藏族传统民歌，除了可以在民俗活动及日常生活中演唱之外，还是在佛教仪式里用于宣讲、解释佛教义理的一种重要手段。其作用堪比唐宋时期汉传佛教寺庙里的俗讲和变文。"道歌"在演唱的过程中有意采用鲁体民歌的形式，无疑会被更多的信众接受和传播。

藏传佛教史上，演唱"道歌"是历代藏传佛教尊者所重视并擅长的佛教文化传播方式和宣教手段。尤其是三世章嘉活佛章嘉·若比多吉（1717—1786年），17岁受封为"灌顶普善广慈大国师"和掌教喇嘛，

18岁时受封驻京掌印喇嘛，依据其拥有的上述特殊身份和地位，通过其所掌握的宫廷藏传佛教机构、教育系统和以雍和宫为首藏传佛教寺院，对当时整个北方地区藏传佛教文化的传播起到了极其重要的作用。这一时期，经过章嘉国师的努力，藏传佛教在蒙古族地区盛行起来，而土族和蒙古族，在族源上有非常密切的关系，而且同属阿尔泰语系蒙古语族，蒙古族的"道歌"在土族中，由于语言和藏传佛教信仰的亲近，自然会被土族民众容易接受并持为己有。三世章嘉·若必多吉出生于青海的土族家庭，四岁被认定为阿旺·罗桑却丹转世灵童，并迎入郭隆寺学经。章嘉的土族身份，在土族中传播藏传佛教文化具有特殊的感召力。

在藏传佛教仪式里，歌唱活动便是一个覆盖率甚高的行为内容，在修供、灌顶、开光、期供、丧事和烧施等活动中都要咏歌。满族宫廷法会仪式及歌舞表演中演唱"道歌"，藏传佛教大师演唱"道歌"的情况，在清末汉文史籍里都有记载。"道歌"演唱的传统习惯，也存在着一个由早期比较注重歌词和声韵，到后来仅只注重曲调，最后仅以掌握其中的一两种民歌形式而感到满足的发展过程，这是一种逐渐走向世俗化和民间化的发展趋向。

有学者指出，清代北京的藏传佛教寺院在宗教文化在各民族传播当中发挥着很重要的作用，许多藏传佛教的活佛在京城寺院讲经说法，将藏传佛教文化传播到中原地区。大批西北等地的年轻僧侣来京城学习、供职，主持寺庙的法事，学成之后又回到本地，明显地促进了不同地区藏传佛教及佛教音乐文化的互相交流和广泛传播。从其寺庙形式及僧侣制度看，可以说吸收了古代汉传佛教十方丛林的诸多特征，在当时无疑已经成为全国除西藏之外的另一个藏传佛教文化中心和集散地。[32]这为藏传佛教文化在不同地区和民族之间的流传和扩布创造了条件，在以藏传佛教为底色的文化中，具有同质文化属性的亚文化在不同地区会大行其道，因此像"道歌"作为藏传佛教音乐歌体中主要的宣讲手段，更是借助这样的条件流行开来。当然，任何文化在不同地区的发展，会呈现出不平衡样态，正如"道歌"，有些地方比较盛行，但有些地方不为人知甚至改头换面。

目前在青海土族婚礼当中比较盛行的一种歌唱艺术，汉语音译多书为"道拉"。演唱的内容有：《素不吾拉》《尚当起拉》《阿娜呢样子》《巴依尔》等，还涉及到土族服饰、饮食、居住等，反映了其生产、生活经验，还涉及天文、地理、历法等方面的知识，如《二十四节气歌》《观练天地》《拜五方》《阿丽玛》《上马曲》《阿娜的模样》《米谷酒》等。内容丰富，歌词结构严谨，有的严谨规范，较少发挥，有些唱词内容比较自由灵活，可以即兴演唱，边歌边舞。曲调优美动听，歌词内容丰富，体式自由，富有知识性和趣味性，内容涵盖土族的神话传说、天文、地理、历法、生活等方方面面的内容。如《感恩歌》：

> 天黄道，地万通，
> 万通良辰喜进门，
> 我们头一声感念，
> 天和地的盖在恩，
> 我们第二声感念，
> 日月二巨照耀恩，
> 我们第三声感念，
> 人王皇上的水土恩，
> 我们第四声感念，
> 四身父母的养育恩，
> 在感念上一声，
> 媒公大人牵线恩。

这首歌是婚礼歌中通用的前导歌。在婚礼上演唱道拉时，最先要唱这首歌，无论是《喜庆歌》《知识百问歌》，还是《典仪歌》，男女都可唱。[33] 这种吸收汉文化乃至佛教诵唱中常见的"四重恩"等内容成为本民族特殊的"道拉"演唱艺术的文化融合痕迹明显。

"道歌"随着历史上的东扩和在敦煌等佛教圣地的西播，在河西、河湟以及涉藏地区等地"道歌"艺术，在民间自然会生根发芽，今天民间流传的"道歌"，可视作是民间通过诗赞体形式来表达对佛道思想不同理解和诠释的诗歌作品，是自唐以降"道歌"艺术的发展和流变。而且，"道歌"艺术被蒙古族吸收以后，在演唱中夹杂了杂耍等表演性艺术，后来受蒙古族影响比较深远的青海土族吸收借鉴其艺术形式后，至今仍保留了当初的名称，而且保留了其表演性，专门在婚礼上，非常具有喜庆的场合演唱，成为多民族文化中颇具地方和历史底蕴的演唱艺术。

余 论

唐释玄觉《证道歌》自产生以后，不论在辗转抄写为主要传播方式的写本时期，还是在雕版刻印得到普遍应用的刻本时代，都以其易诵上口的语言形式，不仅风靡于中原地区文人士子、民间萧寺，而且传播范围西达敦煌、南到广州、东至韩国和日本。[34] 在此基础上形成的"道歌"体说唱艺术，随着佛教思想的流播发展，真可谓源远流长，从未间断。从证道歌到"道歌"，采用诗歌的文体是宣扬佛教教义和思想的一种文体形式，是用来宣唱的，一旦写成，就成了诗歌体。因此，"道歌"是与佛教思想有关的韵文体讲唱，其在后世的发展中，中国儒、释、道并重混杂的信仰现实，使得这一艺术在流传的过程中，不可避免地受到佛教之外的其他宗教思想的影响，包括民间信仰思想的掺杂，在日益民间化、地方化的过程中，与某一特定区域的民族文化融合，出现了道情、嘛呢经、藏族"道歌"、土族道拉等诸多的民间民族艺术形式。其表演的内容和形式与当初的"道歌"出现了很大差异,这也正好说明,"道歌"这一艺术形式,已经产生和流播开来,便是一个不断丰富和演绎的过程,时至今日,出现的"道歌"的各种变体,也是这一文化发展的结果使然。

参考文献：

[1][2][3] 赵旭峰,李武莲.凉州小宝卷[M].北京:中国文联出版社,2010:序言;1-2;7.

[4][北宋]善卿撰,佛光大藏经编修委员会编.佛光大藏经禅藏（杂集部祖庭事苑二）[Z].高雄:佛光出版社,1994:780.

[5]姜光斗.简论玄觉的《永嘉证道歌》[J].南通师专学报（社会科学版）,1995（12）:4.

[6][元]释念常撰.佛祖历代通载·卷13[Z]//大正藏（第49册）,NO:2036,P589a-b.

[7][15][16][宋]赞宁.宋高僧传·卷16[M].北京:中华书局,1987:184;483;393.

[8]张美兰.祖堂集校注[M].北京:商务印书馆,2009:109.

[9][宋]普济集编,毛寔校订.五灯会元（上）[M].北京:华龄出版社,2022:80.

[10]钟敬文.中国民俗学史·隋唐卷[M].北京:人民出版社,2008:387.

[11][清]嘉兴沈可培向斋著.比红儿诗注[M].吴江:沈氏世楷堂,清道光中（1821-1850）.

[12][清]彭定求.全唐诗·卷859[M].北京:中华书局,1960:9708.

[13]释慧闻编.永嘉证道歌注[M].北京:宗教文化出版社,2015.

[14][宋]释惠洪.冷斋夜话·卷10[M].上海:商务印书馆,1927.

[17]邵长平.邵氏诗词库·卷49[EB/OL].古籍大全:https://guji.

supfree.net/search.asp？key.

[18] 钟敬文. 中国民俗学史·宋元金辽卷[M]. 北京：人民出版社,2008:606.

[19][明]袁宏道. 集部. 别集. 叙陈正甫会心集[EB/OL],https://m.guoxuedashi.net/so.php？ka.

[20][21][清]黄宗羲. 明儒学案[M]. 上海：商务印书馆,1985:1387；1108.

[22][清]吕熊. 女仙外史（第三十九回）[M]. 北京：大众文艺出版社,1999:496.

[23]吴梅辑. 奢摩他室曲丛（第十五册）[M]. 上海：商务印书馆:1941:116.

[24]徐朔方、杨笑梅校注. 牡丹亭[M]. 北京：人民文学出版社,1963:218-219.

[25][明]沈德福. 万历野获编·卷25[M]. 北京：中华书局,1959:650.

[26]周亮工. 书影[M]. 上海：上海古籍出版社,1981:192.

[27][清]傅恒等. 钦定皇舆西域图志·卷40[M]. 台北：文海出版社,1970:783.

[28]赵尔巽. 清史稿·卷101[M]. 北京：中华书局,1976:3002.

[29][30]张晓源. 口头非物质文化遗产传承和保护的困境及出路研究——以陇西县巩昌镇宗教活动"道歌"为例[J]. 现代妇女（下旬）,2014（8）:352+359.

[31]云丹次仁.《米拉日巴道歌》初探[J]. 西藏研究,1984（4）:81-89.

[32]杨民康. 清代北京藏传佛教的道歌演唱与艺僧制度—兼论三世章嘉活佛对传承传播蒙藏佛教乐舞的贡献[J]. 黄钟（中国·武汉音乐学报）,2011（4）:228-232.

[33]徐秀福等. 三川土族婚礼歌[M]. 民和回族土族自治县文化馆,2015:18.

[34] 侯成成. 唐宋时期释玄觉《证道歌》的版本与传播——以敦煌文献、碑刻资料为中心 [J]. 中国典籍与文化,2018（1）:22-27.

原文载于《青海师范大学学报（社会科学版）》
2024 年第 3 期

《格萨尔》戏剧文化的起源、类型与特征[①]

索加本[②]

引 言

藏戏的萌芽可以追究到藏族早期古文明时代，与原始宗教中的祭祀仪式有密切关系。藏族戏剧由古老民间歌舞、说唱等不同艺术形式综合而成，一种面具和化妆、装扮夸张，关联祭祀仪式的戏曲性跳神，实际上是主要以傩仪、傩舞形式呈现。这种戏曲性或歌舞性傩仪，后来发展成"羌姆"（vchm）和"藏戏"形式。"羌姆"，系藏语汉译名，即祭祀神舞，密宗的金刚法舞或者乐舞，汉语中也称跳神。"藏戏"是用汉语文对藏族地区各种原始性和传统戏剧的总称。但因为藏戏包含了多个剧种与流派，在涉藏地区各地对其叫法亦各异。藏语文中较为通用的称"叠该"

[①] 国家社会科学基金西部项目"格萨尔史诗在我国十三个民族中的流传与融合互鉴研究"（23XZW028）。

[②] 索加本，1972年生，男，藏族，青海共和人，文学博士，青海民族大学藏学院研究员。研究方向：格萨尔文化。

(zlos-gr)或者"阿姐拉姆"(a-che-lha-mo);小五明学中称"叠该"(zlos-gr);一些地区对人物传记性的藏戏称"南塔"(rnm-thr)。地方性的不同流派的剧种也有各自不同的称谓,一般寺庙的金刚法舞称"羌姆"(vchm)。"羌姆"(vchm)是一种深植于藏族文化中的宗教舞蹈艺术,它不仅融合了印度佛教密宗的金刚舞和西藏苯教的巫舞,还广泛吸收了民间舞蹈元素,羌姆的宗教内核和祭祀性质使其与藏民族的文化艺术、社会生活和风俗习惯紧密相连,对其藏族戏剧文化,特别是《格萨尔》舞台化表演产生了深远的影响。藏戏在艺术形式上具有多样性,它融合了音乐、舞蹈、戏剧和说唱等多种艺术形式,展现出了西藏独特的音乐和舞蹈风格。藏戏在音乐中运用传统乐器,舞蹈以翩跹、翻滚和旋转为特点,为观众提供了视听上的享受。藏戏的剧本也是藏族文学的一个高峰,它重视音律和意境,大量使用格言、谣谚和成语,并在情节中穿插寓言故事,保留了藏族古代文学语言的精华。因此,羌姆、藏戏、说唱三种表演形式是产生《格萨尔》戏剧的主要文化基础。下面就将《格萨尔》戏剧起源、类型、特征等一一作以介绍。

一、分析《格萨尔》戏剧产生的文化基础

从学理上讲,某一文化的建立其依据之一就是要有历史之实,即相应的原始文化基础和记忆支撑。藏族古代的戏剧性表演主要有寺院跳神的"羌姆"和民间古老戏剧、说唱表演的"仲"(sgrung)。藏传佛教的"羌姆"和古老民间戏剧、说唱故事的历史久远、流传广泛,体现了藏族姿态艺术的精粹。史诗《格萨尔》产生的年代大概是11世纪末和12世纪初,晚于藏族的"羌姆"和民间藏戏、吐蕃早期说唱表演的"仲"(sgrung)等,特别是《格萨尔》戏剧晚于藏戏"阿姐拉姆"(a-che-lh-mo)等藏族戏剧,

这是因为,这三种表演形式是产生《格萨尔》戏剧的文化基础和学理支撑。在藏族早期戏剧艺术文化的基础上,《格萨尔》戏剧的形式现已发展到大概三大类型:一是寺院《格萨尔》"羌姆"(跳神);二是舞台《格萨尔》藏戏;三是《格萨尔》马背藏戏。

(一)寺院羌姆(vchm)

世界各国、各古老民族有一种普遍现象,即在原始氏族社会阶段,人们崇拜图腾式寄魂物,信仰祖先,迷信鬼神,产生一种原始的自然崇拜——巫教,由会占卜、懂巫术、知阴阳、善歌舞的巫师、咒师等主持,举行各种祭祀活动,形成了一种带有宗教神秘色彩的巫文化,也就是傩文化。涉藏地区远古原始的巫教,在其基础上发展出来的苯教,以及从外传播进来的已经藏民族化的佛教等,这三者的祭祀礼仪和艺术形式,或相互有所吸收交流而发展,或多元并保留了各自的文化色彩与特征,至今主要于寺院"羌姆"的跳神活动中,即所谓的"寺院傩"中体现。

据藏文古籍的记录,藏族初期宗教以苯教为主。8世纪中叶,赤松德赞刚刚治理国政时,几家老贵族通过苯教巫师完全控制着政权。赤松德赞为夺取政权,开始极力推动佛法传播,在8世纪于印度乌仗那国(今巴基斯坦)迎请了擅长于佛法旧密金刚乘咒术的莲花生大师,在建造桑耶寺的祭祀仪式上,"制定各类所喜的供奉物,又说出了镇伏凶神的歌词,在虚空中做金刚舞。"[1] 大多数藏学专家认为,8世纪后期,赤松德赞赞普修建桑耶寺,竣工时举行了盛大的庆祝典礼,莲花生大师导演了佛教酬神醮鬼的跳神仪式。从此,具有佛教色彩的跳神"羌姆"也在吐蕃地区沿袭下来。《莲花生大师本生传》:"我是莲花生,我是密宗上师,言毕升空蹈动金刚步,莲花生的身影所至处。"[2] 莲花生以带入"所谓教外别传的密宗金刚舞"[3] 为基础,又继承藏族原始巫教色彩民间拟兽寄魂舞、人物面具舞、藏族古鼓舞"卓"(bro)等艺术因素,将乐舞形式用来表演降魔伏怪的神话故事。莲花生大师到拉萨12年后,在桑耶寺落成开光大典上,形成藏传佛法寺庙中驱鬼镇邪仪式咒术的"羌姆"的滥觞,正式诞生并开始演出。这种情况的描述《莲花生大师本生传》中多次出现,还有"8 世纪时赞普赤松德赞在修筑桑耶寺时,在桑耶寺竣工的庆典大会上,莲花生大师导演了一场佛教酬神醮鬼的跳神仪式"的记载。[4] 这说明莲花生大师亲自导演过佛教跳神仪式。这跳神仪式实际上是藏传佛教寺院"多吉嘎羌姆"(rdo-rje-gr-vchm)(金刚法舞)的渊源。金刚法舞也叫金刚神舞,由寂护大师和莲花生大师,根据《瑜伽部》和《无上瑜伽部》中有关金刚舞的经文创编。莲花生大师以密宗瑜伽的神法巫术,收降众多的苯教主神为佛教护法神的同时,也广泛吸收西藏群众熟悉而易被接受的苯教祭仪。还融合以"bro"的舞蹈、拟祭祀寄魂舞蹈以及其他各种原始民间舞蹈动作,并借鉴使用了古代藏族社会早有的动物面具,以及人物面具的艺术表现形式,用于表达佛旨教义,并贯穿了一些佛经故事中的人物形象、神仙鬼怪及故事情节。注重人物动作、姿态、造型与形象,讲究场面铺排,叙事性很强,多由僧人表演,少有歌唱,以众多的神鼓、大钹、唢呐和镶金嵌银的铜质长筒号等伴奏,还配以诵经声为伴唱,这样逐渐发展成为一种开始完全在寺院内部,后来也可以对僧俗群众公开演出,甚至也有被俗人群众学来表演的具有一定娱乐性的宗教戏剧。

以后"羌姆"不断丰富、发展,到 11 世纪初,古格王朝第一任王德祖衮有两个儿子,取名柯日和松埃,柯日继承王位后不久出家修行,法名为意西沃,又称为拉喇嘛·意西沃,他主持修建了托林寺,从印度梵文翻译了许多佛教密宗,称为"新密"。10 世纪与 11 世纪之交,印度新兴的时轮派,讲《金刚道》,各种各样的佛,善静的、忿怒的遂多之不可胜数。大译师仁钦桑布根据续部精神,在前有的基础上继续完善了金刚法舞"羌姆"。从此以后宁玛、噶举、萨迦等藏传佛教派别,包括所有的佛教化的苯教寺院,先后都按照各自的教义创立、发展,并盛行跳"金刚法舞羌姆"(rdo-rje-gr-vchm)。至今传承了涉藏地区最初始的桑耶寺羌姆，最古老的苯教羌姆，宁玛派羌姆，也有讲究瑜伽功的噶举派羌姆，最具有家庙供奉特点的萨迦派羌姆，以及形成时间最晚、活动内容最丰富生动的格鲁派羌姆等，如安多地区最有名的格鲁派寺院拉卜楞寺，羌姆产生于二世嘉木样久美昂吾（1728—1791年）时期创立的七月大法会，第三世贡唐丹贝仲美（1762—1823年）编写了《至尊米拉日巴语教释＜成就者之密意庄严＞》一书，并将著作中的部分内容改编为剧本《贡宝多吉》作为大法会活动之一，即鹿之法舞。他们认为"七月哈羌姆"（sha-vchm）的产生标志着拉卜楞第一部羌姆的诞生。这些羌姆都明显带有民族社会童年文明萌芽时代驱鬼傩巫术活动的原始模仿性、文艺象征性、信仰神秘化、生活古老质朴化，以及鲜明的文化地域性等特点。

其实"羌姆"（vchm）这个词的藏文意思是慢慢地走来走去，散步式的姿态或者动作。现在汉译为跳神，一种戏曲和舞蹈混合的藏传佛教乐舞、戴起面具跳神的戏剧，有的人也叫法舞或者金刚舞、乐舞。无论哪个教派进行羌姆表演，身体姿态尤显优美、豪迈，具有鲜明的特点。羌姆是一种古老的艺术形式，根据《赛米》等苯教史书，2600年之前藏族历史上就有羌姆。最初是模仿野生动物和鸟类等动作，后来有了现在的狮子舞、鹿舞、象舞、牦牛舞、大乌鸦舞等多种舞姿。于是跳神的指挥者被选为羌姆的主持人，完善了跳神舞的剧本制定和乐器制造等事项，那时跳神的主题是对本教护法神和本尊神等的祭祀仪式。佛教传入西藏后，藏传佛教各教派也随之产生佛教跳神仪式。按照各仪式的情况，主要跳神的内容有空行母、忿怒的本尊等主要护法神和历史人物。跳神的伴奏乐器有鼓、笛、海螺等。

（二）民间藏戏

戏剧，在藏语里叫做"叠该"（zlos-gr），兼说唱与舞蹈之意。藏族的戏剧、舞、歌、曲都属于我国少数民族文化中历史悠久、传承广泛的一支戏曲剧种，也是我国除汉族剧种以外的另一种规模较大的少数民族剧种，它产生于中国青藏高原雪域藏族聚居区，在长久的历史演变过程中，不断汲取其他少数民族传统文学艺术中丰富的养料，逐步丰富、壮大，以至于发展为今天异常独特的戏剧。《藏族通志》中记述，大约在公元1世纪，吐蕃王朝第六任赞普止贡赞普以前的各代君主们，由于对苯教高僧"辛"（gxen）的极度尊崇，苯教法师们已获得了和国王同等的权力，以至"不发表辛言词，国王不下诏，臣不协商议事；未取辛歌舞，则王臣未受歌舞"[5]。到了松赞干布时期，藏族的歌舞表演达到了一定的高潮，但学术界一般认为起源于14世纪，创始人是噶举派僧人唐东杰布（1385—1464年）。这种说法缺乏对历史发展脉络的探究，主要依据了藏文史籍和有关传说材料，但这些史籍和传说最大的偏差就是将藏戏起源的历程，归结为个别历史高僧学者等的论断，缺乏对历史脉络的追溯，人为地武断了藏族戏剧的历史，使藏族戏剧成了无源无本之物。

关于藏族戏剧的起源，随着近年来研究工作的深入，藏戏艺术的源头，可以追溯到青藏高原的新石器时代。然而藏戏的萌芽则可追溯到藏族早期古文明时代，即旧石器时代。起源于驱邪酬神消灾纳福的原始歌舞。从藏戏艺术本身也可以看到许多原始表演艺术和祭祀歌舞的残迹。如表演时的服饰、用具和各式各样的面具，明显具有氏族社会狩猎部落生活的特征。

此外，一系列的考古资料证实，早在旧石器时代，青藏高原就有人类居住。这里的原始居民群自经历人类发展的童年时期和蒙昧状态，逐渐产生如歌谣、舞蹈、神话故事、历史传说、述语、卜辞及早期的自然崇拜祭祀仪式等意识形态。藏戏最原始的形态，如白山羊皮面具的表演，以牛毛绳织物和兽皮织成的服饰装扮，模仿动物鸣叫的唱腔，模仿射箭动作的舞蹈身段，都反映了狩猎时代部落生活的特征。还有广场戏的演出形式，围成一圈背向观众的表演，或弯腰弓身趋向圆心手拉手围圈的舞蹈，还有向天地众神进行的祭祀，以及各种拟寄魂动物舞蹈的穿插表演等。藏戏的孕育，还体现在藏族早期神话故事传奇、诗歌、卜辞、谚语、宗教歌曲等古老文学艺术上。到 7 至 8 世纪，在藏文史籍中就有更多关于王宫内"作歌作乐"的记载。通常是由赞普与大臣、妃子、王子、上师等宴请祝颂。它们都是藏族最早期的鲁体民歌且倚重于说唱的一种歌剧方式。

据《西藏王统记》的记述，松赞干布为授予十善法典，举行了隆重的庆祝会。如："高树之颠旗影飞飘，大正法天鼓喧然擂……或饰犀牛或狮虎，或执鼗鼓跳神人，以各式姿势献乐舞，大挞天鼓与琵琶，铙钹诸乐和杂起……美丽苗条十六女，身佩美饰手擎花，歌舞翩翩悦人神……"[6]的记载。在《巴协》中关于桑耶寺开光和落成典礼时有"在盛大的庆祝会期间……各个演员进行精彩表演……"[7]的记载。此外，在《藏王的请婚使者》《柱下遗教》和敦煌藏文遗书《达布聂赛传略》等史籍中可以略见藏戏发展的历史。

后来，14 世纪噶举派僧人唐东杰布在跳神仪式中，融合进去一些佛教神话和民间故事的内容，向群众进行佛教宣传。他见到家乡的河流上都无桥，人畜渡河均要涉水，往往经济损失惨重，甚至危及生命，给人们带来很大不便和灾难。他以"功在当代，利在千秋"为目的，努力给人民排忧解难，立志在河上架设大桥，以利行人来往。为筹集资金，他请来了山南地区穷结县境内一个叫百纳家的七姊妹，共同成立了临时舞蹈表演组织，到西藏各地演出节目，募化资金。演出时，由两人扮演猎人，两人扮演王子，两人扮演神仙，一人伴奏。显而易见，有组织、有简单乐器伴奏的专业剧团从此载入史册，人们称其为"阿姐拉姆"。世人为颂扬唐东杰布搭桥修路的历史功绩而将其推崇为藏戏职业剧团的创始人。至 17 世纪，五世达赖阿旺罗桑嘉措（1617—1682 年），把传统藏剧的演出形式从佛教跳神仪式中分离出来，逐渐形成了娱乐性的职业剧团，表演经艺术加工的民间故事和佛经故事。藏戏是一种歌舞性、戏剧性统一，自成体系的艺术形式，其在发展过程中形成了诸多流派，逐步传播到了安多等涉藏地区。传统藏戏剧目有很多种，但主要是八大藏戏，均有文学剧本，其中有悲剧性、喜剧性、正剧性的故事。

早在拉脱脱日年赞时期，就已经从印度引进一些经书，到了松赞干布时代才被翻译成藏文，赤松德赞年间，则更大力度地组织翻译经书。由于佛经的大量译入，以佛教思想为主要内容的印度古典戏剧剧目，如《龙喜记》《世喜记》等也被译成藏文作为传播佛教的工具，在涉藏地区广为流传。与此同时，本土文化与印度戏剧相结合的职业剧团的发起人唐东杰布，以印度戏剧大师赞扎郭米的《世喜记》和华噶贝拉的《龙喜记》为范本，为藏族八大藏戏的编排奠定了基础，并到各地演出，受到了广大僧俗群众的欢迎，亦顺利地募捐到了修建路桥的不少资金。以此为依据可以说明，早在8世纪时藏戏就在民间广泛发展，并且得到喜爱。随着对印度古典戏剧的大量翻译，对我国藏戏剧本的规范化产生了很大影响，以至影响至今。毋庸置疑，唐东杰布在藏戏的发展过程中起到了举足轻重的作用。因此，他被戏剧界认为是藏戏"阿姐拉姆"的开山鼻祖。

从以上可以推断，7世纪以前为藏戏的孕育期，8到13世纪是藏戏的发展期，14世纪唐东杰布出现后进入了繁荣期，五世达赖以后为高峰期，这种探究和分析比较符合藏戏的发展脉络。

（三）说唱表演

新石器时代晚期，雅鲁藏布江中游河谷雅隆部落兴起，藏族先民始拥立第一个吐蕃王聂赤赞普。据文献记载，自聂赤赞普至拉脱脱日年赞王有二十七代，均为藏族神话传说时代。在此期间吐蕃之社稷，由仲（sgrung）、德乌（ldevu）和苯教（bon）三者护持。其"仲"为一种口头说唱形式。从《国王遗教》等古籍了解到，在藏族第一个赞普聂赤赞普统治时代，也就是圣教和吉祥符号的雍仲苯教出现的时候，在独一无二的赞普聂赤赞普生活时就出现了神仙宗教（指晚期苯教）说唱故事和谜语口述，这里所说的"说唱故事"就是"仲"（sgrung），或者"德乌"（ldevu），而"德乌"是以提问解答的方式口头叙述问题的"谜语口述"。

五世达赖喇嘛的编年史《西藏王臣记》也记载了同样的历史情况："该帝国被三类专家所领导：仲者、谜语者和苯教徒。"[8] "仲"是指民间传说，也包括了史诗。严格地说《格萨尔》史诗也是"仲"，藏语中至今还称其为"仲"，称说唱《格萨尔》的艺术家为"仲肯"（sgrung-mkhn）或"仲巴"（sgrung-pa），即说唱故事的人。因为"仲"形式的故事数量众多，对于彼此的区别分明，《格萨尔》成为"岭格萨嘉博仲"（kling-ke-sr-rgyl-povi-sgrung），简称"岭仲"（kling-sgrung）。因此我们可以这样说，这种说唱形式，在纪元前的藏族原始苯教时期已经形成，并广为流传。

敦煌藏文遗书《达布聂赛传略》中，也记有公元6世纪时期的民歌。其文载，娘氏曾古和韦氏义策对昏庸的苏孜部落首领赤邦松心怀二志，在回家途中结伴而行，义策在前，曾古随后对唱道："滔滔大河之畔，雅鲁藏布彼岸，表面有人之子，其实神的真子。"[9] 歌中的"神的真子"（天神之嗣）就是指松赞干布的祖父达布聂赛。韦氏义策又联络了舅舅农氏，三氏派使者向雅隆部落输诚，最后三氏潜入乡巴达孜宫堡与达布聂赛盟誓。此事被百姓觉察而作歌唱道："白昼藏于猪林，夜晚潜行乡巴堡寨，这骏马之杰人，敌人还是友人？"[10] 这问答式的歌有藏族古老说唱对歌的影子。

在史诗《格萨尔》中有很多篇幅是关于"马赞"（rt-fshd）、"箭赞"（mdv-fshd）、"帽子赞"（zhwa-fshd）、"山赞"（ri-fshd）等的歌吟对唱，这些赞辞源自提问解答方式口头叙述问题的"德乌"，是一种猜谜卜筮的游戏形式的问答式口述。藏族民间的创世歌和谜语、吐蕃时期的道歌、敦煌藏文文献《兄弟教诲宗》（phu-bos-nu-bor-bthms-xing-bstn-pvi-hdo）等都是问答式口述的说唱形式。《格萨尔王传·察瓦箭宗》中有段描述马的赞辞："奔巴贾察有威名，坐骑名曰'白旋风'，羌塘草原将它生，有一匹这样的马就成，做娘的要是生儿子，有一个贾察这样的就好。"[11] 史诗中格萨尔的王妃珠姆善于酿酒，一曲"酒赞"把酿酒的制作过程说得清清楚楚；她精于养马，一曲"马赞"将马的优点剖析得明明白白。"赞"的形式被普遍吸收使用在《格萨尔》中，形成史诗唱词的一种特点。应该指出，"仲"与"德乌"为《格萨尔》中说唱的艺术表现形式打下了基石，并作为史诗中最主要的艺术表现形式，直到今天这种特点仍然存在着。无疑，是受苯教影响。在研究藏族历史文献相关记录中，从苯教典籍到藏传佛教哲理，不管是从文献中获取的原始资料，还是十明学所包含的辩证思维逻辑，从中可以通过赞辞中的歌剧论述，管窥藏族民间歌舞和原始宗教故事"仲"的发展脉络，以及对于史诗唱腔产生的深远影响。

《格萨尔》史诗的演唱形式是采取听众和围观的民众所喜闻乐见的说唱体形式，由散文和韵文两部分构成，一般韵文是诗化的唱词，散文是叙述性的故事情节。从史诗《格萨尔》的说唱形态中，我们也发现了这一趋势，它具体表现为艺术家说唱演出的戏剧化倾向和史诗在民间的传播方式，从单一的艺术家讲唱，进一步发展到以史诗《格萨尔》为主体的戏曲。

从杨恩洪老师的《民间诗神——格萨尔艺人研究》中了解到，史诗内容的戏剧化倾向为艺人说唱的戏剧化提供了重要的基础。在《格萨尔》的许多重要情节中，都有主要人物的大段道白及对唱，这些道白及唱词犹如剧本中的道白与唱词一样，为艺人说唱提供了便利的条件。艺人在说唱某一人物的独白或唱词时，往往以这个人物的身份出现，倾注自己的感情，并尽力使自己进入这一角色之中。有些《格萨尔》艺人在说唱中，可以运用粗细不同的嗓音以及或强健或温柔的语调，并配以不同的手势及形体动作，来表现不同的人物。当他唱到格萨尔、贾察、晁同等大将时，其威武正义之感溢于言表，使人们感到似乎英雄就在眼前，而当他唱起珠姆等妃子的唱词时，嗓音柔细，语气悠缓，眉开目笑，扭腰摆头，展现了岭国嫔妃的风采。

艺人桑珠曾说道："当自己作为《格萨尔》中的一个角色在战场上和敌军对抗的时候，心里产生了对敌军的憎恨，哪怕敌人是格萨尔。"[12] 可见说唱时,艺人与每个角色之间达到的融合程度。他说,他进入了这个感情全部投入的迷狂状态中,所说的《格萨尔》故事就是相当出色的。青海艺人才让旺堆甚至可以边唱边舞,其时他的说唱已经变为表演了。此外,蒙古族艺人参布拉敖日布的精彩的戏剧化的说唱,给人们留下了极深刻的印象。"处于这种说唱状态的艺人,实际上已经变成一个独角戏的演员,他一个人扮演着众多的人物角色,他就是导演,他就是全部演员。"[13] 他们在社会前进与人民群众审美需求不断提高这一发展态势中,将说唱艺术与表演艺术集于一身,丰富了《格萨尔》说唱形式,受到群众的欢迎,同时也为史诗说唱向戏剧化的迈进作出了贡献。

另外,在《格萨尔》广泛流传的地区,人们并不满足仅用说唱一种形式来颂扬英雄的业绩,他们充分发挥其聪明才智,利用藏民族多种传统的艺术形式来表现这一题材,使史诗《格萨尔》在藏族歌舞、戏剧领域里又开出了朵朵绚丽的奇葩。

二、浅谈《格萨尔》戏剧之源

目前,以"活态"表现形式在广大人民群众中广为流传的民族英雄史诗《格萨尔》,以其渊博精深的内涵、生动活泼波折的剧情、卷帙浩繁的篇幅、气魄恢宏的场景,为改写和移植成别的文艺表现形式创造了丰厚的文献素材。史诗实际上是一门综合型的文艺门类,是各种文艺表现形式结合的产品。过去,在《格萨尔》历史的传递流程中,除了说唱艺人的口头传诵之外,抄写本、木刻版等也纷纷进入了史诗《格萨尔》流传的行列。但随着社会的发展、时代的前进,史诗的生命仍在继续,历史传递的方法也越来越新颖。自20世纪80年代开始,群众对《格萨尔》的热爱也呈现出非常活跃的趋势,除参与《格萨尔》的发掘、抢救、保护、整理、编译、印刷和科学研究等各项工作之外，还在本区域内按照各自的文化特色开展了关于《格萨尔》的学术交流活动，并自觉也不自觉地弘扬着这伟大的史诗，传承着《格萨尔》史诗的生命。其中，《格萨尔》戏剧的创造和创新是最典型的例证之一。

在中国涉藏地区传播广泛的《格萨尔》戏剧是藏族戏剧文化艺术的重要组成部分，它采用藏戏的表现形式来演出藏族人民喜闻乐见的《格萨尔》神话故事。关于《格萨尔》戏剧，可以将其分为寺院的羌姆、舞台藏戏和马背藏戏三大基本类型。

（一）寺院《格萨尔》羌姆

竹庆寺为德格县一座历史悠久的宁玛派寺院。于公元1685年由第一世竹庆主持白玛仁增大师创建，是宁玛派著名六大传承基地之一，被称为竹庆母寺。该寺还办有遐迩闻名的喜日森佛学院，培养了诸多著名善知识。寺院历代主持对格萨尔文化倍加关注，第一世主持白玛仁增大师以开启净意伏藏的形式，撰写了格萨尔史诗中的《分配大食财宝》，被涉藏地区不少百姓视为圣物珍藏家中。该寺大堪布白玛巴杂尔也以开启意藏的形式，撰写了《格萨尔王传·雪山水晶宗》。作为竹庆寺堪布的一代宗师居米旁大师撰著了《格萨尔·金刚长寿王》等系列祈供偈，在整个涉藏地区的诸多教派中产生了深远的影响，成为寺院祈请护法的传承仪轨。时至今日，不少寺院上师、僧众仍然延续着这一绝无仅有的祈祷仪轨。他还史无前例地创立了"岭卓德钦若莫"（kling-bro-bde-chen-rol-mo）（格萨尔舞蹈），至今流传在一些寺院和民间。

如此格萨尔文化氛围中，竹庆寺第五世活佛土登曲吉多吉（1872—1933年）创建了寺院《格萨尔》羌姆，首次把《格萨尔》这一民间说唱艺术转换成寺庙乐舞艺术形态，格萨尔王及麾下大将们成为物质形象化的视觉艺术，呈现在人们的眼前。关于创立《格萨尔》羌姆的缘起，有资料记载，土登曲吉多吉活佛时常思考如何以跳神的形式，塑造格萨尔王和诸位大将的形象,令人惊奇的是在一次梦境中,岭格萨尔王和三十员大将、七大名女、十三种威尔玛战神,各将士肤色、坐骑毛色、鞍鞯、手持兵器等一一呈现在活佛的眼前。这激活了他的灵感,不久组织各类工匠,遵循活佛创意,制作岭国三十大将的面具、服饰、道具等,一切就绪后在寺庙广场上首演《格萨尔》羌姆,受到观众的热烈欢迎。从此以后《格萨尔》舞作为竹庆寺定期传承仪轨,每年的金刚橛修供大法会的最后一天演《格萨尔》羌姆。有资料记载,竹庆寺的《格萨尔》羌姆还传到了青海刚察县沙陀寺、贵德县佐那寺等寺院。

竹庆寺《格萨尔》羌姆表演风格与寺庙金刚舞相同。它是一种祭典式面具乐舞,有专门的乐舞仪轨,表演时岭国三十员大将穿上华丽服饰,戴面具按寺院传统打击乐节奏跳舞,十三战神个个出场亮相,三十大将依次登台而舞。舞蹈队形一般围成圆形,内围由大将们构成,外围为十三种战神。舞蹈结构为单人舞和群舞。每一大将单独出场亮相,各自有不同的舞姿。幕后伴祈请唪诵声和打击乐。舞蹈动作沿袭了寺庙跳神风格。

寺院跳神羌姆,是一种宗教祭仪舞,而藏戏是具有文学剧本的戏剧,文学剧本在整个戏剧艺术中占有重要地位,因为它规定了一个戏的主题思想、人物、情节、语言和结构,是舞台演出的基础和依据。因此《格萨尔》乐舞羌姆和《格萨尔》藏戏是两个不同的表演艺术形态,其传播和流传的方式也不同。

(二)《格萨尔》舞台藏戏

藏戏是在漫长的艺术实践中完成的,演化成了具有浓厚特色和丰富思想内涵的八大藏戏。由于宗教信仰和历史发展的特殊性,藏戏从内容到表演形式无不与宗教有密切的联系。以英雄史诗《格萨尔》为内容的舞台藏剧,在历史发展过程中也经历了曲折的道路。《格萨尔》舞台藏戏是将《格萨尔王传》中的话剧形象搬上了舞台,创作手段新奇、独特,又自成特色。

现代意义上的《格萨尔》藏戏缘起于拉卜楞藏戏为代表的北派藏戏。1946年在第五世嘉木样丹贝坚赞（1910—1947年）的主持下，由嘉措执笔，四世琅仓赖协嘉措编创，拉卜楞僧侣在闹增颇章演绎的《松攒干布》为拉卜楞寺第一部真正意义上的"藏戏"。到了20世纪60年代，拉卜楞寺琅仓活佛又根据印度史诗《罗摩衍那》改编了剧本，并且藏戏形式演绎，这是拉卜楞寺史诗改编藏戏的第一步。后来，拉卜楞红教寺于1962年推出了《格萨尔》史诗部本《阿达拉姆》，这是历史意义上的第一部格萨尔藏戏。顾名思义，《格萨尔》藏剧是将英雄史诗《格萨尔》中的某一分部本中描写的情节改编为剧本、搬上了舞台，用另一种艺术形态呈现格萨尔王及其三十大将感天动地的英雄形象。色达县位于甘孜藏族自治州西北部，是一个藏族集聚的纯牧业县。色达县的藏戏系安多藏戏，源自于甘南拉布楞寺，流传于多智钦寺（现为青海班玛县管辖）。当时，多智钦寺藏戏剧团还是色达当地唯一的传统藏戏剧团。1980年，该藏戏流派的继承人，色达县政协原副主席塔洛活佛（多智钦寺活佛）在县委书记珠朱的全力支持下，在色达县成立了业余藏戏团，陆续安排上演了《智美更登》《卓瓦桑姆》《朗萨雯崩》《松赞干布》《敦月顿珠》等寺院传统藏戏节目。不久，塔洛活佛自己撰写文字，第一次将史诗《格萨尔》搬上了藏戏舞台，受到相关行业专家研究者及其广大受众的肯定与赞誉。塔洛先生已成为集编、导、演为一体的《格萨尔》藏戏之父。他曾陆续编制了《赛马成王》、《格萨尔降生》、《阿里金宗》、《地狱救妻》（阿达拉姆）、《丹玛青稞宗》，还有歌舞《英雄颂歌》《岭国七勇士》等《格萨尔》剧目。《格萨尔》戏剧是在安多藏戏的基础上发展出来的一个新型戏曲性艺术形式，但是它既不是传统藏戏的复制品，也不是颠覆传统藏戏，而是给传统藏戏赋予了不少的创造性色彩，并加入了时代精神，在复兴藏戏方面走出了大胆的第一步，对提高《格萨尔》藏戏表演艺术水平作出了有益的探索。1993年，色达藏戏团更名为色达县格萨尔剧团。刚开始的色达《格萨尔》藏戏团有三十名艺人，都来源于本县的牧区，20年来，活跃在安多草地上,蓬勃发展成一个集《格萨尔》大型舞台戏剧、舞蹈、宗教服饰、宗教跳神、民族山歌、音乐演唱、群众参与性等节目表演于一体的安多地区重要文艺表演团队之一。多年来,经不断地创新、探索,形成了不仅有《格萨尔》舞台藏戏,还有表演短小精悍、妙趣横生的《格萨尔》藏戏,内容丰富多彩。

(三)《格萨尔》马背藏戏

马背格萨尔藏戏,是近年来在《格萨尔》舞台藏剧的基础上逐渐发展起来的一种表演形式。20世纪80年代,德格竹庆寺在表演《格萨尔》乐舞的同时,在马背上表演格萨尔王和三十员大将、岭国数位女士等,老百姓十分喜爱这种节目。2001年,色达县《格萨尔》藏剧团成功拍摄了实景马背《格萨尔》电视剧并获大奖,在整个涉藏地区反响良好,其传播面广。之后,马背藏戏在涉藏地区有了较快的发展,不少地方在重大节假日期间,表演《格萨尔》马背藏戏,在藏语中称"格萨尔达羌姆"(ge-sr-rt-vchm),特别是在青海省果洛地区各县都有马背《格萨尔》藏戏。

如今,《格萨尔》马背藏戏已被列为国家级非物质文化遗产名录,并取得了良好的发展。青海省果洛州的马背藏戏就始创于果洛夏仓区。果洛草原,为《格萨尔》马背藏戏的表演创造了得天独厚的辽阔舞台。据甘德县龙恩寺共有45—50名僧人演员,以前没有演出马背藏戏《霍岭大战》的传统。2002年,色达县藏剧团到果洛州甘德县学习时,引进了《格萨尔》马背藏戏的演出技艺,自筹资金拍摄藏戏《赛马称王》,以实景演出拍摄的形式制作了电视短剧并公开发行。

演出《格萨尔》马背藏戏的艺人大多数是僧人,全部剧情均在草地上露天进行。每逢重要节假日或特定时间,艺人们就会穿上传统服饰,骑上骏马,在宽广的草地上用特有的形式讲述格萨尔王降生、征战、重返天界的经历,《赛马成王》《霍岭之战》等典型剧情,是《格萨尔》马背藏戏中时常能见到的片段。马背藏戏《格萨尔》节目分两个类型,一是仪式性节目,二是戏剧性节目。前者格萨尔国王和三十大员将、岭国十三美女等骑乘着各自坐骑,手执武器或彩旗,在广场或草地上奔跑,以展现岭国将士的雄姿。举行格萨尔煨桑仪式,由三十员大将围着烟祭台,口诵祭词,祈祷护法海众,并祈祷世间众生太平、吉祥、平安。其场面非常壮观,从中人们可以感受到岭国将士们的古风遗韵。第二种则是真正意义上的《格萨尔》马背藏剧,根据情节设定了多个地点,例如在草地上搭帐篷作为岭国或魔国营盘。向天界神授记、部署作战计划等在帐篷里表演。行军、战争时大多在马背上。骑战表演也是戏剧的高潮部分,各方好汉们手拿武器冲出营区,在马背上表演各自动作,以说唱方式对话片刻后开战。这种藏剧,在青海省果洛、四川省甘孜一些寺院已拍摄录制了《姜岭大战》《辛丹之战》《赛马成王》《降伏北魔》《霍岭大战》等节目。

三、《格萨尔》戏剧特征

(一)《格萨尔》羌姆的主要特征

藏族的拜神传统形成于蒙昧时代,同时也是藏族原始宗教重要的仪式之一,由此形成了有灵的万物诸神崇拜祭祀活动,意在祈祷神权的显灵、护佑。这和《格萨尔》中说唱者在说唱之前的祈福礼仪相同。《格萨尔》说唱前的崇拜仪式是:一是为了表达对羌姆创始人莲花生大师的敬意之情;二是恳请地方神灵和格萨尔战神、个人上师保佑演出成功。

在《格萨尔》羌姆表演时,伴奏音乐十分简便,通常用鼓、拔、锣、唢呐、长角号等。《格萨尔》羌姆的音乐伴奏有寺院羌姆的特征。

《格萨尔》羌姆的面具也有特征。因为涉藏地区所处独特的地理以及历史宗教文化的种种原因，在远古时代直到今天基本上仍然保存和发扬了一个最完善、最古朴、最具有特色的面具戏形式，同时还保持着强大艺术创造力，在广大涉藏地区民众中有着坚实的基础。面具文化源自最原始藏族巫教的寄魂崇拜，体现着藏族原始信仰思想理念、审美趣味，以及文化上的另一种形态特征。藏族最早的面具艺术起始于吐蕃早期的苯教文化，亦即民间原始祭祀的寄魂崇拜之中，先在图腾拟兽舞蹈中产生动物面具。《格萨尔》寺院"羌姆"因为受到了宁玛派的深远影响，在演戏时也经常头戴着各色面具，有的面貌和善可敬，有的则面目狰狞，有的艳丽好看，有的则丑恶不堪。它们均不同程度地体现了史诗《格萨尔》中的故事人物和故事情节。

表演者主要为寺庙僧侣，《格萨尔》寺院"羌姆"表演中表演者和伴奏人员均为本寺庙的僧人承担，演技精湛，活灵活现。在人才短缺的情况下，也可请部分农牧民或附近学生参加表演。

（二）《格萨尔》舞台藏戏主要特征

《格萨尔》舞台藏戏是在传统藏戏的基础上，吸取民间歌舞、说唱艺术和相关文化艺术元素而逐渐形成的一种具有独特风格的戏剧形态。其剧本为《格萨尔》原著提炼加工而成的文学剧本。《格萨尔》藏戏虽然吸收多种文化艺术元素，但它并非颠覆或解构北派藏戏，它依然保持了北派藏戏的表演艺术风格。如台上演员的排列方式、左右两排相向排列而坐或站立式，其上方为王、臣席位，两边站立守护将士或王妃。表演主角出列走到两排中间进行说唱表演。向大王禀报时，右膝跪地，双手合十；亮相时，走到前台左手叉腰，右臂斜举上方，两眼平视前方；演员的步伐为阔步，向前抬腿，两脚尖向外缓缓起步，左手自然下垂，右手向前后摆动，入坐为半跏趺式，道白、对白声腔和部分音乐伴奏保持了北派藏戏风格。舞步沿用了北派藏戏的"黄牛撒尿步"，金刚舞步等传统表演法。北派藏戏演员的模仿动作、情感表达音乐、对白等几乎是无修饰地带着生活的直接性，具有一种原始、质朴的感染力。

《格萨尔》舞台藏戏在北派藏戏的基础上，不仅丰富了表演技艺，还融入了现当代的一些演技，它注重把语言艺术表现于物质的舞台。一方面通过演唱渲染剧情，另一面也不忽略演员外在表达，用肢体语言传递剧情，在三者的结合上表现人物内在的激情。《格萨尔》藏戏中塑造人物形象意识明显增强，用服装、道具、动作、化妆、唱腔、表情以及个性化语言塑造人物的个性。如戏中的总官阿尼查干从化装、唱腔、举止表情等方面表现出雄才大略、沉稳可敬的形象，而叔父晁同从演员的选择和表演技巧上给观众以阴险狡诈、见利忘义的印象。格萨尔兄长白面嘉擦大将则表现出一副直爽坦荡、英气逼人的形象，晁同和阿尼查干的对白中吸收了一些调侃幽默之趣和嘲讽诙谐之趣的新的艺术成分。

《格萨尔》舞台藏戏本身是对传统八大藏戏的一种超越，传统藏戏是以文学作品改编的戏剧，而《格萨尔》藏戏剧本源于民间文学，它具有独特的语言风格，精美而丰富的史诗语言，是人们对《格萨尔》史诗投注的又一大兴奋点。它本身具有表演的艺术特质，因为《格萨尔》是说唱叙述体，说唱艺人戴上特制的说唱帽，挂格萨尔唐卡画，用优美而质朴的歌声和神态，以及表情的变化表现故事中的各种人物复杂心理和不同形象。《格萨尔》藏戏保留了史诗的语言特点，曲多白少，以唱腔和身段表演情节，以故事的诗意构成，唱词的曲调构成，搭配成《格萨尔》藏戏一种特殊的舞台风貌。《格萨尔》藏戏的音乐组合结构是，一是伴奏音乐，二是说唱部分。伴奏乐器使用寺庙少量打击乐和笛子、二胡、六弦琴等，其曲调为北派藏戏的两部分音乐风格，同时还吸收了一些民间歌舞的音乐元素。其节奏轻快、旋律高低起伏不大、平缓自如。有把南派藏戏唱腔比喻为京剧唱腔，北派藏戏唱腔比喻为昆曲唱腔。格萨尔戏中的不同人物均有不同的唱腔，史诗中的唱腔，其曲调还有一定的区域性差异，但其曲名在史诗中是固定的。人们从曲名中能体味到包涵人物性格和情感的音乐节奏和歌曲美感。如格萨尔王的"威震集会唱调""永恒长寿调"，王妃珠姆的"九清六变歌""嘉擦洁白六变歌",阿尼查干的"轻缓悠长歌",丹玛大将的"塔啦六变歌"等都是带有个性化的曲调。

《格萨尔》藏戏舞台表演动作则采用了传统藏戏、民间杂耍以及民间歌舞、寺庙乐舞为一体而形成的舞台表演风格,主要表现在说唱时的个体表演动作、群体舞蹈、群体乘马走步舞蹈、个体出台舞步,还有武打动作、骑战动作等,具有一定的程式规制,以营造一种戏剧特质的意蕴。此外,《格萨尔》藏戏还应用了布景、灯光、道具等,以提升戏剧的表现力和审美感。其服饰精美、装扮华丽,道具丰富多彩,演出服装多用绸缎制作,参照古代藏族戎装和《格萨尔》史诗中所描绘的,富有创意地制作胄、铠甲、金甲、银甲、战袍、全身甲、无臂甲、氅披。手兵、宝剑、弓箭、兽壶、盾牌、马鞭、矛等道具。根据剧情需要,一些《格萨尔》藏戏中还用上了寺庙乐舞面具。《格萨尔》藏戏具备了戏剧这一概念所具有的艺术要素。

(三)《格萨尔》马背藏戏的主要特征

《格萨尔》马背藏戏,是 21 世纪初在《格萨尔》舞台戏剧的基础上逐渐发展起来的一种表演形式。马背戏剧《格萨尔》藏戏的多数演员由僧人担任,也有邀请少数百姓表演,所有剧目均在夏天环境优美时的大草原上露天完成。《格萨尔》马背藏戏的表现主要有仪式性表现和戏剧化表现。在马背上表演时,念、唱、做、打、变等演技俱全。它是有实景的表现,但不受空间约束,其圆场、绕场和过场等均在戏剧广场的外缘或借助崇山峻岭、河边草地,湖岸沙滩、骑在马上展开表演。而剧中唱、念、做、打等皆在草场上表现。各人物在马背上或马下场内轮番表演后,再次场边斜坡上按顺时针方向绕一圈,又返回现场上演。虽然这些节目均不受舞台的制约,但场面随情节进展而经常转换。节目风格强悍、干练,气势磅礴,具有强烈的游牧民族气息。

另外,现代《格萨尔》藏戏是指一些专业文艺团体创编的具有一定的现代戏剧表演艺术特质的《格萨尔》藏戏。它具有民族特色、时代精神、现代风格，顺应了现代人的审美情趣，让更多人了解到世界上最长的英雄史诗《格萨尔》。这种戏剧是以《格萨尔》藏戏为基础发展起来的现代舞台艺术。其戏剧构成要素较完整，有较规范化的剧本，有专业导演和音乐创制人员、舞美、灯光、舞台调度、幕与场、舞台指示等，各方都较为规范。同时采用现代科技手段,强化剧中叙事的表现力。现代《格萨尔》藏戏，其实是一种歌舞剧，其主要表现手段是歌和舞蹈，同时也穿插了不少对白。《格萨尔》本身为说唱体，戏剧中也有说唱，除伴奏音乐外，所唱的歌绝大多数沿用了艺人唱腔，因此人们一听就知道那是格萨尔剧。而舞蹈是在现代藏族舞蹈艺术基础上创作出来的新式舞，服饰、化妆、道具与传统藏戏比较，也做了很大的改进。这种现代《格萨尔》藏戏最具代表性的就是果洛藏族自治州歌舞团，他们先后创演了《赛马称王》《辛巴和丹玛》，受到观众的欢迎和专家学者的好评，青海省海南藏族自治州歌舞团、四川省甘孜藏族自治州歌舞团等专业文艺团体也曾排演过《格萨尔》现代藏戏。此外，成都军区战旗歌舞团编演了有数百位演员参加的大型歌舞诗《格萨尔》,色达县《格萨尔》藏戏团排演过《格萨尔》歌舞诗"天牧"等。《格萨尔》戏剧化、创新化的倾向日渐明显。

余 论

格萨尔戏剧是在传统藏戏的基础上，吸取民间歌舞、说唱艺术和相关文化艺术元素而逐渐形成的一种具有独特风格的戏剧形态。其剧本为《格萨尔王传》原著提炼加工而成的文学剧本。格萨尔藏戏舞台表演动作则采用了融传统藏戏、民间杂耍以及民间歌舞、寺庙乐舞为一体的舞台表演风格，主要表现在说唱时的个体表演动作、群体舞蹈、群体乘马走步舞蹈、个体出台舞步,还有武打动作、骑战动作等,具有一定的程式规制,以营造一种戏剧特质的意蕴。我国涉藏地区中《格萨尔》戏剧在多康地区流传最为广泛,特别是安多地区传播广泛的《格萨尔》为舞台表演的戏剧是藏族戏剧文化艺术的重要组成部分,综合艺术形式的安多藏戏《格萨尔》南木特,为藏剧的开发、为《格萨尔》史诗的流传,开拓了一个新的渠道。青海刚察县沙陀寺(sa-tho-dgon-pa)到了每年的八月初二开始表演。青海贵德县佐那寺(mdzo-sn-dgon-pa)早在1941年开始传承,当时四川甘孜德格竹庆寺的公保活佛,带着他的《格萨尔》寺院羌姆导演途经佐那时,在寺主的恳求下,传递了这种独特的《格萨尔》寺院羌姆文化,将表演《格萨尔》寺院羌姆这一民俗传承了下来,距今有80多年的历史。甘肃拉卜楞红教寺也叫拉卜楞俄巴扎仓(sngks-pa-krb-tshng),1962年推出了《格萨尔》史诗部本《阿达拉姆》(`a-stg-lha-mo),这是历史意义上的第一部格萨尔藏戏。青海甘德县龙恩寺(lung-sngon-dgon)、久治县阿绕寺(`a-bzod-dgon)等寺院表演《格萨尔》羌姆和《格萨尔》南木特、《格萨尔》马背藏戏。1984年,青海海南藏族自治州文工团创编了戏剧《霍岭大战》,在省内各地方演出后,受到人民喜爱,也备受官方肯定。黄南州同仁县曲库乎乡江什加(lcng-skya)村1979年开始表演《格萨尔》史诗《阿达拉姆》(`a-stg-lha-mo)、印度史诗《罗摩衍那》,2017年5月,传承人李先加被评为第四批国家级非物质文化遗产代表性项目藏戏(黄南藏戏)代表性传承人。20世纪80年代初期,《格萨尔》舞台戏剧在多康地区开展迅速,并得到了广大农牧民的喜爱,这也是历史上《格萨尔》史诗的一次重大创举。色达县的《格萨尔》藏戏团建立后,青海省玉树州也建立了文工团,编制了以《格萨尔》为主题的《出征》,1981年又编制了《汉地茶宗》《大食财宗》等两部歌舞剧,受到了广大群众的欢迎。

《格萨尔》戏剧在西藏、四川、青海、云南、甘肃等地区以及印度、不丹等国家得到了推广,越来越多的人开始关注和学习《格萨尔》舞台表演，努力保护和传承这一宝贵的文化遗产。这种综合艺术形式《格萨尔》戏剧，为藏剧的开发、为《格萨尔》史诗的流传，开拓了一个新的渠道，为《格萨尔》民族说唱艺术深入研究开拓了崭新的研究领域，对充实涉藏地区民众的日常精神生活，对提升思想文化境界将起到很大影响，在传承和弘扬藏族优秀传统文化方面，并使之为实现现代化服务，为新时代中国特色社会主义建设战略服务，为建设社会主义和谐社会服务等方面都具有重要的意义和价值。

参考文献

[1] 五世达赖喇嘛著.郭和卿译.西藏王臣记[M].北京：民族出版社,1982:57.

[2] 洛珠加措.俄东瓦拉译.莲花生大师本生传[M].西宁：青海人民出版社,1990:415.

[3] 莲花遗教，转引自：王尧译.藏剧故事集[M].北京：中国戏剧出版社,1963:56.

[4] 洛珠加措.俄东瓦拉译.莲花生大师本生传[M].西宁：青海人民出版社,1990:415.

[5] 恰白·次旦平措.陈庆英等译.西藏通史[M].拉萨：西藏社会科学院等联合出版,1996:28.

[6] 索南卓玛.《格萨尔》散论[M].兰州：甘肃民族出版社,2006:171.

[7] 索南卓玛.《格萨尔》散论[M].兰州：甘肃民族出版社,2006:171.

[8] 五世达赖喇嘛.西藏王臣记（藏文）[M].北京：中央民族大学出版,2007:8.

[9] 端智加.道歌源流（藏文）[M].北京：民族出版社,1985:51.

[10] 端智加.道歌源流（藏文）[M].北京：民族出版社,1985:54.

[11] 察瓦戎箭宗，民间木刻版[G].青海省格萨尔史诗保护研究中心

收藏,1975:5.

[12] 杨恩洪.民间诗神——格萨尔艺人研究（增订本）[M].北京：中国社会科学出版社,2017:49.

[13] 杨恩洪.民间诗神——格萨尔艺人研究（增订本）[M].北京：中国社会科学出版社,2017:49.

原文载于《青海师范大学学报（社会科学版）》

2024 年第 2 期

古代冠礼在河湟汉族婚礼中的遗存

蒲生华[①]

冠礼起源于原始社会末期的"成丁礼",它在先秦、秦汉时备受世人的重视,并且制定了一整套繁文缛节,从"冠者,礼之始也"[1]的阐释中,尤见其崇,《仪礼》将其列为开篇第一礼,也绝非偶然。秦汉以降,冠礼随岁月的变迁而几经沉浮。魏晋时的冠礼较为隆重,加冠时还有音乐伴奏。从南北朝到隋唐,冠礼渐趋衰微,甚至一度废而不行。宋代时,虽有司马光、朱熹、程颐等人的大力倡导,甚至封建统治者们强令推行,但效果不甚理想。元明时冠礼虽未废止,但较之于前,仪式越发简约,崇隆更是减杀,而且冠礼多施行于皇室成员中,民间已鲜闻此礼。有清一代,终废冠礼。至此,存留几千年的冠礼基本上退出了人生礼仪的历史舞台。

然而,退出人生礼仪舞台的冠礼,在民间仍以动态潜流的形式顽强保留着。河湟汉族婚礼中的"冠戴"仪式,无论是其礼仪形式,还是其象征寓意,到处飘散着古代成丁礼和冠礼的一些只鳞片羽,随处可捕捉到成丁礼和冠礼的不少蛛丝马迹。我们知道,成丁礼和冠礼都属成人礼。

---

① 蒲生华,1970年生,男,汉族,青海乐都人,青海师范大学教授。

成丁礼是冠礼的肇初，是人类野蛮时期的成人礼；冠礼是成丁礼的延续，是人类进入文明时期的成人礼，二礼是一脉相承的。从河湟汉族"冠戴"仪式的仪规形式和寓意象征看，可以肯定地说：河湟汉族的"冠戴"就是古冠礼内化于婚礼中隐形保存的一种礼仪形态，它是古冠礼的沉淀和遗存。

冠礼在河湟汉族中依附于婚礼的理由源于古人的"冠而婚"思想，正是在"冠而婚"意识的支配下，冠礼融合并内化于婚礼，这为"冠戴"就是古冠礼的遗留提供了直接依据。

一、"冠戴"仪礼：古冠礼的余风

河湟汉族婚礼中的"冠戴"，是本地区男女婚姻礼仪中常见的一种仪式。在亲迎日那天，东家（男方家）大摆宴席，款待道喜恭贺的宾客，宴饮间各种婚礼仪式穿插间行。在众多仪式中，对新郎的"冠戴"礼是被当地民众颇为看重的，故此仪式在河湟大地上风靡盛行，历久弥坚。

河湟汉族婚礼中的"冠戴"，一般是在宴饮中间举行。届时，在"大东"（婚礼的组织者、主持者）的主持下，由女方家的"压箱"者（送亲队伍中的一员，新娘下马时由他坐在陪嫁物上面，须经男方家拿红包赎其下来。一般由新娘亲属中的父母双全的小孩担任）在方盘内盛一套衣服及鞋帽，奉至新郎面前，这时男女家的亲朋一拥而上，拿出盘中衣物给新郎穿戴，其间参加婚礼的亲友在"冠戴"中免不了嬉闹新郎，嬉戏者常以"鞋窄穿不上，帽小戴不下"为由故意撬鞋拍帽，还不时拿木棒之类敲打新郎，意为帮助新郎穿衣试鞋……最后，"冠戴"一新的新郎向父母宾朋行礼敬酒致谢，还要拿出红包送给端送衣帽的"压箱"者，以表谢意。

当然，虽同处河湟地区，然其"冠戴"礼仪不尽相同，有的地方严肃隆重，有的地方诙谐嬉戏，有的地方庄谐并举……凡此种种，不一而足。但有一点是不可否认的：即"冠戴"仪式在河湟汉族婚俗中普遍存在，它不仅存在于汉族相对集中的地区，同时在少数民族聚集地区的汉族婚礼中也同样保留。

在汉族聚居区，婚俗中的"冠戴"礼在西宁和海东一带仍以活态的形式大量存在。乐都地区的婚礼中，"冠戴"是迎亲日中从"拜花堂"到"送客"礼中的一个重要环节。在"冠戴"新郎时"大东"高唱赞词，其中不乏赞美、揶揄新郎之内容，期间，男女亲朋一拥而上，七手八脚给新郎穿戴。同时，这种"冠戴"礼在民族杂居区的汉族婚俗中同样存在流行，大通是回族、土族聚居区，这儿的汉族婚俗中不乏"冠戴"之礼，届时"由娘家代表赠送女婿一身穿戴，俗叫'冠带（按，带即为戴）'。"[2] 互助是土族聚居地，这儿的汉族婚俗亦有"冠戴"，"同日（按：亲迎日），给女婿陪有衣服、腰带、鞋袜等，叫做'冠带'（按：带即戴也）"。[3] 另外，在以藏族为主体的州县中，汉族"结婚过程和方式与周边汉族地区大同小异"[4]，其婚俗仍然保留了"冠戴"之俗，《海南州志》与《共和县志》皆有同样的记载："接着，女方的近亲长辈为新郎穿戴衣服鞋帽，称'冠戴'。"[5]《尖扎县志》记载当地汉族婚礼时曰："接着由小姑'开箱'、'摆嫁妆'、'抬针线'、认亲戚，给女婿'冠戴'等。"[6] 方志文献记载的河湟汉族"冠戴"礼无处不在，这与现实中河湟汉族婚俗中的活态"冠戴"礼无地不存正好相互印证。

河湟大地上的"冠戴"礼普遍而相类，只要有汉族的婚礼，就少不了"冠戴"，只要有"冠戴"，其形式都是大同小异，因为它们都同出一源。其源头就是古代冠礼，而"冠戴"源于冠礼的理由主要有两个方面：一是外在形式上的相若仪规，二是深层内质上的相同寓意。

（一）相若的仪规。从礼仪规程上来看，古代冠礼与河湟地区的"冠戴"有许多相若相近之处。首先，都有类似的仪规。古代贵族冠礼具有整套的程序和繁缛的仪式，主要有冠礼前的筮日、戒宾、筮宾、宿宾、为期等准备仪式，行礼时的陈设器物、就位、迎宾及赞者、始加、再加、三加、宾醴冠者、见母、字冠者等正礼部分，以及正礼之后的见兄弟、赞者与姑姊，冠者执挚见国君、乡大夫、乡先生，醴宾，酬宾，归宾俎等延续仪式。这些仪式在岁月的变迁中不断更易，不少仪式因时代的原因或被淘汰出局，或变相异化，只有一少部分沿传至今。尽管保留下来的仪式与其原初不尽相同，有的甚至还相去甚远，但其"要核"仍在。"冠戴"中明显保留了冠礼中的核心内容——正礼中的始加、再加和三加，当然，"冠戴"仪式中为新郎只戴一次帽子，并无加冠三次，但其表明冠者已成人的意识是与古冠礼同出一辙，如今简约的"冠戴"其实是在人们删繁就简理念下对繁缛的古冠礼的一番"脱胎换骨"。"冠戴"完毕后，新郎向父母、岳父母、"大东"等尊长敬酒致谢，这明显带有古冠礼中"见母""见兄弟、赞者与姑姊""醴宾""酬宾"等仪节的遗意。

其次，都设有高规格的仪式主持人。古冠礼和河湟汉族"冠戴"礼不仅都设有仪式的主持人，而且在选择仪式主持人时格外注重其身份和地位。古冠礼中，主持加冠仪式的人为主宾，是由主人在所通报前来观礼的众僚友中卜筮而定（即冠礼准备仪式中的筮宾），然后，专程敬邀筮定的嘉宾前来作冠礼的主宾，一般主人还在众僚友中再邀请一人作"赞者"（主宾的协助人）。由占卜筮定的主持人——主宾是在祖灵的授意中产生，其身份、规格不言而喻。河湟汉族"冠戴"礼的主持者是在当地德高望重者中来遴选，通常情况下，是由主持整个婚礼的"大东"来担当，"大东"的产生是在主人的提名下由众乡邻商讨选定，因而，"大东"是众人推举的婚礼的组织者、主持者，所有婚礼在场者都以"大东"马首是瞻，"大东"在婚礼场域中的地位和影响是非同一般的。

再次，都有赞文祝辞。古冠礼的祝辞主要集中在冠礼的核心——"三加"中，"始加，祝曰：'令月吉日，始加元服。弃尔幼志，顺而成德。寿考惟祺，介尔景福。'再加，曰：'吉月令辰，乃申尔服。敬尔威仪，淑慎尔德。眉寿万年，永受胡福。'三加，曰：'以岁之正，以月之令，咸加尔服。

兄弟俱在，以成厥德。黄耇无疆，受天之庆。'醴辞曰：'甘醴惟厚，嘉荐令芳。受拜祭之，以定尔祥。承天之休，寿考不忘。'"[7] 这些辞文由主持冠仪的主宾赞唱，内容无非是勉励冠者养身修德、祝愿冠者添福增寿……在"冠戴"中亦有赞祝辞文，如流行于乐都一带的《冠戴新郎歌》云："喜今日百辆迎门，花烛夜洞房成亲，双膝面向亲戚跪，此夕冠戴一身新。衣服是绫罗彩缎，鞋帽是世上珍品。穿在身上暖在心，白头偕老更相亲……祝福新郎像龙驹，永远做个人上人。"[8] 歌咏者一般是主持婚礼的"大东"，词中同样洋溢着对冠者的赞美和祝福。无论是从祝辞形式着眼，还是从祝辞内容入手；无论是礼仪规程的细枝节末，还是赞唱者在仪式语境中的身份地位，"冠戴"仪式的祝辞都秉承了古冠礼的余风。

（二）相同的寓意。详细考察古冠礼和"冠戴"的内质寓意和隐喻象征，主要在以下两个方面相同相类：

其一，都认为具有符号性质的"冠"是成人的标识。无论古代冠礼，还是现今"冠戴"，都对"冠"的象征意义和隐喻作用有共同的认识，即"冠"是成人的标识。古代冠礼虽名目繁多、仪规繁富，但其核心内容是正礼之中的"始加、再加、三加"，所加者皆为"冠"，始加缁布冠（黑布做的冠）、再加皮弁（白鹿皮做的冠）、三加爵弁（赤红而有雀首的冠），这些"冠"都具有一定的符号性质，"冠"是成人的标志，并且加冠由卑而尊，"每加愈尊，是隐喻冠者的德行能与日俱增……"[9] 河湟传统"冠戴"仪式，也特别注重"冠"，给新郎准备的衣帽鞋袜中，将"冠"（帽子）放在最上面，穿戴时一般先"冠"而后其他，同样"冠戴"中的"冠"也带有深刻的象征意义。在河湟汉族意识中，男婚女嫁后意味着婚配男女真正成人了，这与古代冠者举行冠礼后成了"完全"人的理念颇为吻合。如此，不论古今，"冠"在人们意识中实现了一个男性由"垂髫"成为"弱冠"的角色转换。"冠"是成人符号的象征寓意，古今皆通，从一个侧面反映了"冠戴"实属古冠礼一脉。

其二，对冠者冠后的权利和义务的认识二者皆然。我们先来分析冠礼（正礼）之后的部分延续仪式：冠者见兄弟、赞者、姑姊及执挚见国君、乡大夫、乡先生等礼仪，实质上是冠者成人后的第一次社会活动，旨在寓其真正成人了。当冠者以成人的身份去见兄弟时，兄弟们向冠者行再拜礼，见赞者、姑姊时亦同，这表明在他人的眼中冠者已不再是黄口孩子，而是一跃而为让人以"礼"相待的成人了。执挚见国君、乡大夫、乡先生更是以成人之礼去见尊者、长者，否则，"乳臭小儿"一般是不能受这些社会上尊者和长者的正式接见，这些仪式中被赋予成人意义的冠者的社会权利已初露端倪。当然，冠者所享受的权利远远超出了具体仪式的所有指涉，凡一个社会成人所具有的权利，冠者悉数拥有，主要体现在"治人"（"可以为人而后可以治人也"——《礼记·冠义》）、婚配（男子加冠结发后方可娶妻）、"著代"（成为父亲的合法继承人）、参加祭祀与社交等方面。换上成人冠冕的冠者，不仅享受一个社会成人所该享受的权利，同时也担负一个社会成人应当担负的责任和义务。"成人之者，将责成人之礼焉也。责成人礼焉者，将责为人子、为人弟、为人臣、为人少者之礼行焉。将责四者之于人，其礼可不重欤？"[10]冠者经冠礼后，就被赋予了人伦上的首先责任：孝、弟、忠、顺的德行。河湟汉族婚礼中经"冠戴"后的新郎，今后无论是在家庭中，还是在社会上，都具有了一定的话语权、参与权和决定权，同时一些家庭和社会的责任也相应落在了他们身上。在冠者享有的权利和承担的义务这一点上，古冠礼的象征隐喻和"冠戴"中的寓意内涵都有相通之处，二者是古今呼应、前后合辙。这不是偶然的不谋而合，真正原因是"冠戴"源自古冠礼。

二、"惩治"新郎："伤体炼志"的残痕

在原始成丁礼中，"伤体炼志"是一项重要内容，是对即将过渡为成

人的氏族成员在一段时间内进行一番"伤体"的严酷训练和考验,以达到"炼志"的教育目的。柯斯文在讲到成丁礼时说:"随着性成熟期的到来,并且在连续几年的期间男女青年受到整套的,有着不同程序和仪式的训练和考验。训练考验的目的,一方面在于使青年们得到他们今后作为部落的成年成员所必需具备的知识,另一方面也在于检验他的劳动技术和对危险进行斗争的能力等等。"[11] 柯斯文没有具体谈到用何种形式来训练和考验男女青年,其实这些训练和考验中就包含了"伤体"的内容,它是为了使步入成人之列的青年们成为一个真正的成人,在精神、肉体和社会经历上经受磨砺和锻炼,有些磨砺和锻炼显得更具野性,更为残忍,"青年人参加战士和猎人的队伍都要举行仪式,这种仪式将使这个光荣的阶层的参加者吃点苦头和带给他们各种的残废(使受伤、切割、拔去牙齿等等),这种仪式的目的在承认他们配得战士的称号之前考验青年人的坚忍和勇敢。"[12] 步入成人行列(战士和猎人的队伍)的青年人要经受"各种的残废"的考验,以彰显其"坚忍和勇敢",青年们经过这些惨烈的"伤其筋骨""残其体肤"之后,方可过渡为成人。

我国古代的成丁礼中亦有这种"伤体"的行为。据现有的考古资料显示,这种成人时的"伤体"行为,主要体现在拔牙上。"大汶口文化墓葬所发现的拔牙者,年龄一般在15—20岁之间的性成熟期,也有25岁左右的。"专家推测,上古拔牙习俗可能与氏族时代的婚姻状况有关系,凡是拔牙的氏族成员,一般表示其已经获得婚姻资格,同时也是一种成丁的标识。[13] "上古有些地区之民,大约在十四岁左右有将某些牙齿拔除的习俗。这种习俗的意义可能在于表示拔牙者已经长大成人。"[14] 宋兆麟亦指出:"拔牙是一个人成年的标志,'以别处子',同时也是开始过婚姻生活的开始,所以拔牙也是招引异性的手段……对于一个欲成年的人来说,拔牙是一种严峻的考验,也是一个人勇敢的标志。"[15] 拔牙以示成年的习俗,已被学界广泛认可,拔牙也是成丁礼中"伤体"的具体表现,通过拔牙凸显其"勇敢"更是恰如其分地表达了成丁者的"炼志"目的。

同样，在冠礼之前，也要经过长时期的严格训练，"六年，教之数与方名。七年，男女不共席，不共食。八年，出入门户，及即席饮食，必后长者，始教之让。九年，教之数日，十年，出就外傅，居宿于外，学书记，衣不帛襦绔，礼帅初，朝夕学幼仪，请肄简、谅。十有三年，学乐，诵诗，舞《勺》。成童，舞《象》，学射、御。二十而冠，始学礼……"[16]如同在举行成丁礼之前几年中要经历一番训练和考验一样，冠礼前的生活技能及礼乐教育同样是一番训练和检验，期间虽然少了些"伤体"时的惨烈与震撼，但也不乏对冠者成人前的历练和打磨。可以这样说，冠礼前的磨练正是成丁礼前的训练和成丁时"伤体"的遗意。虽然礼书典籍中的冠礼前的训练较之于其前身——成丁礼中的"伤体"显得温和许多，可是在民间的冠礼中依然继承了成丁礼中"伤体炼志"的余风，这在河湟地区汉族婚俗中的"冠戴"礼中仍有存留。

河湟汉族婚俗中的"冠戴"仪式往往是庄谐并举，其中"谐"的一面主要表现在人们对新郎的"惩治"上。在乐都一带，"冠戴"时男女亲朋（尤以年轻人为主）争抢冠戴用的衣帽鞋袜，蜂拥而上，给新郎帮助穿戴，名为帮忙，实则嬉戏，无论衣帽多么合体，他们总是以"衣短、帽窄、鞋小"为由，趁机对新郎掐捏抓挠，更有甚者拿着棍棒之类，不断敲打新郎，最后新郎在七手八脚的"帮忙"中穿戴完毕，可也免不了一番皮肉之苦。由于此，也有一些身手敏捷的新郎，乘人不备，抓起盘中衣帽以极快速度穿戴完备，这样就会免除掐捏敲打之苦，按当地风俗，敲打新郎只能在其穿衣戴帽时进行，穿戴完毕后人们不会再去"攻击"新郎。当然，乐都地区的这种形式独特的"冠戴"也非对新郎实施猛攻实揍，只是用这种看似"伤体"的行为来嬉戏相谑，以起到对喜庆气氛的推波助澜作用。在民和地区的汉族婚俗中，当亲迎日"女方给男家长辈和至亲各'抬'绣花枕头顶一对，给新郎穿戴女家做的全套衣帽，特别在穿鞋之时，从女方家来的年轻人要给新郎强行试穿，男家的青年人则争夺保护……"[17]从"女方家年轻人要给新郎强行试穿"中我们也不难想象，"强行"之下，新郎肯定要遭罪一番，否则也用不着"男家的青年人"来"争夺保护"。周作人曾指出："盖现代文明国的民俗大都即是古代蛮风之遗留，也即是现今野蛮风俗的变相。"[18] 乐都、民和地区的汉族"冠戴"礼中"惩治"新郎的习俗显然是"野蛮风俗"——"伤体"的变相，这种"惩治"虽不及古代成丁礼中"伤体"那样血腥，但其"伤体"的遗意犹存；虽然多了一份嬉戏相谑的情趣，但也不乏对新郎的激发与历练。

"尽管不同地区和不同民族的成年礼仪式有所不同，有的甚至还带了严酷的考验性质，但其基本含义都是表示举行过成年礼仪式的人已经取得了成年人的一切权利。"[19] 在具有"伤体"性质的"冠戴"中，男女双方的亲朋借"冠戴"一事，以棍棒的形式发难新郎，其中有深意存焉！在当地人的意识中，"冠戴"中的新郎快要成人了，此时，他要接受惩罚，以期待他"成人"后多肩负一份责任。"冠戴"中的新郎是一个特别的个体，他既不是孩子又非成人，他是一个被非成人群体分离了出去，又未能踏入成人群体的一个"阈限人"（仪式论者认为阈限是通过仪式中的第二个阶段，即仪式主体的特征尚不明晰），阈限人"在这时，他们的举止是被动和谦恭的；他们必须无条件服从教导者的命令，还要毫无怨言地接受专断的惩罚。"[20] 对于由孩子通向成人"冠戴"中的新郎来说，在阈限期内要"毫无怨言地接受"人们的"惩罚"，当他穿戴完毕后，立刻由身份的"模糊不清"一下子跨入了相对稳定的成人行列，且身份由模糊而清晰，由不确定而稳固，这番通过仪式使新郎获得了成人的资格，拥有了成人的权利和义务，于是"他的身上被寄予了一家的期望值：他所做出的表现应当与某些习俗规范、道德标准相一致……"[21] 这就是河湟汉族"冠戴"礼中"伤体"行为所蕴含的核心价值，这种"伤体"也是促其"炼志"，促其更多地担任成人的责任。这与成丁礼中"伤体"的目的是为"炼志"的意蕴恰好合辙。

三、"冠而婚"思想："冠合于婚"的理由

冠礼是"礼之始也"。[22] 婚礼是"礼之本也"。[23] 冠、婚二礼一为"礼之始"，一为"礼之本"，其在人生嘉礼中同等重要，同被古人所重视。在古代的人生礼仪中，冠礼和婚礼实为二礼，通常是"礼之始"的冠礼要先于"礼之本"的婚礼。虽然冠、婚二礼是人生礼仪中的两个阶段的不同礼仪，但二礼之间又有着内在的联系，这一联系点就体现在"冠而婚"上。

"冠而婚"的实质就是先冠而后婚，即每个人在举行婚礼前必须先行冠礼，可以说冠礼是婚礼的前奏，在冠礼盛行的年代，没有不行冠礼而可婚配的。

"冠而婚"的思想为我们提供了一个非常重要的信息，在重视冠礼的时代，冠礼可以作为婚礼的前提条件而独立存在。后来在冠礼身价陡减，婚礼依然崇隆的时代，它又以其他形式合并依附于与之联系紧密的婚礼中。正是由于"冠而婚"的缘由，河湟汉族婚俗中的"冠戴"以婚礼中的一个小仪式的形式隐于其内，事实上它又为"冠戴"礼就是古冠礼的遗留的论断提供了一个有力的支撑。

一个人先行冠礼，而后才可婚配。"冠而婚"始终是被古人们恪守遵行的人生礼仪程序。《礼记·乐记》有言："婚姻冠笄，所以别男女也。"婚姻前改变服饰和发式，就是区别男女，标志成年，而后才能婚娶。《太平御览》卷718引《白虎通》云："男子幼娶必冠，女子幼嫁必笄。"就连早婚男女也不能省去冠礼和笄礼。当然对于那些"幼娶""幼嫁"者来说，虽未达到冠、笄礼的年龄，但由于婚嫁之故使其冠、笄提前举行。《左传》中记载："晋侯问襄公年，大夫季武子对曰：'会于少随之岁，寡君以生。'晋侯曰：'十二年矣，是谓一终，一星终也。国君十五而生子，冠

而生子,礼也。'"[24] 尽管年幼(十五)而生子,但婚配生子的前面仍有"冠",如此方可称得上"礼也",幼娶也冠正是说明"冠而婚"法则的不可变更。范宁在《春秋谷梁传集解·文公十二年》引谯周语曰:"娶必先冠,以夫妇之道,王教之本,不可以童子之道治之。""娶者必冠",一语道破冠而婚的真谛,可见婚礼前必须进行的冠礼之风仍无法动摇,惟有如此,乃成"夫妇之道,王教之本","冠而婚"的思想已上升到人伦王教的高度了。另外,在阐释冠礼准备期只筮日而不筮月时,贾公彦疏曰:"不筮月者《夏小正》云'二月绥多士女,冠子娶妻时也。'既有常月,故不筮也。"其中"冠子娶妻"就蕴含有"冠而婚"思想。

著名学者杨宽曾对古代贵族男女"冠礼"后所拥有的权力进行概括时指出:"经过'结发'和加冠笄后,可以男婚女嫁,负起传宗接代的责任,但须遵守'同姓不婚'的古礼。"[25] 强调男婚女嫁之前依然要"经过'结发'和加冠笄",婚嫁仅是人们冠礼后才能进行的人生礼仪,足见婚礼前的冠礼对一个人的婚姻是何等重要。的确,"冠礼作为一种成人礼,授与冠者广泛的人身权与政治、社会权力,这些权力主要有:政治权、祭祀权、继承权、婚娶与生育权……"[26] 婚娶与生育权作为冠者冠礼后的一项重要权力中足见冠礼是婚礼的"引子"和"入话","冠→婚→嗣"是一个人必须遵行的人生序次,其顺序是有条不紊的,是不可倒行逆施的。

然则冠婚的内在联系究竟体现在哪儿呢?

首先,冠礼是族外群婚的产物。原始的族内血婚违反了人类优生学原理,人们很快就遇到了族内血婚带来的是对后代发育不良的尴尬,为了避免这种麻烦,人们不得不用特殊记号的方式来避免近亲婚配,这种区别族群的符号就是冠礼的前身——成人礼中的拔牙、文身等"伤体"仪式,当时"各氏族的文身图案都是不同的,在族外婚的条件下,男子只要看到女子的文身图案即能确定可否通婚,这在群婚时代极为重要"。[27] 陈科华甚至认为"成年礼是作为一种婚姻禁忌或婚姻的否定性规范而登上人类婚姻历史舞台的……而冠礼则与之不同,它是对婚姻的一种肯定性规范……"[28] 的确,成人礼(包括冠礼)是由人类婚姻生发出来的一种礼仪,人类婚姻实质上是孕育它们的母体,后来由于一些特殊的需要,从成丁礼中脱胎出来的冠礼渐被人们看重,其地位逐渐上升为与婚礼并行之列,这时它完全从原始的婚姻形式中剥离出来,成为一种独立存在的人生礼。

其次,成人婚配法则。在古人思想中,有一种约定俗成的法则,即缔结婚姻者必须是成人。而成人的标志就是是否举行了冠礼,只要举行了冠礼,就证明是成人了,就可以结婚娶妻。虽然也规定了"男子二十而冠,女子十五而笄",但古人对一个人是否成人的标准上似乎更看重的是成人之礼而非具体年龄,不然也不会出现"男子幼娶必冠,女子幼嫁必笄"的现象。不管怎么说,古代冠礼与婚礼之间的紧密关系是剪不断、抹不掉的,这就是"冠礼也是为以后的婚礼做基础"[29]的理由。于是,"冠而婚"的思想蒂熟瓜落,历来被人们遵行恪守。

在"将责成人礼焉也"的冠礼崇隆时期,其人生礼仪的重要性丝毫不逊于"礼之本"的婚礼,甚至它还有决定一个人婚娶的作用,不冠而婚的现象在古代是不合常理的。然而在历史的变迁过程中,冠礼在经历了一段崇隆威仪的辉煌之后,到了明清时身价突降,甚至在上层阶级中被废止。就在冠礼日落西山之时,婚礼"礼之本"的本色丝毫未变,甚至在众口一词的"婚姻大事""终身大事"等溢美和礼赞中,婚礼愈发如日中天。冠礼与婚礼由以前双星璀璨的局面忽然变得一礼溢光流彩,一礼匿辉隐耀。冠礼的重要性和对婚礼的决定作用已荡然无存,尽管如此,冠礼也并非完全湮灭于历史的长河之中,也并非完全退出人生礼仪之中,而是潜形于婚礼里面。叶涛先生指出:"在传统观念中,结婚意味着成人,因此,许多地区将婚礼与冠礼合而为一使其成为婚礼的一个组成部分……"[30] 其实"婚礼与冠礼合而为一"是因为已失去光彩的冠礼早被笼罩于与之关系密切的婚礼的光环之中,很明显,冠礼融合于婚礼中真正的原因就是二者间的"冠而婚"关系。

"冠而婚"的思想是"冠合于婚"的理由。河湟汉族婚俗中普遍存在的"冠戴"礼正是在"冠而婚"的意识下融合于婚礼。在河湟汉族人们的意识中，男婚女嫁后意味着婚配男女真正成人了，"完婚之人是成人"的意识充分证明一个人的婚礼也具备了冠礼的功能，在河湟汉族中这一功能的集中反映无非就是婚礼中的"冠戴"礼，基于这一点，我们也可以断定 河湟汉族婚俗中的"冠戴"礼就是古冠礼的遗留。

参考文献：

[1][10][22] 礼记·冠义 [M].

[2] 大通回族土族自治县志编纂委员会.大通县志 [Z].西安：陕西人民出版社,1993:637.

[3] 互助土族自治县志编纂委员会.互助县志 [Z].西宁：青海人民出版社,1993:518.

[4] 黄南藏族自治州志编纂委员会.黄南州志（下卷）[Z].兰州：甘肃人民出版社,1999:1463.

[5] 海南藏族自治州志编纂委员会.海南州志 [Z].北京：民族出版社,1997:800.另见共和县志编纂委员会.共和县志 [Z].西宁：青海人民出版社,1991:492.

[6] 尖扎县志编纂委员会.尖扎县志 [Z].兰州：甘肃人民出版社,2003:628.

[7] 仪礼·士冠礼 [M].

[8] 中国民间文学集成全国编辑委员会、中国歌谣集成青海卷编辑委员会.中国歌谣集成·青海卷 [Z].北京：中国ISBN中心出版,2008:57.

[9] 彭林.中国古代礼仪文明 [M].北京：中华书局,2004:102.

[11][前苏联] 柯斯文.原始文化史纲 [M].北京：人民出版社,1955:167.

[12] 拉法格.宗教和资本 [M].北京：三联书店,1964:28.

[13] 晁福林.原始时期的人生礼仪初探 [J].民俗研究,1996（3）.

[14] 晁福林. 先秦民俗史 [M]. 上海：上海人民出版社,2001:125.

[15] 宋兆麟. 中国风俗通史（原始社会卷）[M]. 上海：上海文艺出版社,2001:103-104.

[16] 礼记·内则 [M].

[17] 民和回族土族自治县志编纂委员会. 民和县志 [Z]. 西安：陕西人民出版社,1993:588.

[18] 周作人. 我的杂学·苦口甜口 [A]. 上海太平书局 1944. 转引自张菊香张铁荣编. 周作人研究资料 [M]. 天津：天津人民出版社,1986:247.

[19][30] 叶涛. 中国民俗 [M]. 北京：中国社会出版社,2006:83.

[20][21][英] 维克多·特纳. 仪式过程：结构与反结构 [M]. 北京：中国人民大学出版社,2006:96,95.

[23] 礼记·昏义 [M].

[24] 左传·襄公九年 [M].

[25] 杨宽. 古史新探："冠礼"新探 [M]. 北京：中华书局,1965:76.

[26] 白华. 古代冠礼简论 [J]. 甘肃社会科学,2003（6）.

[27] 宋兆麟. 中国风俗通史（原始社会卷）[M]. 上海：上海文艺出版社,2001:123.

[28] 陈科华. 孔子思想研究 [M]. 北京：人民日报出版社,2002.

[29] 乌丙安. 中国民俗学(新版)[M]. 沈阳：辽宁大学出版社,2003:216

原文载于《青海师范大学学报（社会科学版)》
2011 年第 5 期

青海虎符石匮石刻艺术考

宋卫哲[①]

汉代是中国封建社会历史中政治、军事、经济、文化、艺术极为昌盛的时代。其雕刻造型意识继承了秦代以来的传统风格，从萌芽逐渐趋于成熟。由于受社会思潮和经济变革的影响，各个时期的石刻内容各有侧重：西汉至新莽时期，其主题多为升仙、神异、天象、辟邪；东汉则多描绘威仪、祥瑞。特别是西域与佛教外来艺术的传入，更加丰富了汉代雕刻的题材与技法，表现出极高的原创性。[1]从西汉起，以汉族为主体的多民族统一国家得到进一步巩固与发展，各族之间的交往更加频繁密切，边境各族的雕刻艺术有了显著进步。

---

① 宋卫哲，1973年生，男，满族，吉林人，云南民族大学副教授，陕西师范大学博士研究生。研究方向：艺术文化史。

一、西海探源——虎符石匮

公元前121年始，汉武帝在青海湟水流域设置行政机构，将青海纳入了汉朝的郡县制内。西汉末年，王莽掌权时期先后建成东海郡、南海郡、北海郡。汉平帝元始四年（公元4年），安汉公王莽派中郎将平宪等携带大批财物，到西海地区诱骗羌人献地称臣，羌人西走，王莽便在今海晏县筑城设置西海郡城。《汉书·王莽传》记载："莽既致太平，北化匈奴，东致海外，南怀黄支，唯西方未有加。乃遣中郎将平宪等多持金币诱塞外羌，使献地，愿内属。""今谨案已有东海、南海、北海郡，未有西海郡，请受良愿等所献地为西海郡。"王莽通过贿赂、胁迫，使湖边羌人"献"地，于公元4年建成西海郡，以示"四海归一"之意。

西海郡辖修远、临羌、兴武、军虏、顺砾5县，并在青海湖周围广设驿站和烽火台。新莽四年（公元23年），王莽被农民起义军杀死，新莽王朝崩溃，西海郡也随之废弃。东汉永元中虽曾一度恢复西海郡建制，但不久即废弃。汉代西海郡自建立到被废，存在不过十余年。历尽朝代更迭，西海郡城在民国时期曾遭马步芳部属的滥挖盗掘。1942年马步芳幕僚冯国瑞欲将该城西南部出土的虎符石匮上部"虎符"移至西宁，但因其庞大笨重运至东大滩即弃之作罢。1956年，青海省文物管理委员会将虎符石匮又移至海晏县文化馆，虎符石匮作为省重点保护文物，现保存在西海郡博物馆内。据北京大学教授李零《王莽虎符石匮调查记》，石盖出土于1943年，石匮出土于1987年，两部分出土相隔44年而能成为完璧，亦属幸事。

石刻，取材于地面之石，镌刻文字图像，记言叙事，以昭示各方。青海虎符石匮坐北面南，现存有卧虎石刻1件，另有题铭石刻基座1块。石虎与石匮尺寸大小相同，扣合吻合，两者共同构成了虎符石匮石刻整体。虎符石匮由巨大的花岗石雕凿而成，上部为一石虎，卷尾伏卧在长方形石座上。石虎昂首张口，虎尾夹于后腿并搭在左背上，怒目前视，栩栩如生，似有一跃而起的神态，具有汉代石雕浑厚古朴风格。石虎身长150厘米、高150厘米、背宽60厘米，基座长137厘米、宽115厘米、高65厘米。石匮正方刻三行九字，从右至左为"西海郡　始建国　工河南"。始建国是王莽称帝的第一个年号，即公元9—13年，距今已有近两千年的历史，河南即海晏县（西海郡）位置，意即在河南之南。石匮下方刻有"虎符石匮　元年十月癸卯　郭戎造"十三字。对于石匮中22个铭文的诠释有如下两种：海晏县志解释为"西海郡虎符石匮，建于王莽政权后的第一年十月癸卯日，由河南地区一个名叫郭戎的人造的"；对于"工河南"三字的解释是"古时工同功，河南是地域概称，即指西海郡位于湟水南"。而李智信先生所著的《青海古城考辨》一书中则将"工河南郭戎造"诠释为"河南郡工匠郭戎制造"。

"就整体看，从古至今，可说并没有纯粹的所谓艺术品，艺术总是与一定时代社会的实用、功利紧密纠缠在一起，总与各种物质的（如居住、使用）或精神的（如宗教的、伦理的、政治的）需求、内容相关联。"[2]虎符石匮石刻依石拟形，稍加雕凿，手法简练，个性突出，风格浑厚，是青海现存时代最早、保存最完整的一件大型石雕艺术珍品。同时，虎符石匮也是青海省迄今发现的最早的铭文石刻，具有典型的汉代政治、思想和文化烙印，具有鲜明的汉代艺术特点与审美特征。

二、取之象外——虎符石匮的构图方式

汉代的艺术主要是为封建统治阶级服务的，所以离不开封建统治阶级思想的支配。汉代造型艺术的兴盛，最直接的原因有两个方面：一是

汉代出现了空前绝后的厚葬风俗，二是得力于当时社会现实生活中造型艺术活动的繁荣。正是有了这种造型艺术活动的广阔社会背景，汉代才留给后人极其丰厚的造型艺术品。

虎符石匮石刻也是如此，涉及各种形式法则，其中最为突出的特点是散点布局方式，其焦点有纵向升降展开的高远法，有横低展开的平远法，还有远近距离展开的深远法。并遵循了分层分布的格局，按上下层次安排虎与匮的形象，左右关系获得空间，使虎符石匮整体趋于多样性变化与统一法则。虽然虎、匮两物同处于一个形制上，但并非为一条水平线。虎处于较上的水平线，匮则处于较下的水平线。此外，虎、匮间的比例也不相同。虎形体居中为上，匮大于虎，铭文居前。

以虎为图腾的崇拜最早盛行于我国原始社会，在青海民和的土族崇拜虎的遗风依然可见于纳顿节《杀虎将》节目内容中。当地土族的一些村庙里供奉的山神，被塑成金身，其脚下还拴着一只泥塑的老虎。此外，在河湟地区汉族和土族地区有祭白虎的习俗。黄南同仁土族村落年都乎村有驱赶"於菟"的习俗。就虎符石匮雕刻而言，其具有汉代形象化、意义化、情势化、功能化等仪卫性雕刻共有的造型规律和特点。就虎符石匮造型的表现形式、表现手法、表现气质和选材而言，因独特的青海地域环境、生活习俗、宗教思想、感情气质等又形成了不同中原的艺术特点，尽管汉代众多大型雕刻在材料工具的运用、取材内容、表现形式、造型手段等方面都十分相近或相同，但最后形成的艺术风格、艺术特点却各呈奇趣，各具特色。

虎符石匮石刻在规模上、体量上、艺术上虽无法与霍去病墓前石刻相比，但总体来说不乏精雕细刻之处：石刻使瞬间的"虎"具有持久性能力，特定情境中暂时性集中的生气（表现）凝定下来，而且见于抓住这种生气（表现）中瞬息万变的色调，使它（这种生气表现）呈现出汉代石刻雄浑壮丽的艺术效果。

三、用之像内——虎符石匮的造型特点

虎符石匮石刻是利用整块石料因材施艺而成，在必要处巧加雕凿，去粗取精，删繁求简，虎躯干以自由流动线与扭曲的团石结合。所用的线条或粗或细，或交错，或转折。其中，虎的形象产生于经过雕凿、剔地的石材型面上，所以物象的体积消失在隐形的立面造型之中，而以曲线的轮廓强调虎的形体与动态特征：以低首、隆肩、收尾作伏卧状，石虎形象的塑造不拘泥于形似而注重传神，同时想象和夸张的并用成为其造型的重要载体。

虎的图案化处理是虎符石匮石刻本身装饰性的一大特点。图案化的处理增强了虎符石匮雕刻本身的装饰效果和艺术性，同时也显示出汉代雄浑美的艺术特征。虎身体部位的装饰纹样为原本单调的石刻增添了不少色彩，传承了历代石刻的传统，采用了圆雕、浮雕与线刻相结合的手法，表现出极强的装饰效果，[3] 在风格上隶属于北方粗犷的雕刻风格。

（1）虎符石匮的绘画性

虎符石匮的绘画性表现为：不是注意石刻的体积、空间和块面，而是表现石虎轮廓线与身体花纹线条的节奏和韵律。这些线条经过高度推敲概括提炼加工而成，在平面上运用阴刻线条来表现虎的肌肤和花纹，表面光滑，几乎没有明暗起伏的细微变化。作者将圆雕、浮雕、线刻等技法融于一体，使作品兼有写实与写意的风格。

（2）虎符石匮的书法性

虎符石匮分上下两部分，通高两米有余，上为石盖，雕有俯卧石虎；下为石匮，刻有铭文3行，一为"西海郡虎符石匮；"二为"始建国元年（公元9年）十月癸卯"，三为"工河南郭戎造"共计22个篆字，清晰可辨。该铭文具有以下特色：

其一，书体是由直线构成，它不像小篆由相互连接的圆转、有时又有逆向书写的线条组成，而是由散开而平直方折的笔画构成，凡逆笔都变为顺笔，书写起来不仅顺手，而且快速。

其二，具有早期隶书的特色，字形方整，笔画粗细长短参差不齐，无波磔，是由篆向隶过渡的书体，挥毫驰骋排宕，古朴苍劲，仍保存西汉时期隶书的神韵。

其三，隶书对大、小篆加以省略、简化，结构单纯许多。[4]

虎符石匮产生于新莽时代，其匮文与常见的汉代铭文字体不同，大概是王莽有意标榜其复辟为正统之意。形成了篆体方、笔挺，结法密的特点，尤其是方折笔道。尽管刻石的字数不多，却是不失为研究我国汉字字体演变的重要实物资料之一。

（3）"虎符石匮"的意象性

在汉人的心目中，虎为百兽之王。它可以张开巨口大肆吞噬象征鬼魅的怪兽，亦可以在升仙图中起镇慑作用，一身兼御凶、降祥之二任。虎符石匮应是以虎为纽代表西海郡，抓住其外部形态和性格特征，从石虎与石匮的组合显示出中国艺术的写意特征：追求神韵，不求肖似。

"一个石头雕成的野牛固然不是真正的野牛，但它同时也不再是一块普通的石头。对于石头而言，它是野牛；对于野牛而言，它又是石头。石头与野牛这两种风马牛不相及的东西，竟神奇般地合而为一，集中于同一事物之中，其中的奥妙，难道还不值得我们深究吗？"[5]虎符石匮在艺术影响上虽然不如霍去病墓前石刻精彩动人，但在虎的雕刻上虽追求整体感，而不忽视细节的刻画依然延续了汉代以来的传统。石刻作品不但有抽象（写意）即一半天然一半人工的造型，也有具象（写实）风格同时存在，由此可见汉代石刻艺术相得益彰的悠久历史和传统。

四、寓巧于拙——虎符石匮的雕刻技法

　　虎符石匮中的物象没有纵深的空间表现，而是以上下分层、物象互掩的方式获取空间关系，从而具有了超越现实的意象空间暗示。石刻中的主体"虎"突出于次要"匮"，而"匮"则是作为主体的陪衬出现的，这种形体的夸张一方面强调了虎与匮的主次关系，同时也自然地体现出石刻布局简繁映照的关系，使物象（虎）寓巧于拙，寓美于朴（匮）之中的中和之美。虎符石匮先在石材平面上勾勒出虎的轮廓，而后剔除轮廓以外部分使其呈浅浮雕状，再用阴刻手法刻出主形象的细部造型。循石造型效果的团块结构造型不仅使"虎符石匮"具有了强烈的构成感，同时在细部刻画上又因粗细多变的线条运用，加强了形体与动态特征。

　　虎符石匮石刻的雕刻技法有"拟绘画""拟浮雕"意味，而强调轮廓与形象的修饰统一功能。同时，虎与匮的组合都在不经意间以点、线、面和谐经营加强了石刻的装饰性、构成性。由于虎符石匮石刻曾长期露天放置，历经风雨沧桑，已无法看清石虎表面的精美纹饰。在虎符石匮之中，虎的形象是排除象征意义的，在它身上没有一丝神灵的光彩。因此，人类对它们的关系不是敬畏，而是依恋和亲近。虎和匮的动静和谐、相得益彰，使两者和谐地融贯为一个整体。

　　虎符石匮石刻将现实性与浪漫性、艺术性与思想性、内容与形式完美结合的表现形式，正是中国民族美术写意魅力的具体呈现。"汉代艺术形象看起来是那样笨拙古老，姿态不符常情，长短不合比例，直线、棱角、方形又是那样突出、缺乏柔和……，但这一切都没有减弱反而增强了上述运动、力量、气势的美'古拙'反而构成这种气势美的不可分割的必要因素"。[6] 既强调了对虎的动态表现，旨在以鲜明的身体动作语言来加强画面的生动情节表现，又在艺术处理手法上，通过简化概括、舍弃繁

杂部分、突出个性特征，造型简约而结构严谨，动态粗犷奔放而富有韵律。大巧若拙，复归于朴，其艺术精神意蕴表现为"像"与"象"的造型观念，代表了汉人对形象世界的完整把握方式。

五、知感相合——虎符石匮的历史价值

基于汉代造型艺术的独特性，虎符石匮石刻把汉代儒家的礼教色彩和汉代道家的生命精神和谐地统一起来，表达"所知""所感"的造型思维和充实饱满的具象形式。

因《史记》中缺少有关记载，从"虎符石匮"石刻创作者来看，应该是来自民间的无名艺术家和工匠。他们用简单、粗糙的工具，纯朴的思维方式，依据广泛而深厚的生活基础，浓厚的文化信念，流露出纯朴真诚的艺术情感。从虎符石匮形制，可以窥见石刻创作者已或多或少地将青海地域民俗特征的表现手法融入其中，并保留了一些夸张、变形，甚至原始、抽象的特征，而愈显纯厚拙朴，形象生动。虽然虎符石匮石刻在造型上存在一些概念化和公式化，但却在构成形式上显现出古老凝重、纯厚拙朴的美感，雕刻手法上都留下了一种大巧若拙的汉代哲学精神境界。

西海郡古城与虎符石匮石刻，两者是源于政治联结着的纽带因素而赋予纯系自然的坚石以艺术精神。虎符石匮也因其庄重拙朴的造型及审美情趣屹立于青海古代艺术之林，彰显了源远流长的汉代石刻艺术神韵。宋欧阳修《集古录》自序称："因并载夫可与史传正其阙谬者，以后传学"。"所谓阙，即史传失载；所谓谬，即史传误载，补史之阙、正史之谬，就是石刻资料的史料价值。"[7] 虎符石匮石刻为研究西海郡历史、地理提供了实物与文字资料，具有十分特殊的历史文化价值。它不仅丰富了青

海（西海郡）汉代文化内涵，也实证了西汉时期西海郡的政治、经济和文化等诸方面的繁荣景象，并反映了西汉王莽时代西海郡的政治与民族交融状况。

"虎符石匮"雕刻正面　　"虎符石匮"铭文　　"虎符石匮"雕刻侧面

参考文献：

[1] 邹纪万. 中国通史——秦汉史 [M]. 北京：九州出版社,2009:221-226.

[2] 张延风. 中国艺术史 [M]. 北京：北京语言大学出版社,2000:116-119.

[3][6] 李泽厚. 美学三书 [M]. 合肥：安徽文艺出版社,1999:549;87.

[4] 蒋文光. 中国书法史 [M]. 北京：文津出版社,1993:27-31.

[5] 易中天. 艺术人类学 [M]. 上海：上海文艺出版社,1992:306.

[7] 杜泽逊. 文献学概要 [M]. 北京：中华书局,2001:455.

原文载于《青海师范大学学报（社会科学版）》

2013年第4期